第 3 回国際シンポジウム報告書

よき法曹を育てる

法科大学院の理念とシミュレーション教育

関西学院大学法科大学院
形成支援プログラム推進委員会 [編]

関西学院大学出版会

よき法曹を育てる

法科大学院の理念とシミュレーション教育

目　次

はじめに …………………………………………………… 豊川義明・松井幸夫　5

第一部　第3回国際シンポジウム　よき法曹を育てる
　　　　　──法科大学院の理念とシミュレーション教育 ………　9

◇あいさつ　　　　　　　　　　　　　　　　　　　　　　安井　宏　11

◇関西学院大学からの報告

　総論　　法科大学院の理念と現実そしてシミュレーション教育　豊川義明　13

　各論①　過去2年半の取り組みについて　　　　　　　　　松井幸夫　27

　各論②　シミュレーション教育の手法と教材の開発について　亀井尚也　35

　各論③　関西学院大学ロースクールのシミュレーション教育とカリキュラム改革　池田直樹　45

◇パネルディスカッション／Q&Aセッション　　　　　　　　　　　65

第二部　論考：シンポジウム「よき法曹を育てる」に寄せて …………　133

　1　「よき法曹を育てる──法科大学院の理念とシミュレーション教育」を振り返って
　　　　　　　　　　　　　　　　　　　　　　　　　Paul Bergman　135

　2　関西学院大学司法研究科における刑事裁判実務教育
　　　　──実務の追体験とよき法曹の育成　　　　　　　小倉哲浩　147

　3　「正義教育」は何を目指すのか
　　　　──「シミュレーション教育」との融合　　　　　関戸一考　161

　4　模擬依頼者（SC）養成の試み　　　　　　　　　　　細川歓子　173

　5　米国のバー・エグザムにおけるパフォーマンス・テストの特質および役割
　　　　──州のテストから全国的テストへ　　　　Sylvia G. Brown　235

　資料　California Bar Examination Performance Test A, July 2005 の部分訳　243

第三部　関連資料 …………………………………………………………　265

　積極的貢献研究成果報告
　　　弁論、尋問および裁判官説示の陪審員および裁判員評議への影響に関する研究
　　　　　　　　　　　　　　　　　　　　　　　　　　　丸田　隆　267

編集後記 ……………………………………………………………… 松井幸夫　307

はじめに

　法科大学院等専門職大学院形成支援プログラムに基づく国際シンポジウムも、今回で第3回、そして最後の開催となりました。このプログラムにおいて、私たち関西学院大学ロースクールは、新しいロースクール制度がスタートする2004年に、「模擬法律事務所による独創的教育方法の展開（Development of Innovative Professional Education through Virtual Law Firms）」というプロジェクトを立ち上げました。そして、そのプロジェクトの目標と計画に従い、ロースクール教育の充実と改善に向けてシミュレーション教育に重点を置いた調査、研究、そして教育実践を積み重ねてきました。

　その中で、私たちは、2005年3月に、「正義は教えられるか——法律家の社会的責任とロースクール教育」と題する第1回国際シンポジウムを開催し、2006年2月には、「模擬法律事務所はロースクールを変えるか——シミュレーション教育の国際的経験を学ぶ」と題する第2回国際シンポジウムを開催してきました。また、その間の2005年10月には、「変わる専門職教育——シミュレーション教育の有効性」と題する国内シンポジウムも開催してきました。これらシンポジウムにおける報告、討論は、それぞれのテーマに関わる寄稿論文や資料などとともに報告書としてとりまとめ、公表してきています。（『正義は教えられるか』2006年3月、『模擬法律事務所はロースクールを変えるか』2006年10月、『変わる専門職教育』2006年3月。いずれも関西学院大学出版会発行。）今回の第3回国際シンポジウムは、これらシンポジウムで議論された成果を引き継ぎ、発展させるものです。

　と同時に、今回のシンポジウムは、本プロジェクト最後の国際シンポジウムとして、これまでの私たちの教育実践を中心とした取り組みの成果を集約し、その成果を今後のロースクール教育の中に還元することを目指し、さらに、日本のロースクールとロースクール教育の課題と将来の発展方向を検討することを目的として企画されました。

このような目的を受けて、シンポジウムでは、冒頭に豊川義明が、ロースクールの制度設計と設立の理念、及び最初の新司法試験を経た現在の問題点・課題、その中で「よき法曹」の育成を目指すためのシミュレーション教育の意義と役割について、「法科大学院の理念、及び現実そしてシミュレーション教育」と題した総論的報告を行い、次いで、松井幸夫が、「過去2年半の取り組みについて」を、そして、亀井尚也教授（弁護士）が、市民ボランティアからなる模擬依頼者（シミュレーテッド・クライアント　SC）の協力・活用によるローヤリングなどの授業における試行的教育実践に基づいた報告「シミュレーション教育の手法と教材の開発について」を、池田直樹教授（弁護士）が、それら教育実践と成果を踏まえて、次年度以降のカリキュラムにそれを活かすための改革案についての報告「関西学院大学ロースクールのシミュレーション教育とカリキュラム改革」を行いました。

　これら関西学院ロースクールからの報告がなされたあと、パネルディスカッションとQ＆Aセッションがもたれました。これらのコーディネーターは、池田直樹教授が勤め、全体の進行に関わる総合司会は、曽和俊文教授が勤めました。

　パネルディスカッションとQ＆Aセッションには、アメリカから、カリフォルニア大学ロサンゼルス校ロースクールでクリニカル・プログラムの作成と実施を担当され、この分野の第一人者であるポール・バーグマン名誉教授と、2002年の設立以来、早稲田大学の臨床法学研究所の幹事を務めるとともに、臨床法学やローヤリングに造詣の深い宮川成雄教授にパネリストとしてご参加いただきました。お二人から、関西学院の報告に対して有益なご意見やアドバイスをいただきましたことに対しまして、心より御礼申しあげます。

　また、シンポジウムにご参加いただきました方々からも貴重なご意見やご質問をいただきました。このことにつきましても、厚く御礼申しあげます。さらに、シンポジウムの中で、また、終了後の懇親の場でいただきました、私たちの取り組みへの共感や励ましは、私たちに今後の取り組みへの確信を与えてくれました。

3年間の計画で出発した形成支援プログラムも最終年度となり、国際シンポジウムも今回が最後となりました。これまでの私たちの取り組みにご支援くださいました方々に、御礼申しあげます。

　私たちは、このなかで得られた成果と教訓を踏まえて、ロースクール教育の一層の充実と改善のために今後とも努力を積み重ねていく所存です。ロースクールの発足後3年目を迎えている現在、新しいロースクールと法曹養成教育をめぐる状況には、はや厳しいものがあります。しかし、私たちは、司法改革で掲げられた理念と新しいロースクール設立の目的を着実に生かし、「志を高く」掲げ、自らの社会的役割を自覚した有能な「よき法曹」の育成を目指して、今後とも努力していきたいと考えています。

　これからもなお一層のご支援とご協力をお願い申しあげます。

関西学院大学法科大学院
形成支援プログラム推進委員会 実施責任者
豊 川 義 明（司法研究科教授・弁護士）
松 井 幸 夫（司法研究科教授）

第一部

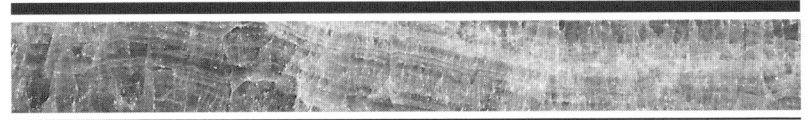

第 3 回国際シンポジウム
よき法曹を育てる
法科大学院の理念とシミュレーション教育

あいさつ

　本日は、関西学院大学ロースクールの第3回国際シンポジウム「よき法曹を育てる——法科大学院の理念とシミュレーション教育」にご参加いただきまして誠にありがとうございます。当シンポジウムは文部科学省の「法科大学院等専門職大学院教育推進プログラム」に採択されました「模擬法律事務所による独創的教育方法の展開——仮装事件を通しての理論・実務の総合的教育プログラムと教材の開発」というプロジェクトの一環としてなされるもので、国際シンポジウムとしては最後のものになります。

　今回の我々のプロジェクトの目的・問題意識や過去2年半に渉る検討の経緯等につきましては、後で松井幸夫教授から御報告がありますのでその詳細は省略させていただきますが、我々のプロジェクトの目的は一言で申しますと、ロースクール制度発足の理念である「高度の専門的能力と豊かな人間性を持った法律家の養成」をどのような方法で行っていくか、また、ロースクールの教育で要求されている「理論と実務の架橋」をどのような方法では実現していけばいいのかといった問題を検討する点にあります。

　そして、我々は、これら2つの問題は「模擬法律事務所によるシミュレーション教育」によって解決されると考えており、過去2年半の検討でそれらの実現ないし具体化の目処はある程度立ったと考えております。しかし、それらはまだまだ不十分なものであり、本日の議論でより良いものへの御教示がいただけることを願っております。

　また、他方、シミュレーション教育を行うには多くの時間がかかるという問題があります。従いまして、シミュレーション教育をどの程度実施するかも、また、大きな問題となります。シミュレーション教育を多く行えば行うほど学生の思考力や問題解決能力は高くなると思われますが、他方、ロースクールでは学生に一定の専門的知識を修得させることが期待されており、このことは現実には司法試験の重みとなって現れて参ります。低い合格率という現実を考えれば、学生がシミュレーション教育を忌避するということも十分考えられます。それ故、シミュレーション教育をどの程度

実施するか、また、学生にシミュレーション教育の意義をどのように理解させるかは、シミュレーション教育を考えるうえで避けては通れない問題であると思います。本日の御議論では、これらの点についても御検討いただければ幸いです。

　以上、簡単でございますが、私の御挨拶とさせていただきます。

　本日のシンポジウムが意義あるものになりますよう、皆様方の熱い御議論をお願い致します。

関西学院大学大学院司法研究科長
安井　宏

関西学院大学からの報告 総論

法科大学院の理念と現実
そしてシミュレーション教育

豊川義明

[略歴]
関西学院大学大学院司法研究科教授。弁護士（大阪弁護士会）。
京都大学法学部卒業。日本弁護士連合会労働法制委員会副委員長、元大阪弁護士会副会長、元日本弁護士連合会理事、元日本弁護士連合会法曹養成問題委員会委員長、元大阪弁護士会法科大学院設立・運営協力大阪センター委員長。
本研究科では、労働法、専門職責任、エクスターンシップ、クリニックなどを担当。

1 本報告の視点と柱
―― 「臨場法学」、「法主体教育」の提示も含めて

　本報告は以下の6つの柱・視点から構成されている。
　1. 本形成支援プログラムが実施した2回の国際シンポジウム、国内シンポジウムの成果、2. 関学法科大学院におけるローヤリング授業におけるSC（模擬依頼者）を活用した実験的授業の実施の教訓（池田教授、亀井教授、また細川主任研究員を初めとする形成支援プログラム推進室からの問題提示）、3. シミュレーション教育（以下SEという）を法科大学院制度に期待された新たな教育に位置づけること、4. SEの有効性を現在の諸条件のもとで検討すること、5.「正義」、「よき法曹」への教育とSEとの相互関係を明らかにすること、6. SEの課題と展望を提示することにある。そして、本日のシンポジウムで、私としては、「臨場法学」と法曹としての「法主体教育」という2つの新たなキーワードを提示する。

2　ロースクール教育に求められたものは何か

　2004年4月に発足したロースクール制度は、戦後のこれまでの法曹養成制度に対する反省とその改革のためである。新たなロースクール教育は、戦後法曹養成制度に対する歴史的な総括の上に立って行われなければならない。この内容は、大学の法学教育のあり方、司法試験への予備校教育の影響力、司法研修所教育の問題点等である。

　こうした総括により法科大学院教育に求められた内容は、司法制度改革審議会意見書（2001年6月12日）のなかにも盛り込まれているが、私自身が考えてきたことも含めて整理すれば、以下の諸点である。①ロースクールを法曹養成制度の中核とする、②司法試験を一発試験からプロセスとしての教育のなかに位置づける、③法律解釈等において裁判官養成教育のための判定者教育ではなく、当事者法曹養成教育に転換する、すなわち依頼者の正当な要求をどう実現するか、④事実（事案）からスタートし、事案を分析し解決する能力をつけることにある。

　この点につき、改革審議会意見書（2001年6月12日）は、「法科大学院では、専門職的な法知識を確実に習得させるとともに、それを批判的に検討し、発展させていく創造的な思考力、あるいは事実に即して具体的な法的問題を解決していくため必要な法的分析能力、法的議論の能力等を育成する」としていた。そして、分析力・批判力・創造力を獲得させるためには、どういう教育内容・方法が有効であるか、である。このためには、教育において社会的な事実と理論のフィードバックの中で、当事者法曹として自らが擁護し主張する法的な価値がいかなる基本原理の上に成り立っているか、その法的な価値は現代社会の中でどんな意義を持ち、社会的に正当性を持つと考えられるのかを提示し、説得し、討論することが肝要である。法的な主張や法律論は社会によってその有用性を試されるし、事実によって修正・発展させられることを理解することが大切である。また、相対立する両当事者の立場から構成された事実と法的主張が、どちらがより社会的に正当なのか、それはなぜなのか、日本社会における根本原理である憲法上の諸価値の中でそれぞれの法的利益価値の比較衡量と検討

が「討論」の中で積極的に推進されるべきである。こうした討論の中で、事実の豊富さ、「法律」の相対化、先例としての判例の射程範囲や有効性、判例の変遷（身近なケースでは破棄裁判例の検討も含めて）などが学生たちの共通の認識になっていくはずである。そしてSEはこれらの教育内容に適合していると判断される。

3　ロースクール教育の理念と現実

　発足して2年半を経過したロースクールは、4つの危機を抱えている。その第一は司法試験予備校化の危険である。試験の合格率が7～8割から2～3割前後になるなかで、学生は合格に向けてのプレッシャーを受け、ロースクールは法曹養成の中核機関から、司法試験合格のための機関に変容しつつある。このことは、実務と理論を架橋する教育の深化や先端科目の展開そして臨場法学[1]（これまでは臨床教育の言葉が用いられてきたが、医学教育との相違、司法教育に、より適合的な「場」の概念と結びつけて、臨場法学という新たな概念を本稿で提示する）の新たな具体化と展開を軽視することになる。

　第二は、法科大学院未修制（三年制）の危機である。既修制と未修制という併存方式については、既存の大学法学部のあり方も含めて、当初から議論があった。法曹界が多様性をもった人達を迎え入れようとするならば、三年制（未修）が理念型になる。しかし、この2年半あまりの現実は「未修者」でない未修者（法学部出身者が未修者枠で入学）が1つの特徴でもある。また、未修者にとっては短答式や公法（行政法）の履修と現在の司法試験の合格レベル（内容）への到達が過重な負担となっている。

　第三は、学生が「金の鎖」（経済的負担、ローンの借り入れなど）につながれる危険である。未修既修を問わずおそらく平均的な人で、ロースクール卒業後1～2年の受験期間が合格まで必要となろう。そして近い将来は合格後の司法修習の1年間は修習費が貸与制となる見込みである。日本における教育費の負担の大きさは知られている。格差社会の中で法曹への道が、富裕層に限られるとしたら、また弁護士がそのスタートから「金の鎖」

につながれるとすれば、日本の法曹界は公共性を維持することが困難となるとともに、「力強い」ものにならない危険性をもつことになる。これは、ロースクールの設立理念の1つである「開放性」にも反する。

　第四は、現在日本社会の法曹人口は3万人を超えたところであるが、審議会意見書の司法試験合格者三千人体制は、法曹人口拡大期の中で、司法研修所を修了しても、弁護士事務所に就職できないし、行政や企業においても未だ受け入れが拡がらないという事態が予測されている。大都市偏在の是正、全国各地での法テラスの展開を含め、日本社会の法化についての社会的合意が一層必要である。

　他方、法科大学院にとって有利な条件とは何かである。第一は、法曹養成教育についての研究者と実務家との協働である。この点で各ロースクールにおいて強弱、濃淡の差はあるにしても、「理論と実務の架橋」は、両者の協働以外にはない。（過渡期の10年においては、このことは一層妥当する。）

　第二は、多様性を持った、また地域性を持った法科大学院の存在であり、未修者（制）の存在である。

　第三は、法科大学院には多数の法曹、とりわけて多くの弁護士が参加している。そしてこれらの実務家は「よき後継者」を得るために献身的に骨身を惜しまず教育に従事している。実務家の質もまた全国規模で均質化しているし、概ね弁護士会との連携もなされている。

　第四は、学生達の司法試験合格後の第一次ユーザーとして割合が高いのは弁護士界であるとの事実である。このことは大学の延長にあるロースクールにとってあまり意識されなかったし、今でも意識していないロースクールもある。しかし学生にとっても、送り出す教員にとってもこのことは極めて大事なものとなっている。このことから弁護士界が求める法曹養成の内容なりプログラムなりに、ロースクール側が対応していくことにならざるを得ない。

　第五は、第三者評価機関の存在である。ロースクールにおける教育内容は、第三者評価機関の存在によって、お互いに研鑽し合い、インパクトを受け合いながら、その内容を共通化し、「よきもの」を普遍化することに

つながっていく。

さて、問題は学ぶ主体である学生の状態である。私達は今、三期生を2006年4月に入学させており、既修者、未修者の共同授業も経験している。三期生までの学生は未だロースクールのスタート始動期である。それ故に従来の予備校中心の司法試験勉強が色濃く残っている。未修者の間でも、予備校の本が手元に置かれている。記憶中心の「悪しき」論点主義と「正解」思考は強い。

その一方では、「実務系」の授業やエクスターン、リーガル・クリニックの履修等の中から、架橋教育、新たな教育を積極的に受け入れ、これを自らの法曹像と重ねて主体的に学んで行こうとする傾向が確実に現れてきている。その意味では、学生の意識は「ゆらい」できている、これを新司法試験の一層の工夫により確実に変化させなければならない。

4 SEの有効性

これまで整理してきた内容の上にたって、ロースクールにおけるSEの有効性とその範囲、射程を考える。その前提としてSE教育の定義を確認しておこう。

この点について、第2回国際シンポジウムで発表されたマイヤーズ助教授（テンプル大学）は、「学生に役割を演じさせ、学ぶべき内容に沿ってその役割を積極的に集め、問題をいかに解決するかを決定し、それに基づき行動するという形式の授業であり、この授業は三人称から一人称の視点へのシフトである」と指摘されている。また亀井尚也教授による紹介がある。（「法科大学院におけるシミュレーション教育の成果と課題」『ロースクール研究 No.2』4頁）。

(1) 法曹養成教育とSE ── SEの有効性の基礎

さて、法曹養成教育におけるSEの有効性なり妥当性の基礎は、第一に法曹養成教育は理論と実務を架橋する教育ということにある。実務は具体的な事実関係を基礎に、法の適用・選択を行っているのであるから、その

教育も具体的なあるいは与えられた事実と法の理論そして分析し、解決するという内容である。こうしたケースと理論、事実と理論の融合は、シミュレーションに適する。第二は司法作用の特質である。争訟の対象となる事実はそのほとんどが過去の事実であり、人間の認識において事実とされたものである（勿論、物的証拠は除かれるが）。私は法曹にとって事案の真実に迫るためにも、法曹が想像力を働かせることの重要性を指摘してきたが、このことは、弁論内容・尋問内容、そして判断の過程において、想像力が常に大きな役割を果たしていることに対応している。SEはこのような司法の特質にも裏付けられていることになる。このことは巽昌章教授からも示唆を受けた[2]。

(2) SEの特色

それでは、SEの特色をどう整理するか。まずSEは法曹としての法主体教育である。SEにおいて学生は受け身の受講者ではない。自らが法を担う主体として登場する。すなわち法主体教育である。そして、この法主体は模擬裁判やADRにおける裁判官、判定者となる場合は除いて、当事者法曹として当事者から提示された事実と要求からスタートし、正当な要求を実現するために、当事者とともに「格闘」する。ここでは「事実」が与えられ、その事実も事態（審理も含め）の進行の中で変化する。更にSEは創造性をもっている。学生は与えられた事実と要求の中から法主体として自主的に思考する。「正解」はないし、選択手段も複数である。これまでの判例や裁判例からは要求は叶えない、しかし社会的にみて、公正妥当な要求であれば学生は何とか実現したい、解決したい、依頼者に満足を与えたい、喜ばれたいと思うであろう。SEは前述した「臨場法学」の中で、臨場感あふれる場面をつくり出すことができる。そして教育手法の効果にも関連するが、SEはフィードバックできる、というより「フィードバックする」教育である。自己の客観化、自省そして学生やSC、教員の相互批判により教訓を最大限共通化することができる。

(3) SE の効果

　SE の特色は同時にその効果であるが、ここでは、異なった視点から SE の効果について見てみよう。SE は法曹養成教育におけるスキル（熟練・技量）とマインド（心・精神）からみてどうであろうか。SE においてどんな教材をどのように（またどこまで）作成するかといったことにも対応するが、スキルとマインドの点において SE の効果は肯定できよう。そして焦点は SE によって、理論をよく深く学べるのか、である。この点について私は、法は法的紛争（問題）解決の道具としてみることができること、また事実から法を選択していく能力が培われていくこと、法律の効果、適用を社会的事実の中に確認できることといった点から、SE は法理論教育の深化に役立つ、少なくとも学生の自主的、主体的な理論の学びに役立つものと積極的に肯定したい。また学生には、判例から学ぶ事案分析よりも大きな効果のある事案分析力、解決力を SE は与えてくれるといえる。これらの点について、マイヤーズ助教授が「(SE によって) 法律知識の強化のみならず、創造性、問題解決技術、コミュニケーション力、説得力、倫理的自覚など効能の様々な様相が強化される」と述べられたことは、私達に確信を与えてくれる。

(4) SE を規定するもの

　SE の内容を規定するものは、何といっても教材作りであり、ここでは研究者と実務家の協同作業が必要である。教材の性格については、前記マイヤーズ助教授は、「この特色は、1. 現実的なもの、2. 効果的なもの、3. 比較的率直で極度に複雑でないものであり、新聞・映画・文学・法律業務など現実の社会から（統合コースでは、現実的なケースなり依頼者ファイルを基にしている）得て、共同で立案している」と報告されている。また同じく報告されたモリテルノ教授は、ウイリアム＆メアリー大学の 17 年間にわたり模擬法律事務所を活用した法曹技能プログラム（9 単位）の特徴として、倫理教育の必要性をあげ、シミュレーションの流れの中で倫理を扱うことが「競争ゲームの領域を超え、より現実に近い、より優れて構成された依頼者業務体験となること、倫理教育を技能教育から分離するの

は危険であると指摘されている」と整理されたことが参考になる。裁判事例はもとより現代日本社会に新たに提起されている社会事象も取り入れることができる。またこの教育は学生達が多すぎてもよくない。やはり少人数、グループ教育になる。この点において、関学ロースクールにおけるシミュレイテッド法律事務所（S. L. O＝バーチャル（模擬）よりも表現として適切であると考える）の規模が具体的に検討されなければならない。そして一層重要なのは、後述するSCの存在である。学生や教員のロールプレイではないSCの存在、役割は、SEのキーを握るものといえる。

さて、それでは、学びの法主体である学生達はSEをどう受け止めているのであろうか。私の手元に中央大学法科大学院の学生の評価がある。[3]学生達は次のように述べている。

「法曹には、弁論能力が不可欠であることを体で認識することができた。次に、事例問題を考える際に、当事者になりきることで、より主体的かつ具体的に事案を考える際に、一方の当事者だけでなく、特に相手方当事者の立場に立って、事案を考えることで、相手方の主張の強みと弱みを理解することができ、中心的争点が浮き彫りになることを体感できたからである」。当法科大学院においては、池田教授、亀井教授（形成支援プログラム推進室の協力）のローヤリングの授業への学生の以下のような感想がある。「SCの方とのやりとりを通して、私たちがいくら法的に正論をいったとしても、当事者はそれだけで納得できるものではない、ということを感じた。「最初は、どこかで『どうせ作りごと』と思っていたけれど、だんだんと現実のことのような気持ちになり、本気で腹が立ったり嬉しかったりした。演習科目では学べない貴重なことを、本当にたくさん学んだと思う」「この授業で初めてロールプレイをした際には、何よりも法律的知識が一番必要ではないかとの感想をもったのを覚えている。しかし、この事例を終えて、法律的知識については事前に勉強し準備することで対応することができるが、それをもったうえで、相手の人間をいかにして納得させるかがどれほど難しいことで、それをできる力が何よりも重要ではないかとの感想をもつに至った」。というものである。

(5) 関学ロースクールにおける SE の特色

この特色は2つである。1つは SE をシミュレイテッド法律事務所として展開することである。これは本形成支援プログラムの内容の具体化である。法律事務所形式のなかに（とともに）、SE を取り入れることにより、SE は統合的なものとなり、時間的経過を経る「流れ」をもったものになる。また、法律事務所の構成員としてのメンバーの固定化を行うことにより、協働作業の効率が高まるし、小さな社会・共同体として、事務所内学生の協調と団結（まとまり）、相互の批判も円滑に行われることになり、学生達の法曹としての人間性を向上させることになろう。2つめの特色は、地域からボランティアで参加する市民の協力である。こうした方法での法曹養成教育における市民の参加は、これまでどこにおいても存在しない。この方法は医学教育における SP 制度[4]から私達が教訓を得て（最初に、早稲田大学シンポジウムで宮下次廣日本医科大学教授から学んだ）、検討し具体化していったものであるが、生身の人間として社会的な経験を積まれた市民の方々の SE への参加は、学生達に臨場法学として大きな影響力を与えずにはおかないと判断される。またこのことは、リーガル・クリニックとともに法曹養成機関であるロースクールが市民的基盤をもつことにも良い影響を与えるであろう（注4参照）。

5 法科大学院教育と「正義」・「よき法曹」の位置

(1) よき法曹、正義とは

改革審意見書は法科大学院の制度（教育）理念について、「『法の支配』の直接の担い手であり、『国民の社会生活上の医師』としての役割を期待される法曹に共通して必要とされる専門的資質・能力の習得と、かけがえのない人生を生きる喜びや悲しみに対して深く共感しうる豊かな人間性の涵養、向上を図る」としていた。結論的にいえば、「法の支配の担い手」、「国民の社会生活上の医師」としての法曹の役割を果たすことが「正義」の実現である。

また、正義ということが多義的な意味を持つにしても（例えば弁護士法

1条は、弁護士の使命として基本的人間の擁護と社会正義の実現をあげている)、法曹の職務が社会における正義の実現と関係があるというレベルにとどまらず、正義の実現と深く結びついていることは、かなりの程度、共通の理解がある。ここでの正義は、やはり社会に対して有用な役割を果たす法曹イメージと共通している。そして法曹がこうした役割を果たすのは、司法(これを「よき法曹」と呼ぶ)という場、領域ということである。そうである以上、法曹にとっての正義は、司法の役割、作用をどうみるかということに関わってくる。

そして今回の形成支援プログラムの「国際シンポジウム」の実施から学んで確信することができたのは、法曹の仕事は社会的紛争を正義の実現のなかで解決することにあることである。

この場合において法曹は、手続的な正義に止まることなく実体的、実質的正義の実現に関与、参加することである。「手続的正義」は、価値の多様化と相対化の社会的意識の強まりのなかで強調され、目的化されているが、「法の支配」は、手続的正義とともに判断、結果の正当性を求めるのである。

この正義の実現にむけて両側の代理人である弁護士、また刑事では弁護人、検察官が努力を尽くし、それぞれの真実、法的規範、憲法規範、そして人間としての生き方、社会のあり方を問い直し、判断者(裁判官)とともに具体的事案において法を創造していくのである。

(2) ロースクール教育と正義

かくして法曹の活動そのものが正義実現のための実践的営為である以上、今や法曹養成のための中核機関であるロースクールにおいても、法曹は正義を実現するための社会的存在であることの理解を得させるだけでなく、教育そのもののなかに「正義」が持ち込まれる必要がある。第1回国際シンポジウムにおいて、デーモン教授が提示された「グッドワーク」は1つの正義教育のモデルである。

アメリカの弁護士は、依頼者主権論や完全成功報酬制度にもみられるように、ビジネス化しているといわれるが、誤解を恐れずに私見によればこ

れは経済原理、報酬に従属する職のあり方が問題なのである。こうしてアメリカのロースクールにおける貧困者へのリーガル・クリニックやプロボノ活動への積極的評価にも拘わらずアメリカの法曹は市民社会から「よき」評価を得ていないようである。

　こうした事態の進行は、早晩日本においても、法曹人口が自由競争と市場原理のもとで大幅に拡大し、法曹の仕事が経済に従属して進むならば、現実化することになる。法曹の職の存在自体が、社会公共のものであることから、法曹にとって「人間として生きる」ための弱者の生存権の保障や、少数者の人権保障、社会的公正、真の公共圏の形成に法が役立つことの法的実践が必要であることの教育を法科大学院において展開することが必要である。

(3) 具体化にあたっての若干の留意点

　「正義」、「よき法曹」、また「グッドワーク」（デーモン教授）といった質、内容とSE教育との関連、さらには、これらの質の具体化にあたって、アメリカの経験にも学びながら、幾つかの留意点が必要である。1つは「正義」なり「グッドワーク」が、SEとは別個のものであり、これを外から意識的に持ち込むものであるとの考え方がある。デーモン教授が「グッドワーク（よき仕事）」をアメリカのロースクール教育に提起されたのも、この考え方に立っているものと判断される。そして国際シンポジウムから私が理解した限り、アメリカのロースクールにおけるSEは、専門職責任に関するテーマを必ず含んでおり、このことの意義が強調されている。アメリカの法曹養成教育における専門職責任の位置、必要性、比重の高さの反映であろう。私はこうした先進的な報告を受けながら、抽象的ではあるが次のように考えている。それは、法科大学院のSEにおいて、憲法訴訟のような「大きな正義」が教材内容となることは必ずしも必要ではなく、市民同士間の紛争や企業間紛争における「普通」の事件のなかにある正義、「小さな正義」が教材内容になればよい。しかし、それはデュープロセスや司法過程といった手続的な正義に止まるものでもないということである。少し見方を変えて言えば、SE教育への期待は「過大」なものでもなく「過小」

のものでもないということである。

6　SEの課題

　SEのこれからの課題としては、第一にロースクール教育の全体の体系（カリキュラム）のなかで、SEがどの範囲、領域をカバーするのかである。学生の学習に効果的、かつ効率的であるSEはどの範囲かである。この点については、本日報告する亀井教授によって提起されるが、1) 未修の一年生からの有効性、その場合はどの科目とするか、2) 法情報調査、法文書作成そしてローヤリング、民事・刑事模擬裁判は含むとしても、専門職責任をどの範囲でどのように含むであるかである。3) SE教育と別の科目においてもロールプレイや討論的手法も含め、授業内容の工夫もSE教育と関連づけて進むことが必要である。法律基本科目においても、法曹像の対抗がある。

　第二に、合意形成の大切さである。学内合意、またこの合意が日本のロースクール全体そして法曹界に拡がりをもつことを視野に入れなければならない。この形成支援プログラムの中で確認されたものを実行する体制づくりがこれからである以上、多くの教員の中に共通の確認が必要である。学生への独自のアピールも欠くことはできない。

　第三に、人的、物的体制の準備の必要性である。人的な体制も物的な体制（例えば、シミュレイテッド法律事務所のスペース）も財政的な裏付けを必要とする。　SCの協力を継続的に得るためにもスタッフが要る。これらをどうするのかである。

　第四にSEと臨場法学、特にリーガル・クリニックとの相互の関連をどうするかである。当ロースクールにおけるリーガル・クリニックは体制として十分なものではない。リーガル・クリニックはロースクールにとって固有の意味合いを持っており、参加した学生の満足度は極めて高い。この法的実践はSEの延長線上にしっかりと展開されることになるのではないかというのが、私達の大方の一致点であると思われる。

【注】

1 　私が島根大学法科大学院の形成支援プログラムの企画に報告者として招かれた際(2006年3月17日)同大学院遠藤昇三教授から臨床法学という言葉の使用についての疑問が提起された。私は臨床法学が一定の社会的認知を受けていることもあり、新たな概念を提示することにためらいはあったが、司法が社会との関連性を持ち、裁判がそうした社会の場に関連づけられていることも含めて臨場法学という新たなキーワードを使うことにした。

2 　関西学院大学法科大学院形成支援プログラム推進委員会編 第2回国際シンポジウム報告書『模擬法律事務所はロースクールを変えるか』(関西学院大学出版会、2006年)251頁。

3 　遠山信一郎「ロールプレイ型授業の実践例」『中央ロー・ジャーナル第3巻第1号』(中央大学出版部)109頁。

4 　関西学院大学法科大学院形成支援プログラム推進委員会編国内シンポジウム報告書『変わる専門職教育』(関西学院大学出版会、2006年)23頁秋田穂束神戸大学医学部教授報告。

過去2年半の取り組みについて

松井 幸夫

[略歴]
関西学院大学大学院司法研究科教授。
京都大学大学院法学研究科公法専攻博士課程単位取得満期退学。島根大学法文学部教授を経て現職。島根大学評議員・同法文学部長・同大学院人文社会科学研究科長を歴任。'92-'94 ロンドン大学高等法律研究所客員研究員。
本研究科では、憲法、憲法演習、公法総合演習などを担当。

はじめに

　今回のシンポジウムは、2004年度から2年半にわたって、関西学院大学法科大学院（以下、「関西学院ロースクール」という）が取り組んできた、文部科学省によって採択された「平成16年度法科大学院等専門職大学院形成支援プログラム」（以下、単に「形成支援プログラム」という）に基づく3回目の、そして、最後の国際シンポジウムとなった。このプログラムの中で、私たちは、「模擬法律事務所による独創的教育方法の展開」、副題として「仮想事件を通しての理論・実務の総合的教育プログラムと教材の開発」というプロジェクトを展開してきた。これまでのこの取組と到達点の概要は以下のとおりである。
　（なお、2005年度までの活動の詳細については、「K.G.TODAY」No.237［関西学院広報2006年2月28日］参照。）

1 「法科大学院等専門職大学院形成支援プログラム」によるプロジェクト「模擬法律事務所による独創的教育方法の展開」の目的

- 日本の司法改革と日本型ロースクールの発足
- 新しい法曹養成の理念と関西学院ロースクールの目標
- 私たちのプロジェクトの目的

　司法改革が進められる中で、2004年4月に、新たな法曹養成の機関として法科大学院、すなわち日本型のロースクールが発足し、同時に私たち関西学院ロースクールは、関西学院のスクールモットーである〈Mastery for Service（奉仕のための練達）〉という理念を基礎に据えてスタートした。ロースクールには、新しい法律家の養成を担う専門職大学院として、複雑化する現代社会の様々な問題に対応できる高度の専門知識を学生に授けると同時に、司法改革の理念を担い、法律家としての社会的責務とその意義を自覚した有能な法曹を養成することが求められている。新しい法律家とは、知識とスキルを兼ね備え、問題を創造的に解決できるとともに、自らの社会的役割を自覚することによってその社会的責務を果たすことができる法律家ということになろう。これらのことは、本書の豊川論文で指摘されているとおりである。

　このような中、ロースクールでは、「理論と実務の架橋」が重視され、豊富な経験をもつ実務法律家による実践的な授業科目や、時代が要請する新しい授業科目が開講され、また、対話方式の双方向的な授業など新しい教育方法が積極的に導入されてきた。このような教育方法は、これまでの日本の法学教育のあり方を大きく変えるものとなっている。しかし、ロースクールが目指すべき教育の目標から見て、さらにどのような改革を追求すべきか。それが、私たちの「模擬法律事務所」による教育構想というプロジェクトで考えられたものである。

　この構想では、ロースクールの中に少人数の学生と教員（研究者教員と実務家教員）とからなる「模擬法律事務所」が学年横断的に設置される。学生は、仮想の弁護士として「模擬法律事務所」に所属して仮想のシミュ

レイトされた事件を担当し、依頼者との面接から、交渉、訴訟の提起、裁判等の流れを追って、紛争の出発点から終着点までの全プロセスに対応する事件処理の方法を学ぶことになる。そして、そこでは、紛争の端緒から終局までの全局面をコントロールすることが可能となり、個別授業による断片性や、逆に科目間での重複を排して、一貫した効率的で効果的な教育が実現できると考えられる。また、そこでは、実務家教員と研究者教員が協力する「理論と実務」の融合が文字どおり追求されうるし、そこで実践的な判断に携わる学生には、その都度の断片ではなく、全プロセスに対する責任を経験させることが可能になると考えられる。さらに、学生は、実務的経験を通して、法律家としての社会的な使命や責任を具体的に自覚することが可能となるであろう。そして、このようなシミュレーション教育では、設定される様々の段階の法律実務において法律家の社会的責務についての自覚を問い続けることも可能になると考えられるであろう。このようなことが、私たちのプロジェクトにおいて考えられることであった。

2 これまでの取組みとその成果（1）

- 国際調査と研究
- 第1回国際シンポジウム「正義は教えられるか——法律家の社会的責任とロースクール教育」（2005年3月19日～3月20日）
- 第2回国際シンポジウム「模擬法律事務所はロースクールを変えるか——シミュレーション教育の国際的経験を学ぶ」（2006年2月18日）
- ワークショップ「国際模擬調停」（2006年2月17日）

　以上のような構想を持つプロジェクトの実施にあたり、これまで私たちは、様々なとり組みを行ってきた。
　まず、イギリス、ニュージーランド、カナダ、ドイツなどの法曹養成の最新動向についての研究会を開催し、とくに多くを学ぶべきと考えられたアメリカについては、アメリカのロースクールでの勉学経験のある教員を

中心に、シミュレーション教育その他の授業や教育実践を直接調査して体験する取り組みを二度にわたって行い、ドイツ、イギリスについても最新の改革動向を直接調査した。

また、私たちの取り組みと研究について国際的視点から議論するための国際シンポジウムを企画した。まず、2005年3月には、法曹養成教育の基礎となり、その充実改善の前提となる問題について、米、英、日の教育学及び法曹養成教育についての第一人者を招いて、「正義は教えられるか——法律家の社会的責任とロースクール教育」という二日間にわたるシンポジウムを開催した。また、2006年2月には、関西学院ロースクールにおける「模擬法律事務所」によるシミュレーション教育のこれまでの実験的試みを踏まえて、それをさらに具体化して推進するために、「模擬法律事務所はロースクールを変えるか—シミュレーション教育の国際的経験を学ぶ」と題する二回目の国際シンポジウムを開催した。そして、その前日には、本学の学生と、テンプル大学ロースクールのアメリカ人学生による英語での国際模擬調停のワークショップも開催した。これらの中で私たちは、社会的に意味ある「よき仕事」（Good Work）をなしうる「よき法曹」を育てるために必要な諸条件と、そこにおけるシミュレーション教育の有効性について、多くを学ぶことができた。

（これら国際シンポジウムの記録は、『正義は教えられるか』2006年3月、及び『変わる専門職教育』2006年3月［いずれも関西学院大学出版会］として刊行されている。また、上記ワークショップを中心に、細川歓子「模擬法律事務所はロースクールを変えるか」『法学セミナー2006年6月号』［日本評論社］参照）。

3 これまでの取組みとその成果 (2)

- 医学、ビジネス等、他分野の教育実践の調査と研究
- 国内シンポジウム『変わる専門職教育——シミュレーションの有効性』（2005年10月1日）
- 市民ボランティアによる「模擬依頼者 (SC)」の養成と活用

同時に私たちが力を注いだのは、日本において理論と実務の融合・統一を既に試みてシミュレーション教育を積み重ねてきている医学、ビジネス、社会福祉などの分野での経験と、そこにおける先進的な事例を学ぶことであった。とくに臨床医学教育におけるシミュレーション教育には繰り返し参加し、多くを学ぶことができた。また、ビジネススクールや、アメリカを含む他の医学部などの教育実践を見学するとともに、その経験を学ぶ研究会を開催してきた。2005年10月には、医学、ビジネス、法学の分野でのシミュレーション教育の経験と私たちの実践を報告して議論する国内シンポジウム「変わる専門職教育——シミュレーションの有効性」を開催して、シミュレーション教育についての専門分野を超えた共通性と意義、そして課題や今後の方向等が議論され確認された。

　（この国内シンポジウムの記録は、『模擬法律事務所はロースクールを変えるか』2006年10月［関西学院大学出版会］として刊行されている。）

　このような他分野の先進的経験を学ぶ中で得ることができたもうひとつの大きな成果は、シミュレーション教育において重要な役割を果たす「模擬依頼者」（シミュレーテッド・クライアント、SC）について、市民ボランティアによる協力という方法を学ぶことができたことである。法律相談や交渉を「臨場感」もって行うためにプロの俳優を雇ったこともあるが、医学教育におけるシミュレーション教育で、市民のボランティアによる「模擬患者」（シミュレーテッド・ペイシェント、SP）が大きな役割を果たし、またそのための市民団体もいくつか存在することを知った。私たちはこの団体の協力を得て法律相談におけるロール・プレイを試み、さらに正規の授業の場における教育実践においても「模擬依頼者」として協力を得てきたが、さらに「模擬依頼者」への市民の協力の輪を広げ、社会との連携を深めていくために、独自に市民のボランティアを募集して数回にわたる継続的な研修会を行い、授業での協力を得ると同時に、将来に向けていっそう強い協力関係を築きつつある。

4 これまでの取組みとその成果 (3)

- 授業におけるシミュレーション教育の実践と教材開発
- これまでの実践を踏まえたカリキュラム改革

　私たちの現在のプロジェクトの目的は、以上のような調査・研究を進めつつ、最終的にロースクールの教育において実施すべき教育方法と、そのための教材やカリキュラムを開発することにある。すなわち、理論と実務を架橋し、ロースクール教育を一層充実させ、さらに改革していくための独創的な教育プログラムを開発していくことである。そのために、「模擬法律事務所」によるシミュレーション教育の開発に向けて、現在のカリキュラムの枠の中で、また、学生と教員との自主的な教育実践として、様々な取り組みが実施されてきた。そして、この点においても、私たちは、様々の大きな成果を手にすることができたと考えている。

　この成果を踏まえて、次の前進と充実に向けて、教育方法、教材、カリキュラム編成などの形成・作成を一層自覚的に追求していく必要がある。これまでのこのようなシミュレーション教育の成果と、それを踏まえたこれからの展開については、本書における亀井論文、及び池田論文が明らかにしている。

5 むすび

　新しい法曹養成教育の理念を担うべきロースクールがスタートしてから2年半、新司法試験の結果も明らかになり、当初のロースクールの理念が実現されうるかを含めて、はや様々な問題が論じられている。しかし、私たち関学ロースクールは、ロースクールが担うべき新しい理念を踏まえて、21世紀を担う新しい法律家の養成に力を尽くしてきたし、これからもそのための努力を積み重ねていく所存である。

　その中でこの形成支援プログラムによる私たちの取り組みは、ロースクール教育のための制御された総合的なシミュレーション教育の試みとし

て、先進的であるとともに重要な意味をもつのではないかと考えられる。そして、私たちのこの取り組みは、関西学院ロースクールの教育方法の充実や改革に大いに役立つとともに、それにとどまらず日本の新しいロースクール教育の発展にも大きく資するものであることを確信している。

シミュレーション教育の手法と教材の開発について

亀井 尚也

[略歴]
関西学院大学大学院司法研究科教授、弁護士（兵庫県弁護士会）。東京大学法学部卒業。日本弁護士連合会法科大学院センター副委員長、財団法人日弁連法務研究財団・法科大学院認証評価委員会委員、元大学設置・学校法人審議会大学設置分科会法科大学院専門委員会委員、元兵庫県弁護士会副会長。
本学ではローヤリング、クリニック等を担当。関連論文は「シミュレーション教育の意義と実践」（『自由と正義』Vol.56 No.7［6月号］、日本弁護士連合会、2005年）、「法科大学院におけるシミュレーション教育の成果と課題」（『ロースクール研究』No.2、民事法研究会、2006年）、「法科大学院における臨床法学教育の意義と課題——実務家の立場から」（『法律時報』VOL.79No.2［2月号］、日本評論社、2007年）等。

はじめに ——シミュレーションの本質

　シミュレーションとは、広義では現実のシチュエーションを想定した検討・訓練等を総称する。広域地震を想定して各方面での被害予想とそれに基づく行動訓練を行ってみるといったように、あらゆる分野でシミュレーションは有効な方法として採用されている。

　シミュレーションの本質は、教科書的な原理原則だけでは現実への適用予測が不十分であることから、いくつかの想定される事実をインプットしたうえでアウトプットを検討してみることを通じて、人間の認識と行動準則を高めようという点にあると言えよう。

1 法教育におけるプロブレム・メソッドの意義と2つの要素の欠如

　法教育においても、抽象的な法原則やその具体化である判例の規範を理解するという基本的な学習はもちろん重要であるが、それだけでは、法曹として現実の事案を前にしてどう判断し、どう解決を図っていくのかの能力を養うには不十分である。ここにシミュレーション教育の意義があるわけであるが、広い意味のシミュレーションということで言えば、教室において仮想事例を検討してみるという方法（＝プロブレム・メソッド）はベーシックな手法である。関西学院大学に限らず、多くの法科大学院における実務的な科目はかなりこの方法によってなされているし、法律基本科目の授業の一部でもこのような方法が取り入れられている。私の担当する科目でも、「法情報調査・法文書作成」では、例えば、日照・眺望がよいことをうたったマンションを購入したが購入後間もなく近隣に高層マンションが建築されて話が違っていたという事案で、裁判例を調査して売買契約の解除や損害賠償請求ができないかどうかの検討文書を作成させることも行った。「民事裁判実務Ⅰ」では、当事者からの聴き取り書きをもとに、訴状や答弁書の起案をさせるということも行っている。これらの作業自体が、法を現実の事案に適用することや、法曹としての的確な判断を行うことの訓練になっており、思考力を格段に高める効果的な方法であることは間違いないと思われる。

　しかし、このようなプロブレム・メソッドには、どうしても次の2つの要素が抜けている。むしろ、これらの要素を抜かすことによって効率的な教育方法になっているという面もあると言える。

　第1は、事案が動いていく立体性に欠ける点である。たとえば、上記の例のうち、裁判例を調査して検討文書を作成する場合を想定すると、現実のケースでは弁護士として受任して相手方に文書送付等のアクションを起こし、それに対し相手方にも弁護士が付いて反論の書面が返ってきて、交渉が始まる、といった展開がありうる。あるいは交渉では解決せずに調停の申立や、訴えの提起をするという可能性もある。訴訟になった場合も、訴状や答弁書を起案して提出したうえで、裁判の場で主張が闘わされたり、

証拠による立証活動がなされたりしていく。これらの過程を学生が経験することによって、自らが法曹として行動した結果がその都度問われることになるわけである。このような経験は何ものにも代え難いはずである。

第2は、ケースに生の人間が出てこない点である。当事者から生々しい事実を告げられ、生の感情を突きつけられ、それにどう答えるか、という迫力にどうしても欠けるという点である。学生が、法曹として社会の人々の役に立つ行動をとれるのか、あるいはあるべき法曹の倫理観や役割とは何か等を自分に突きつけて考えるには、このような生々しい体験が必要である。法曹倫理という科目は価値観がからんでくるため、講義ではどうかすると価値観の押しつけのように受け取られる難しさがあるが、生の体験をすれば、学生をして価値観の問題にも自然な形で直面させることができるという効用がある。

なお、この点で、学生同士で簡単な設例の法律相談をロール・プレイさせたり、教員が相談者役をやって学生に弁護士役をさせたりする、といった方法は、「やってみる」練習にはなるものの、どうしてもリアリティに欠け、緊張感がないという面は否めない。

2 2つの要素を組み込んだ関西学院大学独特のシミュレーション教育

そこで、以上の2つの要素、すなわち「事案が動く立体性」と「生の人間の存在」が折り込まれた教育を、法曹養成課程の中に効果的に組み込むことが必要になってくる。我々が臨場教育と呼んでいるもの（従来、医学の世界で「臨床教育」と呼ばれてきたもの）がまさにこれにあたる。

臨場教育の典型はリーガルクリニックである。学生が教員の指導下ではあるが現実の事案と取り組むのであるから、「生の人間」が当然存在しているし、1回きりの法律相談で終わらせずに継続相談や事件受任も行えば、「事案が動く立体性」も出てくる。クリニック教育が学生に与える大きなインパクトと教育効果は、2006年9月に早稲田大学の臨床法学研究所（本日のコメンテーターの宮川教授がその代表的存在である）が主催したシンポジウムでも確認された。関西学院大学の法科大学院でも、法律相談を行

うクリニックAと事件を追っていくクリニックBという科目を開設している。

　ただし、クリニックには、教育としての限界があることも確かである。1つは、何といっても、ケースが限られていることと教員側の人的体制の問題のために、多数の学生に履修させることができない点である。いま1つは、当事者は事件の渦中にいるため、学生の方針や言動について当事者を入れてフィードバックを行う、といったことはもとより不可能であるという点である。もう1つは、大きな問題ではないが、どのようなケースが来るか、コントロールができないことも挙げられる。ただし、これは逆にクリニックの利点であるともいうことができよう。

　以上のような限界を克服するとともに、前記の2つの要素をできる限りリアリティを持たせる形で組み込む臨場教育の有力な手法として、この間我々が開発してきたのが、市民の模擬依頼者を活用する関西学院大学法科大学院独特のシミュレーション教育である。我々がシミュレーションと言う場合には、冒頭で述べたような仮想事例一般を指すのではなく、関西学院大学独特のシミュレーション教育をイメージしている。

　以下では、その1つの例として、池田教授と私が中心となって取り組んできた「ローヤリング」の授業を紹介し、もう1つとして、刑事・民事の模擬裁判についても簡単に触れておきたい。

3　「ローヤリング」での実践

　「ローヤリング」では、前半の数回の授業をテキストやビデオ教材を使ったディスカッション型の授業や簡単なロール・プレイと振り返りに充てた後、後半の数回の授業では、学生を少人数のグループに分けてグループ間の模擬交渉や模擬調停を行うという方法を採り、同時に各グループには模擬依頼者（SC）が来て打ち合わせや事情聴取を行うことを取り入れた。

　具体的なイメージであるが、対立当事者間の事件であるから、依頼者Xの側のグループ（＝模擬法律事務所）には、Xを通じての情報と資料しか与えられない。同様に、依頼者Yの側のグループ（＝模擬法律事務所）

には、Yを通じての情報と資料しか与えられない。互いに相手同士となるグループ間では、当然であるが授業時間以外の裏での情報交換は一切禁じている。そして、模擬法律事務所ごとに依頼者からの事情聴取よりはじまり、法的リサーチをしてその事案の見通しを立て、相手方との間で書面のやり取りをしたり、交渉をしたりしつつ、その都度依頼者と打ち合わせをしたり必要な説明、あるいは場面により説得をしながら事案の解決に向けて進んでいく、という進行になる。なお、依頼者は最初から十分な資料を模擬法律事務所の学生弁護士のところに持ってくるようにはしないで、学生が例えば依頼者に銀行の預金通帳を持ってくるように指示してはじめて、教員があらかじめ用意しておいた預金通帳を依頼者を通じて持っていくようにさせたりする。また、学生が不動産の登記簿謄本を取り寄せたいということになった場合には、教員に申請すれば教員が法務局の代わりに登記簿謄本を送付するという扱いにする。なお、このような作業をすべて手作業やEメールでのやりとりによって行うこととすると、各クラスの各グループによって学生の方針が微妙に違ってくるので教員の整理能力を超えることになってしまう。そこで、2006年より、Web Duxという新しいパソコン上のソフトを導入し、パソコン上のデータに学生からアクセスできるようにし（もちろん事件の相手方の側のデータにはアクセスできないようにする）、学生間や依頼者を含めた内部的なやり取りや事実認識の共有をネット上でできるように工夫している。

　さて、事案として、2004年度は、模擬交渉事案として、仲介業者を飛ばして不動産を購入したとして仲介業者からみなし報酬が請求された事案を3回の授業で行い、模擬調停事案として、熟年夫婦の離婚事件を2回の授業で行った。なお、この年は模擬依頼者としてプロの俳優を依頼した。この年の反省点として、第一に、特に模擬交渉事案が金銭請求という、押すか引くかのゼロ・サム型事案（いわゆる食うか食われるかの事案）であったため、学生同士が自分に有利な裁判例を取り上げて過度に論争を繰り返してしまい、紛争の解決になかなか向かっていかないという傾向が見られた。第二に、両事案とも時間に追われ、模擬依頼者を交えたその都度のフィードバックがほとんどできなかった。

このため、2005年度は、1つの事案で依頼時の打ち合わせから交渉・調停へと進んでいく連続事案の実習を6回かけて行うこととし、事案もウィン・ウィン型（いわゆる双方が得をする型）になりやすいものとして、親族間の土地・建物の共有関係と遺産分割がからむケースを用意した。また、模擬依頼者には、フィードバックのノウハウを持っている医療教育における模擬患者の方になってもらった。我々は、今回のプログラムが始まったころより、他の専門職教育におけるシミュレーション教育の方法論に関心をもってきた。中でも、医学教育では、以前より医療面接実習において、一定の訓練を受けたボランティアの模擬患者（SP = Simulated Patient）が、医療者（＝学生）の発言・態度に応じた応答と演技を行ったうえで、医療者（＝学生）のどのような態度で自分の気持ちがどう動いたかを具体的に伝えるフィードバックの役割を果たす、という形で教育体制に組み込まれていることを知った。これを法学教育にも転用し、2005年は、ローヤリングの授業において、模擬患者団体の協力を得て模擬依頼者（SC = Simulated Client）として役割を演じてもらう方法を取り入れた。このように、模擬依頼者からフィードバックが得られるという点が、我々の開発した新しいシミュレーション教育の重要な要素を占めている。

なお、この実践については、第2回国際シンポジウムにおいて池田教授がビデオも使って詳しく報告したところであり、教育的に高い効果が得られたことが、そこでも確認された。私が強調したいことは、SCは「模擬」依頼者ではあるものの、学生は「模擬」だから真剣勝負をしないということは絶対にないということである。市民が加わることによって事案に緊張感が生まれ、学生は、「この人のために何とか役に立って、いい解決をしたい」と本気で考えるし、本気で怒ったり泣いたりしていた。

4 SCの養成

この点に関連して、関西学院大学法科大学院でこの間精力的に取り組んでいるのは、市民による模擬依頼者の募集と養成である。すなわち、新しいシミュレーション教育の本格的展開に向けて、2006年5月から9月

にかけて、阪神地域を中心に市民を募集し、既存のベテラン SP の人達の力を借りつつ SC 養成講座を行った。このような試みはこれまでの法学教育においてほとんど見られなかったことであるが、40 人を超える多くの市民が、法曹の卵を育てることに役立ちたいとの関心を示して応募し、模擬依頼者役を演じるコツや心構え、学生へのフィードバックの方法（例えば、学生の具体的な言動を引用してポイントを絞って依頼者の心の動きを伝えることや、まず学生の良い点を褒め、決して自信喪失させたり説教をしたりしないこと）などを、実践訓練を交えて熱心に受講していただいた。こうして生まれた新しい SC が、多数今後のシミュレーション型の授業に登場して役割を果たしてもらえるという画期的な体制が整ったところである。

（SC の養成講座の一場面をビデオで上映）

5　模擬裁判

　事案が動いていく型のもう 1 つの柱として取り組んできたのは模擬裁判であり、模擬裁判は、授業でも、また授業外の特別イベントとしても、この間関西学院大学法科大学院において積極的に実施されてきた。3 年生による刑事模擬裁判は 2005 年と 2006 年に、民事模擬裁判は 2006 年に行われた。また、1 年生の有志（および法学部学生）による刑事模擬裁判（模擬裁判員裁判）が 2004 年の秋に、1・2 年生の有志による刑事模擬裁判が 2005 年の秋に、市民向けの企画として取り組まれた。刑事の模擬裁判では、殺人と正当防衛・過剰防衛が問題になる典型的な事案などが取り上げられた。いずれの事案でも、学生が検察・弁護の双方に分かれて、周到な準備をして公判に臨んでおり、現実の裁判に見劣りしない迫力のある法廷活動が繰り広げられた。1 年生は刑事訴訟法を勉強し始めたばかりであるが、参加した学生は、むしろ模擬裁判を通じて生きた刑事訴訟法の勉強ができた、との感想を多く寄せた。

なお、刑事模擬裁判はいずれも被告人や証人といった登場人物のほとんどを教員や協力弁護士が演じており、生の人間の登場という面ではややリアリティに欠けるところもあった。この点では、今年に行われた民事模擬裁判はSCが関係者を演じており、法廷での尋問だけでなく法廷外の打ち合わせにも頻繁に協力してくれ、最後はSCの人も納得して和解により事件が解決するというリアルな進行になった。

模擬裁判に近い試みとして、2004年に、川崎教授（刑事訴訟法）が中心となって東京の神山啓史弁護士を招聘し、1年生を対象に、ロール・プレイを用いた実践的刑事実務の実験的授業を2日間行った。神山弁護士は、1日目は起訴事実に争いのないコンパクトな事例を使って模擬裁判風に手続を体感させた上で、2日目は、ある被疑者段階の刑事事件（否認事件で、警察の違法な取り調べがなされているという事案）を想定して、授業の場で学生に模擬接見をさせる場面では被疑者を演じ、接見を終えた弁護士役学生が検察官に折衝に行く場面では検察官を演じ、公判の証拠調べの場面では取り調べ警察官を演じるとともに、節目節目では教員として学生とディスカッションするという離れ業をやってのけ、いずれもが迫真性のある役回りであった。ただし、このようなことは神山弁護士だからできることであり、多くの教員にそれを求めるのは困難である。やはりSCの活用が有効な方法であると思われる。いずれにせよ、参加した学生へのインパクトは大変強く、教育的効果は十分にあがっていたことが確認できた。

6　1年生でのシミュレーション教育

前述したように、刑事模擬裁判でも、また実践的刑事実務の実験的授業でも、1年生学生への教育的効果は十分に検証できた。そこで、民事においても、未修者の1年次からシミュレーション教育を組み込んでいく方法を、2006年の夏休みを使って実験的に行った。事案は、クラブのホステスが担当顧客のツケによる飲食代金についてクラブを辞めた場合に立替払いする約束をしていたことから、多額の請求を受けたというケースにした。2回の授業時間を使って、1回目はSCからの事情聴取→教員も入っ

て学生間で検討→追加事情聴取というところで終え、2回目は学生が関連する裁判例や学説を調べて検討してきた結果をSCに説明するという進行で行った。この設例は民法90条の公序良俗違反性が問題になるが、1年生は前期に民法総則や契約総論を習っているので、法律知識の段階からして、無理な範囲ではなかった。

　（1年生でのシミュレーションの様子をビデオ上映）

　このように、学生は大変熱心に取り組んでくれたし、SCからの聴き取りにしても、法情報のリサーチや検討にしても、法的な説明にしても、2年生以上に決して劣らない成果を見せてくれた。
　総じて、法律を学び始めて間もない学生にとっても、シミュレーションという手法を取り入れることによって、知識を使いながら学んでいく感覚を掴むという大きな教育効果を得られることが確認できた。
　この点は大変重要である。すなわち、わが国の法曹養成に携わる多くの論者は、まず法的知識をしっかり付け、問題演習等でしっかり法的な思考力がついてからはじめて、シミュレーションのような実務的な訓練をするものである、と考えている。司法研修所があるから法科大学院では実務的なことなどあまりやらないでしっかり理論的な勉強をすれば十分である、という論はその典型である。しかし、今回の実験はその生きた反論になっていると言える。知識が初歩的な段階から、今回のようなシミュレーションを少しでも体験させることによって、法を何のためにどのように使うのか、また法律家は依頼者という生身の人間が抱える事案に対してどのような役割を果たすべきかについて、学生自身が実感と目的意識をもって勉強を進めていくことができるのではないだろうか。もちろん1年生なので法律基本科目の授業を通じて基本的な概念や法原則をしっかり勉強していくことが中心であり、シミュレーションはそれに別の方向からの刺激を与えるという位置づけになろう。しかし、教育的意義は教員が想像する以上に大きいものがあるのであり、要は、法律知識の段階に合った教材を、あまり複雑にならないように作成する工夫をすればよいと言えよう。

7　公法分野での課題

　以上、民事・刑事ともにシミュレーション教育の手法や教材がかなり具体的な進展を遂げていることが明らかになったと思われるが、公法の分野ではまだこの点は未開拓なままになっている。例えば、行政情報の公開をめぐる行政の立場と住民の立場の鋭い対立といったケースはいろいろな仮想事例を作ることができ、そこで双方の立場に分かれて、ケースを受任した弁護士になったつもりで解決策を考え、議論を闘わせるといったイメージが考えられる。ただし、単なるディベート・ゲーム的なものに終わらせるのでなく、SCに関係当事者となってもらって、その事案をめぐっての事実関係や気持ち・倫理観等を伝えてもらい、その人たちとともに事案に取り組むという形にすることがシミュレーション教育としては重要であると思われる。

8　まとめ

　以上のように、我々がこの間開発してきたSCを活用する新しいシミュレーション教育は、1年生から3年生までのあらゆる段階に応じ、また民事・刑事・公法を問わずあらゆる分野に多面的に展開することが可能であると言える。SCという市民が加わることによって学生自身が法曹という専門職の責任と役割を自然に自覚する契機になるし、法曹倫理をより自覚的に考えさせるのであれば、教材の中にそのような要素（たとえば証拠の隠匿や真実義務の問題に直面させる）を入れることも可能である。学生の法的知識に合わせた教材の開発という面も、私の中では感覚的に掴めてきているように思う。法的な論点はあまり複雑なものにせず、かといって教室設例のようなリアリティに欠けるケースではなく事実関係の流れが自然なものにすることが、肝腎である。
　このようなシミュレーション教育の体系的な展開によって、法的知識や思考力だけでなく法曹の生きたイメージを豊かに育む法科大学院を、市民や学生とともに作っていきたいと考えている。

関西学院大学ロースクールのシミュレーション教育とカリキュラム改革

池田直樹

[略歴]
関西学院大学大学院司法研究科教授。弁護士（大阪弁護士会）。東京大学法学部卒業後、米ミシガン大学ロースクール卒業（LL.M）。米ミシガン州弁護士資格所持。大阪弁護士会公害環境委員会副委員長、日本環境法律家連盟理事。
本研究科では、ローヤリング、環境法、現代損害賠償法実務、民事裁判実務Ⅰなどを担当。

はじめに

　本稿は、模擬法律事務所構想に基づいて、より本格的にシミュレーション教育を展開しようとしている関西学院大学ロースクールにおけるカリキュラム改革の方向性を説明することを目的とする。

　以下、まずロースクールにおけるカリキュラム編成の基本理念と課題を述べたうえで、新たなカリキュラム改革の方向性を明らかにする。そのうえで、模擬法律事務所構想に基づくシミュレーション教育の狙いと特徴を説明し、具体的なカリキュラム編成を提案するものである。なお、本稿の性質上、対象は民事教育を中心とする。

1　法科大学院の教育理念とカリキュラム編成の特徴

(1) 4科目群制

　司法制度改革審議会意見書は、日本社会における法の支配の樹立を目的

として、その担い手を専門的に養成する法科大学院の設置を提言した。提言を受けて中央教育審議会は2002年8月5日、「法科大学院の設置基準等について」との答申を行い、法科大学院の教育課程（カリキュラムについて）、「法科大学院では，法理論教育を中心としつつ，実務教育の導入部分をも併せて実施することとし、実務との架橋を強く意識した教育を行うべきとされていることを踏まえ、法曹養成に特化した教育を行うという法科大学院の理念を実現するのにふさわしい体系的な教育課程を編成すべきことを基準上明確にする必要がある」とした。そして、主な科目の例として、a　法律基本科目群（憲法、行政法などの公法系科目、民法、商法、民事訴訟法などの民事系科目、刑法、刑事訴訟法など刑事系科目）、b　実務基礎科目群（法曹倫理、法情報調査、要件事実と事実認定の基礎、法文書作成、模擬裁判、ローヤリング、クリニック、エクスターンシップなど）、c　基礎法学・隣接科目群（基礎法学、外国法、政治学、法と経済学など）、d　展開・先端科目群（労働法、経済法、税法、知的財産法、国際取引法、環境法など）を提示した。

その結果、関西学院大学法科大学院も含めて、日本全国のロースクールがほぼ同様の4つの科目群を導入し、設置認可を受けた。

(2) 4科目群をめぐる課題

とはいえ、この4群の具体的なあり方については、各校で相当程度のばらつきがあるとともに、教育的観点からの共通の課題も明確化してきている。

たとえばa群科目をめぐっては、従来の法学部の教育との整合性や差異化が大きな課題である。特に既に学部で法律学を学んだ者（既修者）とそうでない者（未修者）が同じ「未修者」として入学している現実を前に、純粋未修者に対する詰め込み教育が問題となり、他学部出身者など多様な人材を集めるという当初の理念が揺らいでいる。

また法哲学や法社会学などのc群科目については、司法試験という短期的視点に縛られがちな学生に対して、長期的視点に立って、法曹という職業生活を通じて常に立ち返るべき基本的な視座を与えてくれる重要科目で

あることをいかにして理解させ、学習する意欲を持たせるかという現実的な課題がある。

d群の展開・先端科目群については、各学校がどのような法曹を育成しようとしているか、その狙いや特徴が顕著に現れている。ただ、都市の大規模校に対する地方校や小規模校との格差を是正したり、少数受講者の科目について、経済的効率性を向上させるために、学校を超えた協力体制を築くといった課題もある。

以下、本稿の目的にそって、ここではb群の実務基礎科目の問題点に焦点を絞りたい。

(3) 実務基礎科目群をめぐる論点

そもそも、上記設置基準が明らかになってから、2004年4月の開校まで、あまりにも時間が短く、各法科大学院にとっては、まず教育にあたる研究者、実務家教員を確保することが先決課題であった。ことに、従来の法学部に該当する科目が存在せず、法科大学院で新たに創設される実務基礎科目群については、スタンダードな教科書や参考書も整備されておらず、そのために必ずしも科目の必要性やそこで扱うべき内容や範囲、教育手法、科目間の関係について明確なコンセンサスが存在していなかった。そのため、上記4群の中でも、実務基礎科目群については、各法科大学院の教育方針や特徴の違いがもっとも鮮明に現れることとなった。

すなわち、一方では上記のとおり、法科大学院が法曹養成専門機関として実務との架橋を強く意識すべきことは前提としつつも、法科大学院の第一次的役割は、法学専門教育の高度化にあり、理論教育に大きな重点を置くものとし、臨床教育的な実務訓練自体は基本的には司法修習制度にゆだねることを前提とする法科大学院がある。

それに対して、理論と実務の架橋という見地からb群科目を重視し、実務家教員の比重を高めている法科大学院がある。そこでは修習制度や実務家になってからのオンザジョブトレーニングは前提としつつも、法科大学院の段階から意識的に実務的訓練を積極的に行うとともに、法曹としての基本倫理や正義への志向の強化、人間への共感や当事者との協働姿勢やコ

ミュニケーション能力の開発、現実社会に生起する問題への総合的な解決能力の向上など、プロフェッションとしての基礎的素養の涵養が企図されている。

　もちろん、上記のような説明はやや図式的なものであり、実際の違いは相対的である。また、研究者教員と実務家教員の共同授業の実施など、教室内への実務的視点の導入の手法が多様化していることに注意しなければならない。とはいえ、法科大学院発足から2年半が経過した中で、各大学院の目指す方向性の違いはしだいに明確化してきているように思う。

　模擬法律事務所構想のもと、「理論と実務の架橋」というキーワードに沿った教育手法を模索し、実務基礎科目の中でシミュレーション教育を進めてきた関西学院大学ロースクールは言うまでもなく後者の実務との架橋の重視型に属するものである。

2　実務基礎科目の持つカリキュラム上の意義

(1) 実務基礎科目の存在意義

　実務基礎科目が法科大学院に導入された理由は、単に実務を所与のものとしてそれに親しみ慣れるための準備訓練を行うためではない。むしろ、実務を批判的に検討し、その良き部分を承継するとともに、将来に向かって実務を発展・変革していく考える力を養成することが求められている。[1]

　私は、法科大学院においてあえて実務基礎科目を学生が履修する意義を次のように考えている。第1に、法律基礎科目において学んだ法理論を実務基礎科目において実際に応用することで、法理論を具体的な社会的文脈においてより深く理解することができる点にある。第2に、当事者の要求や社会に生起する新しい問題に直面することで、紛争解決のための法的判断を含む総合的な思考能力を向上させるとともに、既成の枠組みを超えた法解釈や立法提言を行うための創造性を身につける点である。第3に、法曹というプロフェッションを選択した者として、その生涯を貫く人格的土台となるような主体性（人々の喜びや悲しみに対して深く共感しうる豊かな人間性、社会で生起する問題への関心、法曹としての責任感や倫理観）

を形成する一助となることである。

(2) 実務基礎科目における思考過程と教育機能

では、実務基礎科目になぜそのような教育機能を見いだすことができるのか。

伝統的な法律基礎科目の学習は、「法律の理念や原則や制度趣旨」を「講義」と「教科書」を通じて学んだうえで、「判例集の判例」を通じてその具体的適用例を学ぶという**法規範から事実へ**という思考過程を辿るものだった。ところが、実務系科目では、「生の事実群から、当事者の要求や法的正義の観点を持ちつつ、法的な構成を行う」という**事実から法規範へ**という逆の思考過程を辿ることになる。

すなわち、法律基礎科目での学習においては、良くも悪くも学生は裁判官的立場からの「客観的な法」への指向性が強くならざるを得ない。権威ある学説ないしは最高裁判例に依拠して、通説判例に基づく法規範を理解し、覚えることにどうしても重点を置きがちである。もちろん、反対説や下級審判例などにも知識としては目を配ろうとは努力しているが、支配的な理論体系とは異なる新たな理論体系の創造にこそ生き甲斐を見いだしている学者や、当該事例において妥当な解決を導くためのぎりぎりの価値判断を背景として法解釈を行っている担当弁護士や裁判官とは異なり、「なぜそのような（独自の）法解釈を行う必要があるのか」を突き詰めて考えるインセンティブにやや欠ける面がある。

とはいえ、法規範の具体的な適用を学ぶ教材として判例を読むことで、当該判例が前提とした事実を分析し、判例が定立している法規範の解釈が妥当する事実の範囲（判例の射程）を考える訓練を行っていることは事実である。ことに判例を素材としてソクラティックメソッドを用いる場合、判例の法解釈の妥当性やその適用範囲について、その背後にある価値判断をもあぶり出しながら、批判的に検討する思考訓練を行っているといってよい。

にもかかわらず、なおそこでの学生の思考回路は、判例が定立した法解釈が前提にあり、その法解釈が妥当する範囲を明らかにすることで当該法

規範の使い方をマスターするという発想になりがちである。そのため、その射程からはずれた事実や当事者の要求について必ずしも十分な目配りがなされないまま安易に切り捨てられる可能性がある。また法解釈を正当化する根拠として、制度趣旨や立法者意思、あるいは先立つ判例が参照されるが、意識的無意識的に法的安定性が重視される傾向がないとはいえない。

　それに対して、実務系科目では、当事者を取り囲む事実とそのうえに立った当事者の要求に対して、既存の法解釈や権威ある判例を引いて「法律はこうなっているので、無理でしょう」というように裁断的に対処しても、当事者の納得を得られず、問題解決に結びつかない場合も多い。「なぜ、だめなのですか」「他に可能性はないのですか」と真剣なまなざしの当事者に迫られるのである。当事者に寄り添いつつ、少しでもその要求を実現しようとする当事者法曹の発想に立てば、そのような場合、当事者にとってより有利な法的結論に結びつく事実や立証手段を探すという「事実の探索や加工」に精力を費やすか、より有利な判例や法解釈を探したり、それでも限界があれば既存の法理論を越える新たな法律構成を探し出すという「創造的な法解釈」を指向することになる。そこでの依頼者とのコミュニケーションは、「主流の判例によれば、残念ながら見通しは明るくありませんが、もしこういった証拠に裏付けられた事実が存在したり、あるいはある判例や学説で認められている新しい考え方が正当と認められれば、別の結論が得られるかもしれません」といったものとなる。ただし、そのような創造的解釈や事実主張が実際に相手方ないし裁判所等の判断権者に受け容れられる保障はなく、「独自の解釈や主張」として排斥されるリスクは十分にある。

　また、いくら当事者の利益を守ることが当事者法曹の使命であるとしても、当事者の要求や事実関係そのものに、正当な法的権利の主張とは相容れない部分がある場合には、逆に当事者を説得したり、当事者と一線を引く、法曹としての独立性や矜持が問われる場面もありうる。学生の場合、過度に当事者に遠慮ないし迎合してしまう結果、およそ法解釈の限界を超えた説得力のない無理な構成を行う可能性もある。

　要するに、よりよい法律家となるためには、文字情報を中心に法を学び

事実へ応用するという抽象性の高い思考訓練と、生身の人や社会的事実から法を使った解決を導くという具体性に根付いた思考訓練の両方をバランスよく行うことが必要なのである。料理人にたとえて言えば、美味なある料理を作るための理論やその応用編である代表的レシピを学び、そのレシピが指定する食材を揃えて調理実習を徹底して行うことは料理をマスターする上で不可欠であろう。しかしそれだけではプロの料理人養成としては不十分である。そういった調理訓練とは別に、目の前にあるありふれた食材を使い、眼前の人が求める最上の料理をその場に応じて創作する腕前を磨く訓練も必要なのである。そのことによって、確立されたレシピの持つ奥深さとその応用範囲についての理解もより広がるし、経験のない食材に出会っても創造的に対応できる料理人となりうることも明白であろう。それだけではない。たとえば病人や高齢者を含む多様な顧客の要望に応える料理を作り、その感謝に接しつつ、人の命や生活の質に直結する食のプロとして、生涯維持されうる誇りやモラルが形成されうることも想像できるのではないか。

3　実務基礎科目のカリキュラムの問題点と改革の方向性

（1）要件事実教育の位置づけ

　ところで、「理論と実務の架橋」というとき、司法研修所の民事教育の柱の1つである要件事実論と事実認定論を法科大学院の民事教育に導入することの重要性が強調されるが、それは実務教育の一側面でしかないというべきである。

　確かに、法的請求権を構成するために意味のある事実を効率よく抽出するための枠組みをあらかじめ確立するとともに、それらの事実の存否について、対立する当事者のいずれが主張立証すべきなのかを振り分けておくことは、公平でかつ効率的な法的判断手続の重要な柱である。要件事実論にそって双方の主張を整理し、争点を明確化することは、実務でも重要であるし、法律家に必要な論理的な思考訓練にもなる。

　しかし、要件事実論は、実体法と訴訟法を融合した視点から、訴訟に

意味のある事実を取捨選択し、当事者間に割り振っていく理論的な道具であって、基本的には民法の法解釈理論と性格づけることができる。実務基礎科目において、精密化した要件事実論を体系的に教えこむことになると、実務科目において学生に求めている、当該事実からより妥当な請求権や法規範の定立へという重要な思考回路が、法の枠組みから事実を眺める方向に再逆転してしまうおそれがある。すなわち、要件事実論の枠組みから意味のある事実を拾い出す効率性は身に付いても、結論の妥当性を吟味し、そこから前提としている法解釈や事実そのものを再吟味するという慎重な姿勢が失われる危険性がある。

したがって、要件事実教育については、要件事実の持つ重要な機能のみならず、その限界についてもしっかりと学生に理解させ、暗記よりもその基本的考え方の教育に重点を置かなければならない。実務においても、優秀な裁判官は健全なバランス感覚を働かせ、法的三段論法を用いて得られた結論に疑問があれば、大前提たる法律構成を検討し、あるいはそれが動かせなければ小前提である事実について別の認定ができないかを検討するのである[2]。さらには、要件事実論では切り捨てられてしまいがちな日常的な事実の中にも、当事者にとっての紛争解決の手がかりが十分に含まれていることを、和解論やローヤリング等において補充することが必要である[3]。

(2) 臨場（床）科目の問題点

他方、ローヤリングやクリニックなどの臨場（床）科目[4]についても、問題はある。

何よりも、体系的な法的知識やその基本的応用力が備わっていない学生について、雑多な事実を与えて法律構成をさせようとしてもうまくいかないのである。すなわち、実務基礎科目は、そこで扱う問題領域について、学生の法的知識が一定水準に達しているときに効果を発揮するものであることに注意する必要がある（**学生の体系的知識との対応関係**）。これは基本的な調理方法や代表的なレシピが身に付いていない調理師見習いに、扱いが難しい素材を与えて高度な料理を作らせようとするようなものであ

る。

　実務家教員は、教科書と判例集を用いて「法から事実へ」という思考訓練に慣れた学生にとって、「事実から法へ」という実務的発想への転換は、教員が思う以上に困難を伴うことを心すべきである。

　まず、後者の場合、最初からたとえば「契約法」の問題だと領域が限定されているわけではない。提示された事実について、どのような法律が関与してきうるのか、瞬時に全体を概略的に見渡す「レーダー」を持つことが必要になるが、科目ごと、論点ごとに学習を積んできた学生にとっては、科目横断的な鳥瞰的な探索作業に習熟するためには一定の期間を要する。

　また、学生は、法律基礎科目において、判例学習やプロブレム・メソッドで具体的事実に法が適用される場面について思考訓練を行っているものの、そこでの「事実」は、法律的に意味のあるものとしてあらかじめ整理され、確定された事実である場合が多い。それに対して、実務基礎科目で扱う「事実」の多くは、陳述書や面談など当事者の語りとして与えられるが、同時にそこには、感情、利害関係、不明確あるいは流動的な事実などが含まれている。要するに情報の質と量が全く違うのである。その中から、狭い意味で法的に意味のある情報（たとえば要件事実や証拠に関係する事実）を取捨選択したり、事実についていくつかの可能性について場合分けをしつつ、他方で、紛争解決のために重要な情報（たとえば本人や相手方の価値観、利害関係、感情問題など）も見落とさないことは、プロにとっても困難な課題である。

　その意味で、実務基礎科目については、全体のカリキュラムの中で、その配置の時期とともに、科目ごとに、学生の理解度、習熟度に応じた適切な教材を用意することが重要になる(**配置の時期、難易度のコントロール**)。配置時期については、一定の基本的知識が身に付いてからを原則とすべきであるが、実務的発想に早期から慣れることや、学習のインセンティブを強める意味で、早期における実務的視点の導入も議論の対象となる。

　さらに、ただでさえ大量の学習課題に日々追われている学生に対して、実務基礎科目が発想の転換に加えて、情報量的にも過大な負荷をかけすぎることは、未熟な学生に混乱と消化不良を起こす危険に注意しなければな

らない。実務基礎科目においては、多論点をカバーするために多数の事案を扱うのはなく、実務に準じて、1つ1つの事案に一定の時間をかけて学生の主体的取組を促すことがより効果的であろう。その意味では、相談から内容証明のやりとり、交渉、訴訟というように、1つの事案が発展していくような事案を継続的に取組むことも有効だと考える（**事案発展型の事例**）。

　なお、実務的な思考過程を具体的にアウトプットする際の実務の「書式」（法的メモ、内容証明、訴状、答弁書など）や論理的な法文書の「書き方」に、学生の神経を使わせることは適切とは思われない。同じ問題の起案について、実務家の中にも、簡潔性を重んじる人もいれば、詳細な書面を好む人もおり、意外に学生の間に混乱を生じがちである。技術的なことではあるが、可能な限り、簡潔な基本形を最初に示して、形式面で学生に余計な神経を使わず、内容面に集中できるよう配慮することも必要であろう（**基本型の提示**）。

4　関学におけるシミュレーション教育の現状と課題

(1) シミュレーション教育についての学内コンセンサス

　関西学院大学ロースクールにおける過去2年間のシミュレーション教育の取組と課題については、亀井報告および別稿に譲るが、当学院におけるシミュレーション教育の最大の特徴は、ローヤリングや模擬裁判において、教室内では学生は弁護士として扱われ、俳優や市民によって演じられる模擬依頼者を相手に、主体的に紛争解決に取り組む点にある。そして、それ以外の実務基礎科目においても、模擬依頼者は使わないものの、仮想事例を用いて、対立当事者に別れた議論が行う手法が一部導入されていることである。

　次に述べる模擬法律事務所構想との関係でいえば、これらの取組を通じて、当学院においては、シミュレーション教育の持つ機能と課題についての学内コンセンサスがほぼ確立してきていることである。

　①　人は経験からよく学ぶこと。学生が「弁護士」として主体的に問題

に取組み、しかも、現実に事件では得られない教師や当事者からの「フィードバック」を受けることは、教育的に大きな効果を発揮する。
② 法曹の基本的役割（専門職責任や倫理を含む）の理解が高まること。ことに、机上で学んだだけでは実感が湧かない法曹倫理や法曹の役割の理解については、自らの主体的な取組を通じた人格的葛藤を通じて、より深く理解するとともに、人間としての成長も図ることができること。
③ 法的コミュニケーション能力や「事件ではなく人を扱うという自覚」が生まれること。その基盤となる視点を提供し、生涯教育のよきスタート地点となりうること。
④ 双方向・多方向性教育が実現できること。相手方とのやりとり、当事者や共同する学生からのフィードバックを通じて、多角的・複合的視点の重要性を実感させることができるとともに、同僚や依頼者と協働する文化の醸成に役立つこと。これはバーチャル・ローファームにより学年を超えた関係に発展しうること。
⑤ 事案分析力や紛争解決力の強化に結びつくこと。また手続を一通り経験することによる制度の「意味」の立体的な理解が可能であること。
⑥ 市民依頼者（SC）の組織化の中で、対外的な「法教育」の拠点ともなり、社会貢献につながること。

(2) 今後のシミュレーション教育の課題

同時に、これらの取組を通じてシミュレーション教育の課題も明らかになってきている。
① 法理論教育・体系的知識の習得との補完・相互性の確保の必要性
　学生の中には、学習進度の遅れや発想の転換に追いつけず、実務基礎科目との不適合を起こす者も散見される。そこで、本格的シミュレーション教育は2年後期からという現状を維持しつつも、1年生においても、問題領域を限定した事例を用いたシミュレーション教育を導入することが実験されている。これは、理論が実際に持つ「意味」を早期段階から

イメージすることにつながり、学習のインセンティブを強化する効果を期待している。

　同時に、ローヤリング等におけるシミュレーション教育実践時における「体系的知識」の再確認も課題である。面談技法や交渉を通じたフィードバックで、学生は、依頼者とのコミュニケーションの取り方に悩むが、逆に、方針樹立時の法的分析の甘さについての反省が足りない傾向があったほか、期末試験においても法的分析を詰めないままウィン・ウィン型解決のアイディアに飛びつこうとする答案も見られた。医師の誤診にあたる弁護過誤にあたるような判断の誤りを避けるために、個人レベルでの法的メモの書き直しや法律事務所内での議論の徹底など、自らの法的知識や制度への理解をチェックすることを強調する必要がある。

② 「正義は教えられるか？」という問いかけとの関係[6]

　シミュレーション教育は、高度専門職教育における学生の主体性の重視を体現する教育手法であり、法曹の役割意識の内面化を通じて、正義への指向を強めることを期待している。当事者の言い分に基づいて法的主張をまとめ、相手方にぶつけ、相手方の言い分を聞いて、何が公正な紛争解決なのかを学生が探索し悩むという主体的活動の中で、正義への指向は、「法曹としてのモラル」の重要な要素として学生自らが積み重ねていくものであって、特定のイシューについての特定の価値観と結びつけようとするものではない。

　たとえば「死刑制度の是非」という論点を取り上げて考えてみれば、重大犯罪事件を刑事シミュレーションで取り上げることで、具体的な人間像を抱きつつ問題を考えるという意味では思考を深化させることは期待できよう。

　しかし、このような先鋭な価値対立を含む問題は、古今東西の哲学者、文学者、法学者などの研究や論考、現実の被害者や加害者が存在するのであり、その問題のみに焦点を絞った深い学習の方が適している。

　過去2年間、ローヤリングを中心として構築されてきたシミュレーション授業の教材や模擬依頼者を使ったスタイルは、市井の民事事件における具体的妥当な解決は何かという一種の「小さな正義」のありかを

探索するものである。より先鋭に価値観が衝突し、社会制度のあり方そのものを根本的に問い直すような「大きな正義」については、基礎法学や社会科学も視野に入れたより学際的な理論教育が必要である。
③　他科目におけるシミュレーション教育の導入

　模擬依頼者を用いたシミュレーション教育は主としてローヤリングと民事模擬裁判に導入されたが、他の科目においてもその数コマをシミュレーション教育にあてるという応用が可能である。

　1つは既に述べた1年生科目における単発（2回程度の授業）の簡易シミュレーションであり、もう1つは講義科目である「法曹倫理・専門職責任」におけるシミュレーションの導入である。ローヤリングにおいては、利益相反の問題について、シミュレーションにおける1論点として取り上げているが、それは目の前の依頼者の要求に何とか応えようと努力している学生にとっての「盲点」ないし「落とし穴」という形で用意されているものにすぎない。したがって、科目としての「法曹倫理・専門職責任」において、体系的な知識を身につける重要性は変わらないが、単なる「〜をすべきではない」という用心の仕方を机上で学ぶだけでは倫理の内面化につながらない。真実義務など焦点の問題について、適切なシミュレーションを用いて当該弁護士の立場に立ってその悩みに擬似的に直面させる手法も一部導入すべきであろう。

　さらに、先端科目においても事案に応じて模擬依頼者を活用したり、あるいはそこまで時間をかけなくとも、教室を原告・被告側に分けて検討や議論を進めるという手法を活用できないか、カリキュラム再編にあたって担当教員において検討することが求められる。
④　クリニックとの関係

　当学院では、学内で市民の法律相談を行うクリニックAと学外の専門分野を扱う法律事務所で研修を行うクリニックBとを用意しているが、本来の趣旨は、ローヤリングを履修した後に、3年において応用として現実の事件に主体的に取り組むというものであった。

　ところが、司法試験受験準備のために、時間的負担の大きいクリニックを選択する3年生が少ないために、履修年限を2年に広げた結果、ロー

ヤリングをとらずにいきなりクリニックを選択することが制度上不自然ではなくなってしまった。しかも、日本の現行制度のもとでの学生の主体的活動の確保については相当な工夫が必要である。要するに、クリニック教育の高度化（学生の自主的、主体的取組の強化を含む）について現状では壁にぶつかっている。

　シミュレーション教育を重視する当学院において、クリニック教育の位置づけは未解決の大きな課題として残っている。

⑤　法科大学院教育の広がりに対する新しい対応の可能性

　現時点では構想にすぎないが、法科大学院では、民事系、刑事系に加えて公法系の教育にも力が入れられており、将来、公務員になる者も増えることが予想される。とすれば、行政過程や国や地方の立法過程に関するシミュレーション教育の一部導入（公法実務系科目の数コマとして）も視野に入ってきうる。地方自治体の政策法務などの場面を想定したシミュレーション教材の開発が課題である。

　また、企業法務は法科大学院における人気科目の1つであるが、企業法務関係者や若い法曹も対象者とした生涯教育を見通せば、M&Aや国際商事仲裁などのシミュレーション教育も開発の対象となろうし、ビジネス・スクールとの共催といった可能性もありうる。

⑥　人的・物的資源の裏づけ

　さて、上記のように、シミュレーション教育にはさまざまな可能性があるものの、最大の制約要因は、人と金が必要なことである。学生を少人数化すればするだけ、指導教員や補助教員、ティーチング・アシスタント（先輩の学生など）が必要となる。模擬依頼者（SC）についても、ボランティアを基礎としても交通費などの実費や大量の事務作業が必要となる。一定の教室数を確保するだけでなく、パフォーマンスの録画・再生のための映像機器や打ち合わせの場所も確保しなければならない。さらに、多数の学生法律事務所が設立される中で、事務所内や依頼者との秘密通信を確保しつつ、相手方ともやりとりができるようなパソコン通信のシステムの整備は不可欠である。最後に、適切なシミュレーション用教材（原告側、被告側に別れたシナリオと証拠書類、依頼者役への

マニュアルや指示書など）も準備しなければならない。

5　模擬事務所構想とカリキュラム改革

(1) 模擬法律事務所構想の概要

　当学院において、上記のようなコンセンサスと課題の認識のもとに構想されているのが、模擬事務所構想である。一言でいえば、学生を少人数に分けて複数の模擬法律事務所に配属し、市民ボランティアからなる模擬依頼者に対する面談を経て、交渉や訴訟などを通じて紛争を解決していくことを疑似体験させる教育手法である。現段階では、市民ボランティアからなる模擬依頼者の組織化が順調に進んでおり、2006年度秋学期の2年生対象のローヤリングにおいて、学生を模擬法律事務所に分けて、約40人にのぼる模擬依頼者を使った授業を実践している。

　しかし、模擬法律事務所は、単なるローヤリング科目だけにおける教育手法にとどまらない。当学院では、最終的には1年生から3年生までの全学生を模擬法律事務所に一旦振り分けることを通じて、授業内外において、模擬法律事務所を拠点とした活動（自主的な学習会や夏休みを利用した弁論コンペなどを含む）を活性化させ、当学院における1つの文化として定着させたいと考えている。

　そのためには、現在、ローヤリングと民事模擬裁判（いずれも選択科目なので全学生が取るわけではない）において行われている学生の班分けを全体に広げる必要がある。

　そこで、現行カリキュラムを抜本的に変更することなく、スムーズに模擬法律事務所を導入するために、1年生については全学生必修の基礎演習クラスを、2年生についてはやはり全学生必修の「法文書作成・法情報調査」のクラスを模擬法律事務所に再編する。3年生については特にクラス編成は行わないが、模擬法律事務所を導入した後に3年に進級した者が、ティーチング・アシスタント（TA）として自分の出身法律事務所の後輩の指導にあたるという形で、全学年が模擬法律事務所に関与するようにしたい。

(2) 具体的なカリキュラム変更—2年生から3年生

　模擬法律事務所と授業とが連動するのは、現在の「法文書作成・法情報調査」(2年春学期、必修)と「ローヤリング」(2年秋学期、選択必修)と「民事模擬裁判(選択)」(3年春学期)であり、それぞれ新しいカリキュラムでは、「民事ローヤリングⅠ」(2年春学期必修)、「同Ⅱ」(2年秋学期選択必修)、「同Ⅲ」(3年春学期、選択必修)として扱うこととする。法律事務所であるから、学生としても弁護士としての守秘義務を課し、その違反には制裁も用意するなど、弁護士倫理を常時意識させるものとする。

　必修の民事ローヤリングⅠでは、従前の「法文書作成・法情報調査」の教材を生かしつつ、前半2分の1は、SCを用いた本格的シミュレーションは導入せず、法文書の基本型の修得や情報調査にあてる。その際に、取り扱う法分野や与える事実について、学生の知識や習熟度に比して複雑になりすぎていないかを再検討する。また、法文書を作成していく大前提となる手控えの作成方法(時系列表や関係者図の作成など)や、法的三段論法(規範の定立、事実のあてはめ、結論)や起承転結のある段落構成といった論理的文書作成の基本も指導する必要がある。日本ではまだ主流ではないが、アメリカのロースクール教育で徹底して鍛えられる法的メモの作成(前提事実、問い、法的論点と意見ないし戦略の提示を簡潔にまとめたメモ)も重視したい。そのうえで、後半は、1つの事案が面談から委任、相手方への通知、交渉という形で発展するような発展型シミュレーション事案を導入し、その度に必要な文書を起案させるようにする。その際、できるかぎり簡単な事案を使ってSCを導入する。なお、現行のローヤリングで最初に取り扱っている面談技法や紛争解決論は、法律実務家となっていく上での必須の基礎知識であるから、一部にせよ、必修科目であるローヤリングⅠで取り入れるようにしたい。

　民事ローヤリングⅠは1クラス10人程度の少人数教育を徹底し、原則として実務家の専任教員が担当する。各法律事務所には3年生のTAを1名ないし2名入れて起案や議論の指導にあてる。その際にTAは当該法律事務所出身者を原則とする。また、学期終了時に、全法律事務所の共通課題を与えて(たとえば一定の「困難」な状況にあるクライアントに対して、

その問題を解決していくためのもっとも有効な法的戦略の立案を競うような宿題。その「困難」さについては、研究者教員の協力も得て先端的な問題を選ぶ）、夏休み終了時点で、依頼者へのプレゼンのコンペを行うといったことが考えられる。

　ついで、民事ローヤリングⅡは、選択必修で定員も50名程度となるため、春学期の模擬法律事務所をそのまま横滑りさせることが不可能なので、当該授業独自の法律事務所を授業内で再構成する（現在のやり方を踏襲する）。ローヤリングⅠに続いて、交渉、調停を扱い、最後に企業法務としてクライアントに法的意見書を提出するといったシミュレーションを入れる。また、授業では、A法律事務所とB法律事務所とを組み合わせ、交渉相手として法律事務所間のやり取りを多用するものとする。

　民事ローヤリングⅢは、20名以下の選択受講者により、民事模擬裁判を行うものとする。ただ、単に学生弁護士が模擬裁判を行うというだけでなく、民事訴訟法の改正の方向性にそって、提訴前手続の利用や、当事者照会などの証拠収集や法廷弁論、争点整理、証人尋問など、アメリカにおける「トライアルアドボカシー（法廷弁論）」の科目を意識し、当事者の権利を積極的に実現していくための訴訟制度の活性化を目指す科目としたい。テーマも現代的な困難な社会的事件などを取りあげたい。

　なお、民事ローヤリングⅠ、Ⅱ、Ⅲを通じて、授業時間外の学生グループの相談やTAとの打ち合わせ、SCとの面談等を行う部屋やPCを使ったネット上のシステムの構築も必要であるし、SCの手配や養成、バーチャル教材の管理と配信、授業の録画や場合により編集等を含めたマネージメントを行う事務局の部屋や人員ならびにそのための予算上の措置が必要である。また、教員の再編も行うことになる。

(3) 1年生への模擬法律事務所の導入

　他方、1年生については、現在、全員が基礎演習クラスに所属しており、研究者教員がその指導を行っている。

　そこで、4月のクラス編成時に2年生の「民事ローヤリングⅠ」と連動させ、模擬法律事務所を構成することとする。つまり、実務家教員が率いる2年

生と研究者教員が率いる1年生とが1つの法律事務所構成員として位置づけられる。

　ただ、現実には、1年生の春学期の最後に導入する予定のシミュレーション授業について、実務家教員が協力することがあっても、1年生と2年生が事件活動を一緒に行うことは現時点では考えていない。とはいえ、ゼミの先輩後輩といった関係に準じて、学年を越えた自主的な学習会などが発展することを願っている。

(4) 民事裁判実務ⅠとⅡとの関係

　SC を使ったシミュレーション教育ではないが、実務的な手法で、事実から法的構成を行っていく「机上でのシミュレーション」の思考訓練を行う民事裁判実務Ⅰ（2年後期）、Ⅱ（3年前期）についてもあわせて触れておきたい。

　民事裁判実務Ⅰでは、消費貸借、賃貸借、売買といった典型契約をもとに、当事者の報告書に基づく仮想事例を与えて、訴状、答弁書の作成や争点整理、重要な間接事実の整理などを行ってきた。また、民事裁判実務Ⅱではやはり仮想事例を用いて、証拠法の分野や執行・保全分野の具体的事例を扱ってきた。その中で必要な範囲で要件事実論を取り上げている。

　これらの科目は、模擬法律事務所の活動対象にはならないが、その雰囲気を引き継ぎ、各クラス単位（20名程度）内に複数の法律事務所を作ることでグループディスカッションを促進するなどを企図したい。

(5) 刑事系科目との調整

　現在までのSCを用いたシミュレーション教育および模擬法律事務所構想については、民事実務基礎科目が主導してきたため、刑事系実務基礎科目において、どう活用できるか、十分な検討が行われていない。しかし、刑事模擬裁判はもちろん、捜査や公判に関する刑事実務基礎科目や少年法などでSCや模擬法律事務所を活用することは十分に可能であり、今後の重要な課題である。

6 さいごに

　上記の新カリキュラム提案については、模擬法律事務所構想と銘打った割には、現行カリキュラムの変更が最小限となっているのではないかとの批判がありうる。

　しかし、第1回の新司法試験の結果が明らかになる中で、ロースクールとそこでの教育の行方はまだ混沌としている。設立3年が経過する来年からは、実務家教員を中心に、教員の異動・再編も生じる可能性がある。そのような中で、私と亀井尚也教授としては、現行カリキュラムとの整合性をできるかぎり保ちつつ、スムーズに模擬法律事務所を導入するような現実的構想を優先した。

　それでも、この間、各教員が懸命に築き上げてきた実績を軽視したり、逆に過大な負担を課すことになる提言が含まれているだろう。しかし、当学院には、過去3年間、文部科学省から多額の形成支援プログラム資金を得て、最先端の社会実験を行ってきた責任がある。その成果を新たなカリキュラムという継続性ある形で活かしていくことと同時に、そこでの教訓や成果物としての教材、人材を日本のロースクール教育に還元していかなければならない。特に、市民の模擬依頼者と模擬法律事務所とを組み合わせた独自の教育手法は、裁判員制度が始まるなど、法の支配における市民の主体性の強化が目指される中で、学生、市民、教員の三者にとって利益をもたらす画期的な教育手法ではないかと自負している。そのためにも内外のさらなる理解を得て、来春から約2年程度をかけてカリキュラム改革を進めていきたい。

【注】

1　理論と実務との架橋を目指す教育について、西口元「ロースクールにおける理論教育と実務基礎教育との架橋」（判タ1164号13頁）は、体系的知識（論理的思考力）の重要性、事案

分析力(問題解決能力)の開発の必要性、体系的理論教育と実践的事例研究との相互交流の必要性を強調するとともに、体系的理解の確認→ディベートなどのグループ学習→民事模擬裁判(保全、訴状、書証、証人尋問、判決、和解)などの実践的事例研究→事例研究成果の再体系化(口述試験など)といった循環型の学習法を提案している。

2 　石井彦壽「実務基礎教育の必要性——ロースクール教育と実務との架橋を目指して」(判タ1164号17頁、特に19頁部分)。
3 　廣田尚久『紛争解決学』(信山社)はこの分野を切り開く基本書とでも言うべき労作である。
4 　臨場法学という用語については豊川義明「法科大学院の理念と現実そしてシミュレーション教育」本書15頁。
5 　関西学院大学法科大学院形成支援プログラム推進委員会編国内シンポジウム報告書『変わる専門職教育』(関西学院大学出版会、2006年)13頁、同第2回国際シンポジウム報告書『模擬法律事務所はロースクールを変えるか』(関西学院大学出版会、2006年)119頁。
6 　関西学院大学ロースクール法科大学院等専門職大学院形成支援プログラム第1回国際シンポジウム成果報告編集委員会編『正義は教えられるか』(関西学院大学出版会、2006年)。

パネルディスカッション
Q&A セッション

パネリスト　　　ポール・バーグマン（米カリフォルニア大学ロサンゼルス校ロースクール名誉教授）
　　　　　　　　宮川成雄（早稲田大学大学院法務研究科教授）
　　　　　　　　豊川義明（関西学院大学大学院司法研究科教授・弁護士）
　　　　　　　　亀井尚也（関西学院大学大学院司法研究科教授・弁護士）

コーディネーター　池田直樹（関西学院大学大学院司法研究科教授・弁護士）
司会　　　　　　　曽和俊文（関西学院大学大学院司法研究科教授）

2006年10月14日（土）13：00～16：50
於：大阪国際会議場12F　特別会議場

議論の柱

第一の柱：　日本の法科大学院の過去2年間の評価
　　　　　　――「よき法曹を育てる」仕組みを作ってきたと
　　　　　　評価できるか
第二の柱：　「よき法曹を育てる」ための有効な教育とは何か
　　　　　　――臨床教育（臨場教育）におけるクリニック教育と
　　　　　　シミュレーション教育の違いと長所・短所
第三の柱：　関学バーチャル・ローファーム構想とカリキュラム
　　　　　　改革についての評価と課題

曽和　これから午後の部を始めたいと思います。午後はパネルディスカッションということで、午前中報告いたしました関西学院大学でのシミュレーション教育の具体的な実践につきまして、様々な角度から皆さ

と一緒にご検討いただきたいと思います。

　最初に、パネルディスカッションに参加をお願いしましたお二人のゲストとしてのパネリストの先生をご紹介いたします。まず、ポール・バーグマン教授でございます。先生は、現在カリフォルニア大学ロサンゼルス校（UCLA）ロースクールの名誉教授で、UCLAにおきまして、クリニカル・プログラムを進められた責任者でございます。法廷弁論、それから証拠法、ストリート・ロー・クリニック（注：低所得者層の子弟が通う学校やホームレス等への福祉活動を主とする教育）などを担当されてこられました。本日はどうかよろしくお願いいたします。

　もうお一人のゲストは、宮川（成雄）先生です。宮川先生は、早稲田大学の法科大学院の教授です。先生は、元々は英米法をご専攻にされました研究者ですが、2002年に早稲田大学に臨床法学教育研究所が設立されて以降、その幹事として所長の補佐としての役割を勤められ、臨床教育の理論と実践の分野での活躍をされております、その分野でのリーダーのお一人です。

　今日は、そのお二人に関西学院大学の実践に対するコメントをまずいただきまして、その後、午前中に報告をいたしました関西学院大学の教員も加わり、パネルディスカッションをさせていただきたいと思います。

　このパネルディスカッションの進行及び司会は、コーディネーターとして池田直樹教授にお願いします。

池田　パネリストの皆さん、それから聴衆の皆さん、お忙しいところご参集いただきましてどうもありがとうございます。ただ今から、午後の部として「よき法曹を育てる」というテーマでパネルディスカッションを始めます。午後のテーマである「よき法曹を育てる」というこのパネルディスカッションでは、大きく分けて3つの柱を前提としてディスカッションを進めていきたいと思っております。

　1点目は、既にロースクールができて3年目に入る中で、ロースクールが目指してきた理論と実務の架橋という教育は本当にできているんだろうか、或いは今後も理論と実務の架橋という名のもとで、よい法曹を育てる

ための教育を発展させていくことができるのだろうかということを考えています。現実に根差して、そういった大きな議論をしたいと思っております。

2番目は、よき法曹を育てるという目標に向かって今後も頑張ろうということを前提にして、そのためにどういう方法が有効なのだろうかということです。もちろん、私たちはシミュレーション教育が非常に有効だという前提に立っているわけですけれども、他にもクリニックを中心とした臨床教育、或いはケースメソッドといった伝統的な方法など様々な教育手法があります。そういった教育手法について比較検討をしていきたい、これが第2番目の柱です。

最後に、第3番目の柱としまして、関西学院大学で現在、アメリカの先進的なモデルを前提に導入しようとしているバーチャル・ローファーム構想、すなわち、特に市民のボランティアによる模擬依頼者を使った少人数の模擬法律事務所を用いた教育と、それを導入するためのカリキュラム改革という問題について、その評価と課題は何か検討していきたいと思っております。

それでは最初に、バーグマン先生と宮川先生から、午前の部についての感想、コメントをいただきたいと思います。

お二人がお話しいただく前に1冊だけ本をご紹介したいと思います。それは、『法科大学院と臨床法学教育』(成文堂、2003 年)という本であります。早稲田大学臨床法学教育研究所として、宮川先生の編著で出版された本で、私たちのバーチャル・ローファーム構想を立ち上げるためにいろいろと大変参考にさせていただきました。その中には、バーグマン先生も寄稿をされております。先生の臨床法学教育のご経験を踏まえられ、ローヤリング技法からのアプローチというテーマで有益な情報を与えて下さっております。以上のことを紹介しまして、今後の議論に入っていきたいと思います。それでは、バーグマン先生、午前中のセッションについてご意見をお願いいたします。

バーグマン　このシンポジウムに参加できて、大変喜んでおります。主

催者の方々、また運営スタッフ皆様、お招きをいただき、本当にありがとうございます。光栄に存じつつ、私自身の観点や経験を踏まえながら、ここで討議されている課題について、できるだけ掘り下げてみたいと思います。

　クリニック教育の生みの親、もしくは創始者と呼ばれる方は他にも若干名いらっしゃるかと思います。私は1970年にUCLAでクリニカル弁護士兼クリニック教育者としての一歩を踏み出しました。当時のアメリカのロースクールにはクリニック教育というものは存在しておらず、私たちは独自のクリニック教育を展開してきました。私たちが陥った間違いを全く繰り返すことなく、関西学院大学と早稲田大学のロースクールが達成されたすばらしい成果を知ることができてとても感銘を受けています。ご説明いただいたプログラムは、日本における70もの新しいロースクールに関わって、新しい教育手法、新しい法教育のアプローチを導入するという壮大な取り組みであり、非常に感銘を受けました。皆様のご成功をお祝い申し上げると共に、今後のますますの発展をお祈りしたいと思います。

　午前中に拝聴したコメントの中で、豊川先生はご自身が遭遇した問題を検証されました。おそらく最初の問題がロースクールの予備校化の危惧についてのものだったと思いますが、そのような流れは、学生が現実の法律や法理論がより重要であることを学ぶシミュレーション教育の健全な発展にいいこととは言えません。願わくば消えてほしいと思います。両者の間に妥協点は存在しないからです。

　私が理解する限り、問題の1つは、多くのロースクールで優れた経験を有する法律家がシミュレーション教育を実践できるものの、彼らはフルタイムの教員ではないという学校の在り方です。同じような問題は米国にもありました。私たちはフルタイム教員が行っていた法律教育の核となる使命に関して、この問題が学生に極めてネガティブな印象を与えていたことを認識しました。フルタイム教員が教えるコースがある一方で、パートタイムのクリニック担当者が教鞭をとっていました。後者は大学での終身的な地位を有さない、またはフルタイムでない教員によるという理由で、コースは重要ではない、二次的なものとして捉えられていました。シミュレー

ション教育を強化し、かつその制度化を推進するためには、例えば、彼らが希望すれば、シミュレーション教育に大きな関心をもつ教員をフルタイムの教員として迎え入れる必要があります。これにより大学を進化させ、大学がシミュレーション教育を支援することを証明できます。

UCLAではこの数年、「シミュレーション手法で講義する教員としない教員」の区別はほとんど姿を消しつつあります。コースの内容に拘わらず、ほとんど演習を行ってこなかったこれまでの教員の多くも、講義の中にシミュレーションの要素を取り入れています。ただ、全員ではありません。私たちは学問の自由、すなわち一旦教員を採用すれば、その教員が希望する手法で講義することができるべきであるという強いコンセプトをもっているからです。それでもクリニック教育を制度化した際には、自らをクリニック教師と認識していない多くの教員が自身のクラスでシミュレーション演習を採用したのです。

学生の評価および彼らのシミュレーション教育に対する関心はどうかと申しますと、これを検証する方法として、学生募集が挙げられると思います。ほとんどのロースクールは、非常に手の込んだパンフレットを発行して、いかにすばらしいクリニカル・プログラムおよびシミュレーション教育をおこなっているかを謳っています。つまり、国内有数の非常にすばらしいプログラムであることを主張することが学生を勧誘する方法であるとロースクールが認識しているわけです。

それでも多くの学校で、優秀なロースクールでさえも、クリニック教師とされる教員が自らの立場は一段低いものであると感じているという問題が残されています。彼らは、同じ物差しでは測られない場合が多いのです。しかしUCLAでは、当初から、私はフルタイム教員として採用され、他の教員が行っているような研究著作活動も期待されました。つまり、最初からクリニックタイプの科目を教える教員とそうでない教員の区別をしないことが重要であると考えられていたのです。これが私が指摘できる一点です。

ロースクールの進化については先ほどもお話しましたが、少なくともカリフォルニア州では、弁護士会もクリニック教育の面では進化しています。

現在のパフォーマンス・テスト（本書第2部の資料参照）がカリフォルニア州の司法試験に導入されてから既にある程度の時間の経過を見ていますが、私はその最初のテストの作成を担当しました。パフォーマンス・テストは司法試験の一部で、臨床的なスキルをテストするものです。つまり、カリフォルニア州の司法試験に合格したければ、学生は実際の法理論だけではなく、面接、カウンセリング、質疑、証言録取などの課題で、実際の状況に即して学んだことを活用すべきある種の能力が求められます。このことから確実に言えることは、カルフォルニア州の法曹界では、これらは重要なスキルであると考えられているということです。

私は、今回の主題であるクリニック教育には3つの意味があると考えています。クリニック教育は1つの教育手法であり、午前中に主に論じられた内容ですが、単に講義を行い理論を学ばせるだけではなく、学生に役割を与えて、筋道の通った方法で学生を能動的な学習者にする手法です。これが、クリニック教育のもつ最初の意味です。

第2の意味は、機会があれば後ほど詳述したいと思いますが、コースが扱うべき対象範囲についてです。つまり、法理論に焦点をあてる代わりに、インタビュー・スキル、カウンセリング・スキル、交渉のスキル、裁判のスキルなどを学習するクリニカルな手段である点にこのコースの特徴があるのです。この科目では、法律家が彼らの法的知識を正確に伝え使用するために必要なスキルを重要視します。私は学生に対して常に、法の実践こそが必要であると教えるようにしています。なぜなら、何を知っているかが問題ではなく、知っていることをいかに活用できるかがより重要だからです。使用する術のない知識は無意味です。例えば、交通事故や財産争いでクライアントが面会に訪れても、彼らは財産などの法律についての講義を望んでいるわけではありません。彼らが知りたいのは、「どうやって私たちを助けてくれるのか？」「私たちを助けるためにどのように法律知識を駆使することができるのか？」ということです。従って、クリニック教育の第2の意味は、いかに学生がクライアントのために彼らの法律知識を効果的に使用するための手助けができるかに焦点をあてることです。

第3の意味は、「本当の依頼者のいるクリニック」です。このクリニッ

クでは、学生はロースクールに籍を置きつつ、現実の問題に実際に取り組みます。実質的にすべてと言っても良いと思いますが、米国のほとんどのロースクールでは、学生がなんらかの「ライブ・クリニック」を経験できるようになっています。この件については宮川先生が話されるかもしれませんので、今はこれくらいにさせていただきます。午前に論じられたのは、ほとんど第1の意味、つまりクリニック教育の手法についてだったと思います。特にコースの核となるスキルについてご質問がありましたら、後ほどお話させていただきます。

　最後に、判例を用いたケースメソッドは広く普及し、これからもますます興隆してくると思いますが、この手法自体もシミュレーション教育の1つの形態であるということを述べさせていただきます。学生が判決の判示事項について別の事件において主張しなければならない場合、または学生が新たな事実の局面に法理論を適用しなければならない場合に、学生はクライアントのために主張する方法を学びます。学生が判例を読む場合、私は高裁での判事の意見や判決は、議論に基づく判断の形態をとっているが、法律審として1つの性質の議論だけであるということを学生に教えます。裁判官が到達した結論がなぜ別の事件においても正しいかを主張するものであることから、ケースメソッドを使用する法律教育のほとんどが、シミュレーション教育の1つの形態と言えます。私は、午前中ここでお聞きしたことは、シミュレーション教育に対立する1つの手法としてのケースメソッドではないと思っています。私は、シミュレーション教育はシミュレーションに既に依存している教育、つまり判例学習の延長線上にあるものと捉えています。従って、繰り返しになりますが、私としてはケースメソッドからシミュレーション教育への移行の際に必ずしも抜本的な変化があるとは考えていません。

　皆様がコミュニティの中から［模擬］クライアントを揃えられたことは本当に良かったと思います。UCLAではコミュニティ・クライアントを活用するには少しばかり時間を要しました。私たちは、クライアントとしてロースクールの学生、学部の学生、さらには俳優までも起用しましたが、コミュニティの人々の参加により、はるかによい結果が得られるようにな

りました。
　私が感じたことを幾つか述べさせていただきました。午前中のプレゼンテーションはすばらしいものだったと思います。

池田　ありがとうございました。
　では宮川先生、続いてコメントをお願いいたします。

宮川　今日は、このようなシンポジウムにお招きいただきまして、大変ありがとうございます。
　今回、このシンポジウムに参加することができまして、午前の部の後、バーグマン先生に私が開口一番申し上げましたのは、大変アンビシャスなプログラムであるということです。このアンビシャスという言葉は、日本の私たちにとっては、「少年よ、大志を抱け」という「ボーイズ・ビー・アンビシャス」という諺で知られています。今日は、それを少し変えて、法科大学院の教育に携わり、そしてその教育を受けておられる学生の方々、そして教えるサイドの教師の方々がたくさん今日の聴衆だと思いますので、「法科大学院よ、大志を抱け」と、「ロースクール・ビー・アンビシャス」というふうに言いたいと思います。ただ単に司法試験に合格するだけのための学校ではないという志の高い試みを関西学院ロースクールにならって、日本全国で展開したいなというふうに思っております。
　私のコメントとして、3つぐらいについてお話をしたいと思います。まず最初は、シミュレーションの教育とクリニック、リーガル・クリニックという方法をとる場合の長所、短所を簡単に触れます。そして関西学院の模擬法律事務所、バーチャル・ローファームというのがこのシミュレーションのもっている短所を克服するためにどのような特徴、長所をもっているのかということを2つ目にお話しします。3つ目は、関西学院のプログラムは大変アンビシャスな志の高いものですが、さらにもう少し志を高くもっていただきたいなという、より期待するところはどういうところかということについてお話をしたいと思います。
　最初の第1点ですけれども、シミュレーションの教育というのは、長所

としまして、教育目的に応じて学生の教育、指導をすることができるということがあるというふうに一般的に言われます。リーガル・クリニックは、現実の依頼人に法律サービスの提供を行う対象として参加してもらい、それを教育に使うということになりますので、リーガル・クリニックの場合は、2つの相対立する目的に使えなければいけない。すなわち一方では、クライアントの法律サービスに対する需要に応えなければいけないし、一方では学生の教育目的に使わなければいけないということになります。この2つの目的が両方同時に実現すればいいわけですけれども、往々にして、クライアントへの法律サービスをより高めようと思えば、まだ法律学を学んで間のない学生が主体になるということは、一般的なイメージとしてはやはりまだ十分修練を積んでいない学生に携わらせるということで、一定の疑念があるといえるでしょう。或いは、教育目的を優先するとすれば、特定の技能ということに学生を習熟させたいところですけれども、やはり事件の解決ということで、トータルな観点でクライアントに対するサービスを提供しなければいけないということになります。そういうクライアント・サービスと教育目標という2つの対立点があるということが言われます。

　シミュレーションの教育のもう1つの利点として、教材というものを教師のサイドでコントロールすることができるということが言われます。先ほど申しました教育目的に沿った学生指導ができるということと関連しますが、その教育目的に沿った教材というものを使うということができて、そしてその教材はもちろん教員が用意するわけですから、教育のプロセスをコントロールするということが大変に容易であるということが言えます。それに対して、リーガル・クリニックの方は生の事件を扱いますから、事案、事件の展開というのは必ずしも教育目的に沿った形で都合よくうまく展開するわけではないということが言えます。ですから、事案の展開を教員のサイドでコントロールすることが難しいという短所がリーガル・クリニックの方にはあるということが言えます。

　或いはまた、今日の午前中に触れられたことで、私も思いつかなかったことなんですけれども、シミュレーティッド・クライアント［模擬依頼者］

を使うということの利点があります。実際に早稲田大学でリーガル・クリニックを担当していますが、依頼人の方々に、「今日の学生のパフォーマンスはどうでしたか」ということは聞けないです。実際に午前中にもそういうご指摘がありましたように、実験台に使っているということがもろに出るようなことは聞けないわけですが、シミュレーティッド・クライアントを使うということで、学生のパフォーマンスについてのフィードバックを受けることができるという意味で、模擬依頼人を使うということによる教育効果があるというふうに、特に印象強く思いました。

　しかし、シミュレーションの短所の方は、現実の問題を抱えた依頼人ではないわけですから、リアリティーに欠けるということがあります。そして、それに取り組む学生も緊張感に欠けてしまうのではないかという懸念があるというようなことが一般的に言われます。

　また、事案が加工されたものであったり、或いはシミュレーションということで、固定的な技能であるとか、或いは訴訟の一定のステージについての学習を行うということで、事案の動態的な把握ができないというようなことが短所として一般的に言われるわけです。こういった短所について、関西学院の取り組みの長所というのは、まさに模擬依頼人を育成して、そしてそれを活用することによって、現実の生の事件ではありませんけれども、生の人間を相手にして学生が教育を受けるということで、学生は決して緊張感を失わないで法曹技能についての教育を受けることができるという利点があると思います。すなわち、シミュレーションについての第一の短所というものが、関西学院のこのバーチャル・ローファーム、或いはシミュレーティッド・クライアントの利用によって解決されようとしているというふうに評価することができると思います。

　それから、また先ほどの事案が動態的に把握されにくいということについても、バーチャル・ローファームということで、依頼人の事務所への訪問の時点から始まって、事情の聴取、そして相談、そしてカウンセリング、そしてまた相手方へということもまたバーチャルに設定されていますから、相手方との対応というような一連のプロセスの中で動態的に法曹実務のあり方について学生を教育することができるということもまた関西学院

のプログラムの長所であろうと思います。ですから、関西学院のこのバーチャル・ローファームの試みというのは、従来言われてきたシミュレーション教育の弱点というものを十分に意識して、それを克服する努力というのが大変に綿密に計画されて行われているな、というふうに思いました。

　第3点の、より関西学院のプログラムにアンビシャスになっていただきたいというところはどういう点についてです。このクリニカル・リーガル・エデュケーションというのはアメリカで始められて、そしてアメリカのモデルとしては、一般的に二重の目的があるというふうに言われています。1つは、もちろん学生に対する法曹実務に関する教育を行うということですけれども、もう1つは、先ほど申しましたクライアントに対するサービスということで、それは、より広く社会に対する貢献ということだと思います。特に、アメリカでの法サービスというのは、富裕層に集中をして、自らの資力で法律サービスを受けられない人たちというのが多数いるわけです。そこに、ロースクールの学生が、教員が監督をする中で、自らの資力では法律サービスを受けられない層に対して、リーガルサービスを提供するというのがアメリカの臨床法学教育の二重の目的のうちのもう1つの重要な部分だと思います。

　この社会的な貢献という部分について、これは無い物ねだりということになるのかもしれませんけれども、シミュレーティッド・クライアント、或いはバーチャル・ローファームというような教育形態を使うことによって、法学生に対して、法律家の社会的使命というものをより広い分脈で教える方法というものはないものかなというふうに思います。もちろん、シミュレーティッド・クライアント、模擬依頼人の育成プログラムということを通して、市民が法学教育に参加をされ、そして市民がもっている法的な紛争についての理解であるとか、或いは法律家に対してもっている考え方というものを学生にぶつけることができるという意味で、貧困層に対するリーガルサービスというような狭い意味ではなくて、より広い意味で法制度についての理解を関西学院のロースクールが幅広く社会と共有していくという意味では、社会的貢献ということに繋がるかと思います。この社会的貢献ということについて、どういうふうにお考えになっているのかと

いうことについて聞きたいと思います。

　それから、社会的貢献ということについてもう1点なんですけれども、臨床法学教育は、現実の依頼人に対してリーガルサービスを提供して、具体的な個人に対してサービスを提供するわけですが、そのことを通して法実務の改革とか、或いは法制度の改善といったことにも一定の役割を果たすことができるし、果たすべきだというふうに思っております。

　例えば、私は、早稲田大学で外国人法のクリニックというのを担当しており、ほかにも私が直接に担当したクリニックではありませんが、早稲田大学にはいろんなクリニックがあります。民事のクリニック、刑事のクリニック、労働法のクリニックとか、或いは女性、ジェンダーのクリニック、いろんなものがあります。その中でも特に刑事のクリニックですが、これは私、全然実務経験がありませんから、大変口はばったい言い方かもしれませんが、刑事弁護の世界では、法律家の数が少ないということもあってかとは思いますけれども、被疑者の権利を実現するような形での起訴前の弁護活動というのは、理論的には保障されていると言われているようには、必ずしも十分になされていないのではないかということが一般的に言われているようであります。

　そういった実態を早稲田大学の刑事クリニックは、問題提起と言いますか、学生の数で、弁護士1人では十分にできないところを学生のいわばマンパワーと言いますか、そういったもので起訴前の弁護活動を充実させるという試みを行っています。例えば、拘留請求については、準抗告の成功率が極めて——極めてというほどではないかもしれませんが、全国的な一般の統計と比較すると高い準抗告の成功率を上げているうことが、成果として示されていることが数字で出ているわけです。そういった実務の現状を改革していくといったような、臨床教育のもっているもう1つの社会的な貢献というようなことについては、関西学院のプログラムはどのようにお考えになるのかというようなこともお聞きしたいなというふうに思っております。

池田　どうもありがとうございました。何かまとめをして頂いたように

なりました。

　それでは、3つの柱に入っていきたいと思います。まず、最初の柱です。これは、よき法曹を育てるということを目標に日本の法科大学院がスタートした。これは司法改革の目的からしてそうなわけですが、そのための1つの処方箋として、ロースクールは理論と実務の架橋の場所でありなさい、理論と実務をより融合させなさいという宿題をロースクールは与えられたわけです。2年間、その理論と実務を融合させる努力を各大学がしてきたわけではありますが、私の認識では、今、大学の現状は、大きく分けて2つの方向にあるのではないかというふうに思います。

　1つは、有力国公立大学モデルというと、大体皆さんわかると思いますけれども、よき法曹というのは、やはり基本的には有能な法曹、国際競争力を日本がつけていく上で、闘える法曹と、そういうイメージがあります。そのために、理論的な知識、或いは考える力、そういった能力のある法曹を大量に育てようと、こういう方向が1つあると思います。そういった大学では、アカデミックに、要するに学問や理論をどう中心的に教えるかがかなり中心課題になっているように思います。臨床系科目については比較的少なくて、実務家教員も比較的少ない。こういったモデルがあります。

　それからもう1つは、早稲田大学、或いは関西学院もそうですが、よき法曹というのは、単に有能な、頭が回転するという意味での弁護士ではなくて、よき仕事ができる弁護士、社会的貢献、或いは依頼者に対する貢献も含めて、よき仕事ができる法曹を育てようというモデルでしょう。そのためには、法曹としての総合力が重要であるというふうに考えて、クリニック、或いはシミュレーション教育を重視する考え方であります。

　このような、大きく分けて2つの流れがあるわけですけれども、実際に1回目の司法試験が発表になる中で、有力国公立大学は、それなりにやっぱり高い司法試験の合格率、或いはたくさんの合格者を出すこととなりました。そういうことがありますと、今後高い目標、理想を掲げて、総合的な力をもつ法曹を育てようという教育が、果たして日本の法科大学院で主流になり得るのかどうかという点が危惧されるわけです。

　そこで、まず宮川先生に、早稲田大学では、理論と実務との架橋と、こ

ういうキーワードについて、どういう理解に立って、どのようなカリキュラムを立て、実践しているのか。そこで早稲田がつくり出そうとしているよき法曹というのはどのような法曹なのか、簡単にご紹介願えればと思います。

宮川　早稲田大学の法科大学院で、コンセンサスとして理論と実務の架橋はどうあるべきかということについて必ずしも意見の一致があるわけではないということをまずお断りしておきたいと思います。しかし、臨床教育のカリキュラムを作成し、運営していく中で、その臨床教育に携わっている実務家教員、研究者教員の間で、はっきりとこうだというふうに言っているわけではありませんが、これが1つの実務と理論の架橋であろうというふうに思われている要素は幾つか挙げられると思います。それは、カリキュラムの在り方を見ていただければお分かりいただけるのではないかと思います。

　まず第1に、リーガル・クリニックを実施するに当たっても、決して実務家教員のみに任せているわけではないことがあります。研究者教員の中にも弁護士登録をして、実務の経験をこれから積んでいこうという方もいらっしゃいますし、弁護士登録をしなくても実務家教員とペアを組んで、リーガル・クリニックで、例えば、研究者教員と実務家教員が一緒になって、依頼人の相談に同席をし、学生の指導・監督に当たるというチーム・ティーチングを行っています。このように教師のサイドで協働をするということが、1つの理論と実務の架橋についての早稲田の考え方だということが言えると思います。

　もう1つは教材という点ですが、この教材ということについて、1つの実務と理論の架橋ということについては、バーグマン先生が書かれたものの中で、ケースメソッドそのものが、言わば臨床教育の始まりというふうにも表現されております。教科書で原理、或いは概念を教えるだけではなくて、それが現実にどのように使われているのかということを、判決を通して教えるというような、教材の点での実務と理論の架橋ということがケースメソッドで行われているわけです。ただ、それだけではなくて、例

えば、これも最近私が編集者として、外国人法についての臨床法の教科書として出したものなんですが——外国人法の細かな話になりますが、出入国管理の退去強制の手続であるとか、難民認定の手続などについて、弁護士さんが実際に携わった事件で得られた判決・決定などを教材として活用しながら、外国人法のクリニックの教材として出版するというような試みも行っております。せっかくチーム・ティーチングで実務家教員、研究者教員のペアができているわけですから、それを教材の面でも、ただ単に判決を使うということだけではなくて、様々な形で教材を工夫するという点でも、理論と実務の架橋というものが必要であろうというふうに早稲田の方では考えております。

池田　それでは亀井教授にお願いいたします。関西学院の立場ないし実践は午前中にも報告がありましたし、立場ははっきりしているわけですけれども、一方で、先ほど申し上げたとおり、日本の現状ということでは有力国公立大学モデルという部分が非常に強い力を今後ももつであろうというふうに思われるわけですが、そこでのせめぎ合いというのをどうお考えでしょうか。

亀井　大変難しい質問で、どれぐらいお答えができるかはわかりません。私のお話をする前に申し上げておきますが、例えば、東京大学とか京都大学、そういった有名国公立大学を主に念頭に置かれているんだと思いますが、そういうところで非常に優れた教育がなされていること、或いは実務と理論の架橋という面でもいろいろな優れた実践が行われているということを否定するものではありません。

　恐らく、今の議論のポイントというのは、私たちが「臨場教育」と呼んでいるもの、そういったことについての力の入れ方をめぐっての議論ではないかなというふうに思います。そういった意味で言いますと、私は先日、早稲田大学のシンポジウムにも行ってまいりましたが、そこで、東京大学の実務家の教員の方が東京大学にもリーガル・クリニックというのもありますということで、その報告をされていたのですが、そこでの話が非常に

象徴的だったように思います。

　クリニックを教育の中で取り入れる場合に、どういうふうなやり方です:るのかという点ですが、東京大学のその先生がおっしゃっていたのは、基本的には学生には担当させない。つまり市民の方の相談に対して、実務家教員が対応して教員が答える。で、学生はというと、そこに立ち会うと。そういうことを基本にしておりますということだったんですね。私から言わせれば、東京大学の学生ならば有能な人が多いはずですから、東京大学のクリニックでこそ学生が相対すれば一番良いじゃないかと考えるのですが。東京大学の方がずっとそういうことができる能力の人がいるのではないかというふうに思うわけですが、そこはやっぱり一線があるようなんですね。そこには、教育の中で主に行うべきことは、法理論の涵養であるという根強い考え方があるのではないかと思います。また、学生が下手なことをするということについての危惧、責任という考えもあるのかもしれませんが、基本的には教育というのは法理論を得ていくことであり、実践的なことというのは司法修習があるわけだし、オン・ザ・ジョブ・トレーニングでやるべきであるという、そういう考え方は強いように思うわけです。

　私は、それに対してどう考えているのかということですが、私が考えるよき法曹論ということになるのかもしれません。よき法曹ということには、優れた法的な知識、或いは法的な分析で優れた能力を発揮するということももちろんありますが、非常に大きなことというのは、午前中の豊川教授の報告にもありましたが、3人称ではなく1人称で考え、行動することができるということではないかなというふうに思っているわけです。そういう面から言いますと、「臨場教育」の本質である、学生が自分でそのケースに取り組むということ、それが一番大切なことなのではないかという気はするんですね。クリニックに学生が立ち会うだけであれば、学生は自分の方にはお鉢は回ってこないというふうに最初から思っていますから、そういう姿勢でその場に臨むわけです。ところが、学生は自分でやらなきゃいけないと思ったら、全く姿勢を変えざるを得ないということが言えます。

　ここのシンポジウムの場を例にとってもそうです。こんなこと言うと大変失礼かもしれませんが、私はここで喋るという立場にいるわけですが、

今日のシンポジウムで一番得をするのは誰なんだろうかというふうに考えたら、私ではないかというふうな気がしているわけです。それは、私自身が自分の実践というものも皆さんに伝えなければいけない。それを批判されて、そして次に私がどうするのかということを考えていかなければいけないという姿勢でここにいるということは間違いないんです。それは、私がここで「臨場教育」ということで試されているという感じがするわけですね。学生にもそういう緊張感というものがやはり必要なのではないかと思います。

また、よき法曹という場合に、正義というものを深く探求するということもあろうかと思いますが、その正義というものについて、やはり単なる学習、理論的な学習だけですと、私は「どの判例に従うのが正義だと思う」とか、或いは「どの学説に従うのが正義だと思う」という、それは何かに従うということが正義だというふうに思われがちになるんじゃないかと思います。「臨場教育」というのはそうではない。目の前にいる人に対して、自分がどうするのかという中で正義というものを考えなければいけないということだと思うので、誰かの真似をするというわけにはいかないということがあると思うんです。そういう点で、「臨場教育」というものに余り重きが置かれないプログラムというのは、よき法曹を育てるということでいうと、やっぱりもう1つ欠けるものというのが出てくるのではないかなと、そういうふうに思います。

もちろん、バーグマン先生が言われたように、どこの大学ということではなくて、そういう「臨場教育」というのを非常にやりたいと思っている先生は各大学におられると思います。私たちは、そういうことがかなりできているというのは、専任教員として、かなりいろんなことをさせていただける環境にあるということもあります。非常勤の先生が「臨場教育」というものをやろうとしても、少ない人数で、また非常勤ということではなかなかできないということもあるので、有名国公立大学というのは、もう当然現状の道しかないんだということになっているのかもしれません。恐らく、教える側の主体の状況の反映でもあるのかなという気がしますけれども、この点はちょっと付け加えたいと思います。

いろんなことを申し上げましたが、私としては、やはり是非「臨場教育」というのはいろいろなところでもっともっと進めていただきたいなというのが正直なところです。

池田 バーグマン先生、前のディスカッションについてお聞きになったと思いますが、優秀な法律家の定義、また理論と実践の架橋となるものの意味について、若干解釈の相違があるようです。それらの意味の理解において、ある種のばらつきがあるということですが、バーグマン先生は同じような議論を経験なさったことはおありですか。それとも米国のロースクール教育の歴史において、これらの言葉の解釈が変化していったということがあるのでしょうか。

バーグマン ある時期、クリニック教育についての思想に対する抵抗があったと思います。米国の伝統的な考え方では、ロースクールは学生を法律家のように考えるよう訓練するべきで、その後の教育は実務法律家に委ねるというものです。ロースクールを卒業し司法試験に合格した後は、いかなる実務修習も、すなわち［日本のような］法律家が運営する１年間のプログラムなどというものはなく、従って司法試験に合格すれば、実社会で法律事務所を開業できる、とされています。しかし、実際には、ほとんどのロースクールの卒業生は法律事務所に入り、実際の現場で鍛えられるということが前提とされていました。従って、最初はクリニック教育やシミュレーションに対する抵抗が見られましたが、私は人々はいち早く現実に気づいたと思います。ここで少し、スキルを重視することについてお話したいと思います。

ローヤリング・スキルは、法理論がそうであったように独特の複雑さがありました。私の考えでは、法理論は抽象的な概念に満ち溢れています。ここで取り上げる適切なタームであればいいのですが、不法行為の場合などで、「誰かが分別のある行動をしましたか？」「活動は本質的に有害なものでしたか？」という質問があるとします。これらの質問は妥当性があってもなくても、また本質的に有害な活動であってもなくても、特定の事実

が提供されない限り意味を成しません。伝統的な法律的主張は、特定の一連の事実がそのカテゴリーに適合するか否かについて主張する方法を学ぶことです。法律のスキルも同様に複雑だと思います。私にとって、正義を全うする、または正義の完遂を期する優れた法律家になるというのは、クライアントの視点に立つこと、クライアントが抱える問題に情熱を向けること、さらにクライアントに対する責任感と使命感をもち合わせることの結果です。この概念も法理論と同様に抽象的ですが、クライアントの視点に立つ術については学ぶ必要があります。なぜ彼らの悩みに共感するかを分析して、法律家としてできることの限界について学ぶ必要があります。こうしたことは、抽象的な原理から、または単に「共感の必要性」についての講義を受講するだけでは学習できません。学生は実践する必要があり、教員はそれにフィードバックする必要があります。米国の法律教育で受け入れられていると思われる到達目標は、プログラムがどのようなものであれ、「1、2年の実習を通じて学生が学ぶであろうこと、彼らが知るであろうことを実行する準備をさせることだけではない」ということです。私たちが行っていることが、「ロースクールを卒業するときには2年間の有利なスタートを切ることができます。その内容を卒業後に学習するには2年間かかるでしょう」と言うことだけであれば、クリニック教育に価値は見出せないと思います。それではあまりにも代償が大き過ぎます。1年か2年の有利なスタートを学生に与えるためだけに、あまりにも多くの人員と教員が必要となります。私が考えるシミュレーション・クリニックで私たちが行うべきことは、他では決して学ぶことのないスキルを学生が学べるようにすることです。実習を通じてただ選択するだけではありません。学生は、クライアントとのディスカッション、交渉、様々な戦略的な選択、それらをなす方法や時期などについて、意思決定を行う必要があります。私たちは、「面談およびカウンセリングについては、私の著書があります」とは言いません。つまり、「この本は、よい面接について書いてあります。これが面接を行う方法です。すばらしい面接とはこのようなものです。これと違えば、すばらしい面接とは言えません」とは決して言いません。私にできることは、学習過程の様々な段階で学生に選択肢を与え、「少なく

とも熟慮された選択を行えるだけの知識とスキルを身につけて、できる限り最善の選択を行いなさい」と言うことです。熟慮された選択ができるようになれば、それこそがクライアントが学生に期待できる最高のものであり、そうした選択ができることが優秀な法律家であることと思います。様々な戦略的な選択肢の幅を知り、クライアントへの共感と思いやりをもってその選択肢を知識に基づき、聡明に判断するのが法律家です。

池田 今のお話ですけれども、何がよい弁護士か、或いは何がよい法曹かというときに、選択肢を提示でき、かつ選択肢に対してよい判断ができるということ。その判断の練習ということですが、実務について何年か経つうちに、もちろん経験的には身につけていくんでしょうけれども、その判断の基準、或いは判断についてどんな理論があるのかと、そういったことをやっぱりロースクールのときから実践を通じてきっちり学ぶと、そういうことが非常に大事だというお話だと思います。

　さて、アメリカでは、ほぼそういう段階で今教育がなされているのだとは思いますけれども、問題は学生の側の意識であります。一生懸命私たちがそういうふうに目指しても、果たして学生がついてくるのかと。特に臨床科目、クリニック等は負担が非常に重いということがあります。先ほど宮川先生は、外国人の人権のクリニックをされているということですが、出入国管理法というのは司法試験科目には入っていないわけでして、そうすると、そこで負担をかけてやるのかと、たちまちこういった問題が出てくると思うのですが。そのあたり、宮川先生、学生の全体的意識というのは先生の理解ではどうでしょうか。

宮川 臨床教育に取り組もうという学生の意欲、熱意は大変高いということが断言できます。そして、その1つの例証としまして、今年の春学期に試行プログラムというものを外国人法クリニックで行いました。試行ですから単位を伴わないものです。そして、秋には正式に、今、現在外国人法のクリニックをやっていまして、これは単位を伴うものです。そして、春学期の受講生の数はおよそ10名です。幾つかプログラムを分けていた

のですけども、春に、この外国人法に関するクリニックに関わってくれた学生さんは10人です。そして、大変熱心にやっております。学年は、2年生が中心で、現在はすべて2年生でした。それに対して秋学期は、正規の科目は、「臨場教育」のカリキュラムを構造化するというような意味で、一定の外国人法に関わる法知識とか、或いは技能を授業で、教室での授業で実習してからクリニックをとるというふうにしておりますので、前期に講義科目を履修した3年生が、3年生の後期の科目として外国人法のクリニックをとるというふうにしております。そういう要件科目があるということが1つの限定的な理由になっているんだと思いますけれども、受講生は2人です。

　単位がないのに10人も参加してくれている、そして、単位があるのに2人しか参加してくれないのをどういうふうに考えるかということは大変悩ましい問題ですけれども、1つは、やはり3年後期というのは、ロースクールの学生にとってはもう司法試験の準備というものに関心が大きく傾いている時期でありますから、池田先生がご指摘のように、司法試験科目でない科目で、そして時間をとられるということを嫌うということは当然あると思います。しかし、単位も伴わないのに、春に10人も来てくれたということは、まさに学生の関心は大変高いということが言えます。そして、私の担当している外国人法のクリニックだけではなくて、他の一般民事、或いは刑事、或いは労働法といった他のクリニックでも同様の傾向があります。

　早稲田大学では、クリニックの履修というのは3年にしているのですが、その3年次の開講が行われる前に、ロースクールがスタートした一番最初の年の2004年度から、そして2005年度という2年目も試行プログラムというものを各クリニックでやっております。そのときに、学生さんは本当にたくさん参加してくれたんですね。ですから、捕らぬ狸の皮算用で、もし3年生になってこんなにたくさん来てくれたら、教員の数が手配できないのではないかというふうに悩んでいたんです。けれども、実際に3年次に正式開講すると、がたっと減ってしまったというのが実情なんです。しかし、学生さんの意欲は大変高いし、そして参加して、実際にやって下さっ

ているレベルも高いということが言えると思います。

池田　少し豊川先生に意見をお伺いしたいんですが、日本固有の問題ではありますが、新司法試験の結果が今回発表されました。ますます各ロースクールの生き残り競争ということが激しくなる、学生もまた司法試験に受かることに対しての意識が強くなる。その中で、果たして早稲田や関西学院のように、こういう理想を掲げてよい教育をしようという、その教育手法が生き残っていけるのだろうか。長い目で見れば多分役に立つはずなんだけども、短い目で見たときにどうなんだろうと、そういう学生自身の意識とのギャップがあるんではないかと思いますが、豊川先生、どうお考えでしょうか。

豊川　恐らく当面する大きな問題であろうと思いますね。この点は、意識化せざるを得ない状況だと思うんです。教員にとっても、学生にとっても。しかし、この法科大学院というものが法曹養成の中核機関であるというふうに制度が作られた以上は、この法科大学院の制度、理念というものを私たちは離したならば法科大学院制度は崩壊すると、これもまた事実だと私は考えているんです。

　有力国立大学ということで、東京大学、京都大学というところに焦点を当てて私は発言をしているわけですが、そういうところの研究者の教員の方々が、理論教育、理論教育というふうに言われ、それでいい、あとは研修所であるというふうに役割分担をされるならば、実はその方向性は大学教育が予備校に取って代わられて、それぞれの大学の学生は予備校に行って司法試験を通るというかつての状況と基本的に変わらなくなるのでは、ということになります。言い方はシニカルでありますけれども、大きな目で見れば、かつての状況は大学の先生方の授業を受けて司法試験を通ったのではなくて、予備校で通ったという結果だったと私は思っているわけです。そういう状況に、それこそ早晩戻らざるを得ないことになる。

　そうであるならば、私たちはやはり実務と理論の架橋というふうな確認された内容、これは先ほど池田さんが言われた理念ということの中核であ

ると思いますけれども、そういうもの自身をどれだけ広げ、具体化し、展開することができるかということが重要になります。今、宮川先生から早稲田大学のお話をお聞きし、また、私たちもいろいろ言っていることですが、研究者教員と実務家教員の本当の意味での協働というものをあらゆる場面において広げることができるかどうかということになります。このことによって、法科大学院が法曹養成の中核機関として確実に生き残ることができるし、発展することができる。それしかないのではないかと思います。もちろん、司法試験の内容もあります。今回の司法試験に対して、法科大学院の側の方から様々な批判も必要でありましょうし、司法試験自身が変わっていかざるを得ない、さらに変わるだろうというふうに私は考えています。

池田　ありがとうございます。このことについてはもう少しあとに学生さんから、とくに今年ロースクールを卒業した学生さんから意見を聞きたいと思いますが、バーグマン先生にもご意見を伺いたいと思います。

　バーグマン先生、日本の法律教育には、司法試験の低い合格率に起因する独特の問題があり、多くのロースクールがそうした問題から大きなプレッシャーを受けています。先生のお話では、公立のロースクールであるという理由で、UCLAでも同様の問題があるとのことですが、一般的に米国では、学生は必ずしも司法試験をそれほど気にしておらず、質の高い学習に集中できると理解しています。従って、日本の状況と比較すれば、より長期的な視点に立てる、または長期的な教育の効果を重視できます。クリニック教育またはシミュレーション教育を受けた卒業生、彼らの雇用者、または彼らが活躍している法律事務所からなんらかのフィードバックを受けたことがおありですか？

バーグマン　今のご発言の一部を訂正させてください。米国でも、学生は司法試験を気にしていると言えると思います。日本の状況と全く異なる点は、米国は50の州からなる合衆国であり、それぞれの州が独自の司法試験を行っていることです。そしてカリフォルニア州は、最も難度の高い

司法試験を行う州の1つとして知られており、それより少し難度が下がる州も幾つかあります。従って、米国全体をひとまとめにしてお話するのは難しいのですが、UCLAの司法試験の合格率は通常90％を越えていますが、それでもUCLAの学生は間違いなく司法試験を気にかけています。ほとんどの学生は、それが現実的な問題ではないと認識していますが、試験を気にはしています。

　私たちの問題ですが、米国のロースクールの入学ではほとんどのスクールが全国テストに基づいています。状況を把握していないので断言はできませんが、これはおそらく日本においても同じ問題があるかもしれません。私たちはこの全国テストをLSAT試験（Law School Aptitude Test）と呼んでいます。入学では、テストの結果と4年制または5年制の学部コースの成績の両方を考慮します。UCLAのロースクールのほとんどの学生は、学問的にはエリート集団と言えると思います。全国ランキングではUCLAは第15位です。ハーバードやスタンフォードなどの有名私立校を除く公立校の中では第5位を占めます。従って、優秀な生徒が受験してきます。彼らのLASTのスコアは非常に高く、学部での成績も優秀です。私たちが3年間、仮に法律ではなく料理を教えたとしても、彼らは司法試験に合格するでしょう。というのは、司法試験準備コース（bar prep course）というコースがあり、ロースクール修了後の約2カ月ほとんどの学生が受講するからです。しかし、公立校の使命として、できる限り幅広い層の学生を受け入れようとして、私たちはやや成績の低い学生も入学させます。同時に、私たちは司法試験の合格率も気にかけています。学生を司法試験に合格させることができない限り、コミュニティに手を差しのべて、一定の水準に達しない学生をUCLAのロースクールに迎え入れても無意味だからです。そうしなければ私たちの存在価値がありません。従って、私たちは成績に問題のある学生には、補習プログラムを実施しています。補習授業を専門とする教員も1名もしくは2名擁しています。暫定的に在学できるシステムがあるので、学生に対して卒業前に1学期間延長してロースクールに残るよう要請する場合があります。しかしそれらのあらゆるプログラムは、クリニック教育やシミュレーションとは関係のないも

のです。例えば、司法試験に関連する10の科目を必須としたり、ロースクール在学中に成績に問題のある学生にはこれらの科目を受講することを求める場合があります。

池田　お話中、申し訳ありませんが、私は、こうした生徒に関してではなく、卒業生、彼らの雇用者、またはクリニック教育で優秀な成績を収めた卒業生を受け入れている大規模な法律事務所からなにかのフィードバックを受けたことがあるかどうか、また、クリニック教育は卒業後に優れた法律家になるために効果的かどうかという趣旨の質問をさせていただいたのですが。

バーグマン　そうですね。要点に戻りましょう。米国でクリニック教育が始まったときに、クリニック教育は公務に就く可能性の高い学生を育成するという感覚があったと思います。しかし、私はクリニック教育による職業の選択への影響に関する実証的研究を見たことはありません。「キャリア上の成功に関係するかどうか」に関しては、参考になる2つの指標があります。1つは、成功に関係すると学生が思っていることです。私たちが提供できる定員をはるかに超える数の学生がクリニック教育を望んでいます。私は誰もがクリニック教育のコースを履修できると思いますが、学生が必ずしも最初から履修する必要はないと思います。また、雇用者も面談でロースクールを訪れた際には、学生がどのようなクリニック教育を受けたかに関心をもっています。私は、私のクリニック教育のコースで学生がいかに上手く役割を果たしたかについての質問をよく受けます。私は、裁判の演習にはクリニック教育がまさに必要であり、ひいては司法試験にも必要であると思います。と言うのも、司法試験はクリニカルな要素を有しているからです。

池田　パフォーマンス・テストについては後ほど伺いたいと思います。

バーグマン　わかりました。実証的な統計値は引き合いに出せませんが、

学生の要求と雇用者の関心の双方についてはお話できると思います。これらはパフォーマンス・テストの成功を示すわかり易い指標だと思います。

池田 うらやましい状況ですね。日本もそうなることを願いたいと思います。
　では、少し会場からご意見をいただきます。今日は、関西学院でローヤリング等の臨床教育——毎年少しずつ変わっているんですけれども、それを受けて、今度から司法修習に向かう卒業生が参加してくれています。いろんな勉強をされたと思いますが、今日のシンポに合わせて、模擬法律相談などで模擬依頼者が来て行うような教育というものを当時どういうふうに受け止めていたか、それが今の自分に至ってどういうふうに役に立っているのか、或いは他の学生がそれらをどう受け止めているのか、司法試験にあんまり役に立たないと受け止めているのか、そのあたりを率直に教えていただければと思います。打越さん、お願いします。

打越由華（関西学院大学ロースクール卒業生）　関西学院大学法科大学院1期卒業生の打越由華と申します。今年、新司法試験に合格させていただきました。
　話を振られるというのを受付で聞いて、冗談かと思ったんですけれども、本当につたない話になりますがお許しください。
　新しい司法試験と授業の相関関係ですが、結局、受験をしてみなければそれはわからなかったというところが正直なところです。授業自体、全体的に授業で取り上げられるテーマはやはり限られておりましたし、一方、新司法試験というのは、現行試験と比べて科目もとても多くなり、取り上げられるテーマの隙間というのは自分の自主勉強で埋めるしかない。なのに、授業の課題は多いということで、本当に2年間、何を信じてよいのかという暗中模索の日々が続いておりました。
　私も、ロースクールに来る前少し予備校で勉強させていただいていたんですが、予備校とロースクールの授業でやることが本当にかけ離れていま

して、新司法試験の内容も学生の能力も不明確で、本当にどうしていいのかと思っていたのが正直なところです。ただ、試験直前の3カ月前、つまり卒業してから3カ月間、自分で勉強していたときに、ようやく科目の全体を見渡せるようになり、そのとき初めて先生方が取り上げて下さったテーマなどが今最も熱く論じられている重要な分野だということに気付いたんですね。それで、その先生方の取り上げて下さったテーマを中心に3カ月間は復習等を重ねてまいりました。

　［新司法］試験中なんですが、事案がとても長く、問題もとても多くて、時間がすごく短い。授業では、予備校と違って、論点主義ではなくて、とにかく事案分析能力というのと紛争解決能力の強化が徹底されておりました。とにかく事実を拾えと、何か落ちていないかということを中心に授業は行われておりました。そういう授業を受けたおかげで、私は判断しておりますが、それにより、試験中のパニック状況の中で、冷静に、迅速に、正確に事情を把握することができて、問題を解いていけたような気がします。

　あと、実際の紛争とか、私が経験してきた周囲のいろんなトラブルとかを見ていますと、簡単に結論が出ないものばかりだと思っています。その結論が割り切れないものだと。そのような問題を答案の上でもどのように表現できるのか、粘れるかというのが問われていたような気がします。そして、その妥当な落としどころというのがどこやねんというのが最も学生に求められていたようなところだったと思います。それを、私はローヤリングでのWin-Win型の処理とかを通して、また、個人の意見だけではなくて、学生が数人集まってこの依頼者のためにどのような紛争解決をしていけるのかどうかというのを散々議論した挙句、もっていった結論を依頼者の方に納得してもらえないという場合もすごくありましたし、それを表現しようと思っても表現し尽くせないという場面も散々立ち会った挙句、得られた能力であったと思っています。

　今就職活動をしている上で、関西学院大学と他の大学との違いを痛感していることがあります。グループ・ディスカッションという、事案を上げてグループでディスカッションをやらされるんですけれども、他校の某有

名大学の学生さんたちは、法律構成の場面はばんばん手を挙げて、私が、私が、と発言をしていくんですね。私はそれを書き上げているうちに全部取られてしまって言われてしまうんですけれども。しかし、今言った事案にどのような事情を加えたら、この事案はどう変わっていくかということを質問されたときに、皆さんぴたっと手が止まってしまうんですね。そういうところというのは、私たちがローヤリングなどの実務科目を通して、五感をとにかく働かせて、集中させて、想像力を豊かにこの事案について取り組めと言われてきた授業の成果が就職活動にも役立っているというような気がします。

法曹としての価値観とかバランス感というのは、自分が直面した局面とか体験によってしか身につかないものだと私は実感しているので、本からの勉強というのは、本当に一面的な部分で、現実的ではないと考えています。しかし、この関西学院大学の法科大学院というのを通して、これから法曹として責任感のある仕事を目指していく上では、すごく質の高い、そして素敵な先生方に恵まれたと思って、本当にラッキーな教育を受けることができた、ラッキーな一人だと思っています。

池田 どうもありがとうございました。ちょっと断っておきますが、決してサクラではございませんので。じゃあ、少し短めに杉浦君もちょっとコメントをお願いします。少し辛口で結構ですので。

杉浦健二（関西学院大学ロースクール卒業生） 先に話しました打越と同じく、関西学院大学ロースクール第１期を卒業いたしまして、この度の新司法試験に合格いたしました杉浦と申します。

私も、正直な話、打越さんと同じようにサクラじゃないんですけれども、自分で本当に思っている、すごく良かった点をお話ししようと思っていたんですが。しかし、少し辛口にということですので、その点も敢えて申し上げてみたいと思います。

私は、ロースクールでローヤリングの教育を受けたのですが、そのローヤリング教育が今回の新司法試験の点数自体に直結するものかと問われて

みれば、私は、点数自体が、例えば5点上がったり10点上がったりとか、そういうものではなかったように思います。それでも、私はなお、もう一度ローヤリング教育を、もう一度振り返って、受けたことが良かったかと言われれば、なお私は受けたことが良かったと、本当に今役立っているというふうに感じております。

　その理由を簡単に申し上げますと、私は、実は合格の前、つまり受験後から試験の発表までに、某教授の事務所で研修生と申しますか、アルバイトと申しますか、そういった形で研修というのを受けていたんですが、そこで非常にローヤリングで学んだことが生かされたんですね。同じように法曹のスタートに立っている旧司法試験を受験されて合格された司法修習生と私は、共にその事務所でやっていたんですが、例えば法律相談とか、同じようにそういったところに入りましても、全く机上の勉強だけしてきた旧司法試験の方と、私のように、ローヤリングの方で臨床の方を——本当に入りの部分だけなんですけれども——そういったことを経験した者とは、大きな差がついているように、本当に実感できました。授業で、この事実が結局のところ役に立つのかとか、どういったことを聞けばいいのかという入り口の部分で実際に立ち会っていただいた教授なり弁護士の方も一様におっしゃっていらっしゃいまして、そちらの点がすごく役に立ったと思います。ですので、結局今回のローヤリング、臨床教育というのは、合格前より、正直なところ、合格後の方に特に役に立つのかなと思いました。

　ただ、これから法曹、特に弁護士の方が非常に増えるということで、実感しているのは、既に合格したからといって将来が約束されているわけではないと感じております。私も、今就職活動を共にしていて、正直な話、一番実感する立場にいるのですが、就職活動を通して見られるものは、法曹としての適正や、実際にこの人がどれだけのことが現時点でできるのかということなんですが、結局のところ、通るだけでは駄目な試験になってきたということで、通った後の方がやはり役に立ったのかなと今は考えております。今後、役に立つことは間違いないと思うんですが。

池田　どうもありがとうございました。

　もし時間があれば、あとでもう少し何人かお願いしたいというふうに思っております。何か授業みたいになってきましたが。

　それでは、次のテーマに移りたいと思います。2番目のテーマ、よき法曹を育てるための有効な教育方法ということですが、今まで、ソクラテスメソッド、或いはケースメソッド、プロブレムメソッド、そしてクリニックを中心とした臨床教育、さらにその中でも細かく分けて、こういった模擬法律相談的なシミュレーション教育といった幾つかの手法があります。そういった各教育手法の長短は、先ほど宮川先生がほぼまとめて下さいました。それで、このセクションは短く終わらせたいと思います。

　宮川先生は、早稲田大学ではクリニック教育を中心とした臨床教育に非常に力を入れておられるわけですが、今後、例えばもっとシミュレーション教育とか、そういう方向も強化されるご予定があるのか、或いは早稲田の今後の道筋を少し教えていただければと思います。

宮川　早稲田の道筋というのは別に議論はしていませんが、特に私のやっている外国人法のクリニックで、シミュレーションという手法を活用すべきだと思っている点はあります。特に、外国人法のクリニックの場合、まさに外国人が依頼人としておられますから、通訳を介した事情聴取であるとか、或いはその通訳の人たちの面談における位置付けであるとか、そしてただ単に言語だけの問題ではなくて、日本にやって来られて、法的な問題で問題になるような外国人の方というのは、日本では余り、その文化とか、或いは歴史とかが知られていない地域からいらっしゃる外国人の方が多いんですね。ですから、言語的な障害だけじゃなくて、文化的な差異というものを十分に弁えて依頼人に接する必要があります。しかもそれを通訳を介して接するということについては、ぶっつけ本番で依頼人がいらっしゃって、学生をそこに従事させるということでは、やはり十分に事情聴取ができたりすることはありませんので、シミュレーションを活用した形で通訳の方を介した事情聴取とかといったことをやるべきだというふうに私は思っております。

池田 ありがとうございます。関西学院は、シミュレーション教育を先進的にやってきたわけです。一方で悩みというのは、実は、先ほど亀井教授からも、クリニックとの関係をどうするんだという部分があるわけです。そのあたりの率直な悩みについてはいかがでしょうか、亀井教授の方から。

亀井 私も宮川先生の話で非常によくわかったのですが、シミュレーションとクリニックというのは、いずれも長所というのがあって、どちらが良いとか、どちらでないといけないとか、そういうことではないと思うのですね。私たちのところで、今シミュレーションというのに非常に力を入れているわけですけれども、もちろんリーガル・クリニックというものにもやはり力を入れたいというようなことは思っているわけです。ただし、一人の教員があれもこれもとたくさんできない。やはり、たくさんの層をなした専任教員がいないと十分なことができないというところが悩んでいるところなんです。

　私は、本当を言えば、やはりシミュレーション教育というのはひとつ、もちろん長所を発揮して、たくさんの学生にコントロールされたスキルを学ばせる、或いはマインドをもってもらうということでは、ベーシックな科目としては生かしていきたいわけですけれども、それに終わらせずに、できるだけたくさんの学生が次の段階としてクリニックというものにも挑戦するというふうなことでありたいと思っているわけです。

　私たちのところでもクリニックA、クリニックBという科目があって、いろいろなことに取り組んでいるわけですけれども、クリニックというのは、まだまだ履修者としてはたくさんの学生を受け入れることができないという物理的な制約があります。それをもっともっとたくさん増やしていくという課題もあるでしょう。早稲田大学では、そういう点で非常に優れた取り組みをされておられる。先ほどご紹介がありましたような外国人法クリニックであるとか刑事クリニックであるとか、その他いろいろなものに挑戦されています。できるだけそういうものも充実させて、シミュレーションというのを、その準備段階としても位置付けることができれば一番

よいかなというふうに思っております。

池田 よき法曹を育てるというときのよき法曹という中に、なぜクリニック教育が入ってくるか、或いはシミュレーション教育が入ってくるかと言うと、先ほどバーグマン先生のお話にもありましたが、弁護士、ローヤーとしてのスキルというものを備えることの重要性があります。そのスキルは、狭い意味での技術、テクニックというだけじゃなくて、マインドですね。弁護士としてのモラルとか、或いは心、スピリットということも含めたスキルだというふうに理解しています。それを大学、大学院で教えるということなんですが、じゃあそれをどうロースクールで教えたときに評価をするのか、大学院教育では、必ずそういう教育をしたら評価というものがあるものですから、非常にそこが難しい点だろうと思います。その点で興味深いのは、先ほどバーグマン先生がカリフォルニア州の司法試験（Bar Exam）では、そういうスキル、ローヤリング・スキルについてのテストがあるということを話されましたが、ちょっとその点を聞いてみたいと思います。

　バーグマン先生、カルフォルニア州の司法試験ではスキル・テストがあるとおっしゃいましたが、それはいつ導入されたのでしょうか、またどのようなテストなのですか？

バーグマン 日本のテストがどのようなものかは知りませんが、カルフォルニア州の司法試験は3日間行われます。半日は「パフォーマンス・テスト」と呼ばれるものに費やされます。このテストは1980年に始まりました。始まった日付も知っています。と言うのも、このテストは私が始めたものだからです。と言っても私がイニシアチブを取ったわけではなく、カリフォルニア州の弁護士協会から依頼を受けたものです。実際には、司法試験の受験者に対して幾つかの質問が与えられます。私が質問を作成した当初は、質問はライブで行われました。パフォーマンス・テストは、あくまで実験的なものでした。ロサンゼルスとサンフランシスコで500人もの人々がシミュレーティッド・クライアントを演じ、インタビュー、カウ

ンセリング、主尋問および反対尋問を行う500名の学生がビデオに録画されました。これは無理があることだとわかっていましたから、実験として行われました。毎回、約5000から7000名がカルフォルニア州の司法試験を受けるわけですから、その全員を録画することは事実上不可能でした。

そして、それは筆記試験に変わりましたが、その内容は、例えば、受験生は主尋問の記録を渡されます。それに関して受験生は、法的に有効かどうか、証拠則に準拠しているか、情報は適正に開示されているかなどについてのコメントを要求されます。つまり筆記試験は一種の評価作業であり、学生はコメントおよび法廷での弁護士の質問スキルを分析することが求められます。カウンセリングの記録が渡されることもあります。カウンセリングでは弁護士が必要な意思決定についてクライアントと打ち合わせを行っており、いかに上手く弁護士がカウンセリングを実施しているかが問われます。パフォーマンス・テストとはこのようなテストです。3日間のテスト期間のうち、およそ半日がこのテストに費やされる非常に厳しいテストです。

ここで貴校の卒業生の言葉を繰り返したいと思います。私は彼らの意見を興味深く聞きました。いずれもの学生が「司法試験合格に関する特別な効果の有無に拘わらず、シミュレーション教育またはクリニックはそれ自体がすばらしい」と発言したと思います。私はこの意見は正しいと思います。彼らの意見を聞きながら、私はマーティン・ルーサー・キングの言葉を思い出していました。「世界が明日終焉を迎えると知っても、それでも私は今日樹を植えるだろう」という彼の言葉です。私達は、それが正しい行いであるという理由で行動を起こします。優秀な法律家を育成したいと思い、学生に司法試験を合格させてやりたいと思い、そのためにできる限りの準備を学生にさせたいと考えます。これは司法試験の合格率の向上などとは関係なく、正しい行いであるからです。

池田 ありがとうございました。何か勇気の出るコメントでした。さて、この第2の柱はの最後で、今、よい法曹を育てるためのスキルということで、そのスキルのテストとして結局はペーパーのテストということになる。

スキルの中でも技術的な部分をやはりテストするということになる。そうすると、今度はモラルとか、関西学院が導入しているシミュレーションで1つの狙いにしているような、できるだけ正義を、何が妥当な解決かといったことを考えさせるということをどう見るかということがあります。豊川先生は専門職責任、或いは法曹倫理も担当されている、或いは労働法を担当されているという立場から、スキルの中のこのマインドだとか、弁護士としての正義への指向をどう織り込んでいこうとされているのでしょうか。正義を目指すという部分についてのシミュレーション教育の有効性という点で、先生が今お考えになっていること、或いは先生が今後やってみたいと思っておられることについてお願いします。

豊川　専門職責任は、今日来られている小山章松教授と、田中成明教授と私の3人で担当しております。私たちの専門職責任の授業全体が、早稲田も含めまして、日弁連の懲戒事例、すなわち、弁護士に対する懲戒事例集というものをベースに置いています。教科書——私も教科書の作成に一部参加したのですが——ができているという基本のベースがあるわけですね。ここでは、こういうことはしてはならないんだよということで、どちらかと言えば基礎付けられているわけです。

　ここで議論され、確認されてきた内容というものは、依頼者に心を寄せる、依頼者に責任をもつということがあると思います。また、この社会のために、法曹として有用な役割を果たしていくというところから見れば、価値は様々に多様化し、また価値は相対化しておりますけれども、そういう状況の中でそういうものを考えて、依頼者に対して責任を果たしていく法曹の生き方というものが十分展開できていないわけですね。その意味では、田中成明さん自身も私に話もされているわけですが、この教科書自身をやはり変えなければならないかもしれないというふうに思います。その作業ができるかどうかは別ですが。

　それから労働法の関係から見ますと、そこでは2つの価値がぶつかっております。しかも、いずれも法的な価値であります。

　そういう状況の中で、それぞれ法律家になろうとする人たちが何を選択

していくのかという議論が、授業の中で、一方通行ではなく、学生の主体的な参加、すなわち、当事者法曹として、或いは法主体的教育としてどう具体化できるかというふうなことがこれからの課題ではないかというふうに考えております。まだまだ力足らず、力不足でありますけれども、今日のシンポジウムも含めまして、研鑽を積んで、良いものをつくっていきたいというふうに考えております。

池田 今おっしゃった労働法、或いは専門職責任以外でも、あらゆる科目で、恐らくその第三者、バイスタンダーとして物事を見るのではなくて、自分がその立場、そのどちらかの立場に立って考えたときに、どう判断をしていくのかと、そういった判断を迫るような教育が重要でしょう。もちろん、その判断においてどちらの価値が正しいということを学校が押しつけるというのは間違っていると思いますけれども、1人1人の学生がその状況に自分が置かれたとして、判断を迫っていく。それは法曹倫理の場合だったら、自分がその弁護士だったらどう考えるかということに迫っていくような教育というのが、あらゆる科目の中で少しずつでも取り入れられることが重要ではなかろうかというふうに思うわけです。

池田 それでは、パネルディスカッションの最後の柱、関西学院大学で現在考えていますバーチャル・ローファーム構想と、それに基づくカリキュラム改革について、議論をしたいと思います。

　関西学院で考えている模擬法律事務所というのは、1年生、2年生の学生を12のクラスに分けて12の模擬法律事務所を作る。1学年125名ですから、1法律事務所あたり基本的に10人ということになります。その中で、2年生には、同じ事件を割り振って、みんなが同じ2人1組になって、同じ法律相談を同時に取り組む同時並行型の学習をする場合と、法律事務所の中でチームとして取り組む場合を考えています。その場合も、10人全員というよりは5人ずつの単位で同時並行的に事件に取り組むと。こういうことを2年生の前期から始めたいというふうに思っております。

　その2年生の12のクラスの下に入ったばかりの1年生のクラスを張

り付ける。1年生の方は、法律を徐々に勉強しているわけですから、その1学期の半ば、或いは最後の方に少し知識ができてきた頃に簡単なシミュレーション等を上級生の指導も得ながら行うというふうなことを考えております。できれば、夏休みの終わりぐらいに、そのローファーム毎でコンペを行えないかなというふうな、そういった構想です。3年生は、自分の出身事務所の後輩に対して指導をしていくと。こういう形で1、2、3年を縦に繋ぐということを考えております。

　そのような構想を、来期［2007年度春学期］からカリキュラムの中に徐々に組み入れ、それを現在のカリキュラムの法文書作成、法情報調査の再編という部分から始めて行えればと考えているわけです。そのような構想について、先ほど宮川先生からアンビシャスな、非常にそういう意味では大胆な構想であるという、お褒めの言葉があったわけですが、さらにより改善するためには社会貢献という部分をどう考えるかというお話もありました。その点について、亀井先生、このバーチャル・ローファーム構想で狙っている効果と、さらに発展させる部分があるとすればどういうふうにお考えか、お願いいたします。

亀井　先ほどの宮川先生のコメントをいただいたときに、私は、それにどう答えようかなというふうに考えまして、先ほどから大分考えてきました。それで、まず、社会に対する貢献というのを狭い意味で捉えると、つまり、現実の紛争を解決するのに役に立つということであれば、これはクリニックというのはまさに現実の紛争を扱うわけですので、直接社会貢献ができるということになるわけですが、これはあくまでシミュレーションであるわけですから、シミュレーションを通じて直接社会の紛争を解決するということは、これはどうしてもあり得ないわけですね。ですから、社会に対する貢献というのをもっと広い意味で捉える必要があるだろうというところは異論がないところだと思います。

　それで、何をもって社会貢献と考えるのかということですが、もちろん、非常に間接的なことになりますが、先ほどの卒業生からのコメントにありましたように、要するに、こういうシミュレーション教育を受けた学生が

出てからよい法曹になって、すばらしい依頼者に対する誠実な法曹になって、また創造的な実務というものをしていくことによって社会に貢献すると、そういうことはあり得るわけですが、それだと余り答えになっていないのかなという気も他方でいたします。

　私が少し考えておりますのは、あと2点ほどあります。まず1点目は、私たちの構想するシミュレーション教育には必ず市民の模擬依頼者が来られるということなんですね。そうしますと、教育に参加される市民の模擬依頼者の方にとってどうなのだろうかというのを少し考えるわけです。それは、むしろ私からどうこう言うわけにいかない。模擬依頼者養成講座の中でも、例えばどうしてこういうものに応募されたのですかということを私たちは聞くわけですが、その中にはいろいろな動機がございます。中には、法律を勉強したいと思って来たという方もおられますが、最初から、ここは法律の勉強をしてもらうところではありません、私たちが育てようとしているよき法曹づくりに役立ってもらいたいんですというふうに言っているわけです。だから、そういう勉強したいという動機はちょっと違いますよというふうに言っているわけですね。でも、そう言っても、いやいや、そうだからじゃあ辞めますと言われないで、たくさんの方に非常に意欲的にやっていただいているということなので、それはむしろ、参加していただいている市民の方にとって、こういうことはどういう意味をもつのかについて語っていただきたいなというふうに思っています。

　もう1点は、このシミュレーションの取り組みを通じて、やはり新しい理論、或いは新しい実務のあり方というものを社会に発信していくということがあろうかなと思います。すなわち、例えば民事、刑事、公法、どういう分野でもいいんですけれども、刑事で言えば、例えば裁判員という制度がこれから始まるわけですが、その裁判員制度というものを見越して、市民の方に参加をしていただくことによって、市民にわかりやすい裁判というのはどういうものなのかということをロースクールの場で実験的にやってみるというようなことは幾らでもできると思うわけです。そこから、やはりあるべき刑事手続というものを何か見出して、そしてそれを社会に発信するという展望もあるのではないかなと。そういう意味では、ちょっ

と先端的な取り組みということも展望してみてはどうかなということをちょっと考えました。この2点です。

池田 宮川先生の問題提起にちょうど合う、1つは社会貢献としての、おこがましい言い方にはなるんでしょうが、社会教育的な法教育というものが、そういう機能が果たせないだろうかというのが1つと、実務から理論への波及効果として、裁判員制度等の研究に繋がらないだろうかと、こういうことが上げられたわけです。会場に、SC［シミュレーテッド・クライアント］、要するに市民のボランティアとして模擬依頼者に応募していただいた方が3人お見えになっていますが、その中のお一人に、そもそもどうしてわざわざ時間を費やして参加していただいて、また参加することによって、なぜこう熱心に続けていただいているのかというか、そのあたりを少し率直に語っていただければと思います。関西学院では、チラシをつくりまして、「法律家の卵を一緒に育てませんか」とか、そういうたまごっちみたいな広告を出しまして地域に宣伝を行いました。そうすると、食い付いていただいた方でございます。ありがとうございます。

模擬依頼者（SC） 本当に一般の市民でございますので、何もわからないまま、でも朝から皆さんのお話を拝聴させていただいて、お勉強させていただいておりました。私がSCを志して参加させていただきましたのは、理由としては3つあります。

　まずは、大学というところが、この年になりますと本当に縁遠いところでして、すぐ近くにありながら、大学ってどんなとこ？って、敷居が高い、そこへ足を踏み入れてみたいという好奇心いっぱいなことがありました。もう1つは、広告の中で、関西学院の方で謳っていらっしゃいました、市民にも、裁判員制度とか、法律やいろんなことをもっと身近にということを謳っていらっしゃった言葉に惹かれまして、実は遠いところにあるようで、何かあったときには頼りにする法律というものとか、それに携わる方たちというのを身近に感じてみたいということもありました。それと、一番大きな理由には、とてもお恥ずかしいんですが、私、中学2年生の息子

がおりまして、その息子が将来弁護士になりたいと、夢のようなことを申します。一体どういうところで、では、先々もしかしたらお勉強させてもらうことになるのかなということも興味の1つでした。

そして、その中学2年生の息子が2年前に中学受験を体験しましたときに、いろいろな学校を見て回りました中で、関西学院というところが、人間教育というんですか、人を育てるということをすごく熱心にされているということも、本当に身に沁みてというか、よく知りました。その学校でこういう試みをされているというところで、私みたいな、こんな一般市民がどんなお役に立てるか、恐る恐る足を踏み入れまして、6月から9月まで講座を受けさせていただいたんです。先ほどご覧いただいたような形で、本当に模擬の模擬みたいなことで、まだ実践はこれから11月というところなんですが、なるべく学生の方たちにリアルな体験を提供して、少しでもお役に立てればという気持ちで今おります。

池田 どうもありがとうございました。

　ちょっと自慢ですけども、こういった方々が40名、今関西学院のロースクールに熱心に参加していただいておりますが、必ずしも皆さん、卒業生とか、そういうわけじゃないのです。遠くは神戸の須磨の方からわざわざ参加してくださっている方もおられ、本当に感謝しております。こういった市民が参加するSCというのは、実は私たちが別に発明したわけではございませんで、やっぱりモデルというのがあります。日本では医学部がモデルですし、それのさらに先にはアメリカで長い取り組みがあって、カリフォルニアのUCLAでもやっぱりそういうシミュレーティッド・クライアントというストックをおもちなわけです。何か聞いたところによると、年に1回、そういう方々にパーティーを開いて、集まって、感謝状を渡したりとか、そういうこともしながら、楽しく参加をしていただいているというふうなことも聞いたことがあります。そこで、バーグマン先生にお伺いしたいんですが、先生のクラスまたはUCLAのクラスでシミュレーティッド・クライアントをどのように活用しているか、簡単に説明していただけますでしょうか。また先生はどのようなコースを担当されています

か。

バーグマン　私たちは大勢のシミュレーティッド・クライアントを起用します。おそらく貴校も同じだと思いますが、そのような人々を集めるための募集をかけます。募集を担当する職員がおり、参加してくださる人々には感謝していますので、時々なにかお礼ができればと考えています。もしよければ皆さん、次回のパーティーに是非お越しください。交通費はお支払いできませんが、もしその際にロサンゼルスにいらっしゃるなら、どうぞ足をお運びください、といったかたちで。

　ロースクールでの学習のありとあらゆる段階で、学生はシミュレーティッド・クライアントと顔を合わせます。「ローヤリング・スキル」と呼ばれる1年生のコースがあります。このコースは、従来の「法情報調査・法文書作成」の一種で、ライティングを非常に重視しています。従来からこのコースでは、学生は事実関係が偽りなく記された陳述書を受け取り、その情報を基に法的文書であるブリーフ（主張書面）の一部などを作成しなければなりませんでした。ですが、数年前からは事実情報の陳述書を学生に渡しておりません。学生は数名のグループでシミュレーティッド・クライアントにインタビューし、3人から4人のグループになって、自ら情報を収集しなければなりません。私たちはインタビューについては具体的にどうしろとは示しておりませんが、情報交換だけはします。法律家に伝えられる情報は予め整理されていないままです。どういうことかは説明しなくてもお分かりかと思います。また、1年生のコースが進行して審理の後半の段階になると、学生は同じクライアントに出会うことになります。

　これが1つの活用例です。1年生のクラスには約300名の学生がいますが、それに対して約75名から80名のシミュレーティッド・クライアントが必要になります。後半のコース、特に2年目、3年目になるとクライアントは台本を覚えることはしません。多数のクライアントは彼ら自身の法的問題を経験しています。クライアントはレストラン経営者であったり、自営業を営んだりしており、こうした仕事に関わる法的問題を数年に渡って抱えたりしています。それらの問題は、ライセンス取得に関するものや

訴訟の類に関するものであったりします。私たち自身も問題を作っており、それを学生に提供することもありますが、クライアントの問題がほとんどの点で過去のものであっても、クライアントに足を運んでもらって現行の問題として話してもらっています。時々、指導者である私たちは、学生がどのような問題を聞くことになるのかを知らないこともあります。というのは、私たちは、学生が取り組む問題の特定のタイプよりも、学生がいかにスキルを利かせるかにより強い関心をもっているからです。学生が実際にクライアントと接触する私たちのクリニック教育のコースでも、クラスの構成要素の一部としてシミュレーションを常に実施しています。私たちは、模擬裁判の陪審員としてシミュレーティッド・クライアントを起用しています。デポジションのクラスの学生は、・・・日本でもデポジションはあるのですか？

池田 いいえ。

バーグマン そうですか。デポジションは、米国における裁判前の手順であります。弁護士は通常、相手方当事者または相手方の証人に質問でき、相手方の当事者または証人は、宣誓した上でこれらの質問に答える義務があります。私たちのシミュレーティッド・クライアントは、学生のデポジションを受けることになります。クライアントはカウンセリングに訪れます。学生は、交渉に関してクライアントと相談する必要があります。私たちは、このようにクライアントを活用します。これはアメリカンインディアンがバッファローを利用するのと似ているかもしれません。私たちは、クライアントを活用できるところはすべて活用するのです。クライアントはあらゆる点で効果的に活用する価値があります。

池田 シミュレーティッド・クライアントは、演じることを楽しんでいるのですか。

バーグマン はい。長年、繰り返してシミュレーティッド・クライアン

トを演じてくれる人々がいます。実際、彼らが現実の自分を忘れて話しているのを聞くことがあります。あまりにも頻繁に「ジョーンズ夫人」の役を演じている人は、「ジョーンズ夫人、お元気ですか？ ご無沙汰しています」などと声をかけられます。多少忌憚なく申しますと、こうした人達は本来の有効性を失っているかもしれません。私たちが望んでいるのは、学生が現実社会で実際に出会いそうな人々の代役を演じてくれる人物です。トレーニングを何度も受けたり、経験が豊富になりすぎたりすると、当初のクライアントとしての効用を失い始めることがあるので、時々役柄を変えることがあります。その人達にはまり役で落ち着かせるようなことは避けているのです。

池田 ありがとうございました。宮川先生、今、アメリカの状況と亀井さんのお話、方向性というのを聞かれて、先生の言われるよりよき方向の改革というか、関西学院だけにとらわれずに、先生が思っておられることをもう少し敷衍していただけますでしょうか。

宮川 そうですね、関西学院のこのシミュレーションの利用法ということについてですけれども、これもバーグマン先生の論文の中で含まれていることですけれども、クリニカル・リーガル・エデュケーションという手法は、どういった法分野でも活用できるというふうにおっしゃっているんですね。そして、最も現実のクライアントがいるクリニックで扱いにくい分野というのは、ビジネス・ローに関わることなんですね。どうしてもそこで問題になる権利・利益の金銭的な価値というのが高くなるので、学生に扱わせるには、依頼人である企業の方が尻込みをしてしまうというような要素があると思うので、UCLAでもビジネス・ローに関わるようなシミュレーションを使った授業というのが恐らくあると思うんですね。そういうような事柄について、バーグマン先生に少しお話をいただけたらなと思いますけどね。

池田 バーグマン先生、先生が担当されているビジネス・ローヤリング・

クラスについてご説明願えますか?

バーグマン　先ほど私が述べたことですが、「クリニック教育の教師を自認する教員とそうでない教員」の間の断絶は、実際には崩壊しています。私たちのビジネスコースには、倒産、商取引、国際取引などを扱うコースもあります。そのコースには中国で長年法律業務に携わった教員がおり、彼の国際ビジネスコースでは、学生は中国にいる彼の元同僚と実際にインターネットで商取引を交渉します。学生は、過去に発生し既に完了している商取引を、現時点で進行しているものと見なして交渉します。私たちはこうしたクラスを相当数抱えているため、教員は自らをクリニック教育の教師であると定めなくても、クリニック教育を講義の手法と考えていると思います。

　倒産手続き下での会社再建を教える場合には、クライアントにアドバイスする方法、クライアントから情報を得る方法、ならびに手続きを進める方法を知る必要があります。このように、私たちは、学生にシミュレーションを提供する非常に多くのコースを用意しています。学生が役割を担って、積極的にコースに取り組むべく、教師陣が工夫を重ねている授業が増加していると思います。学生はただ座ってノートを取っているだけでは済まされません。私は、証拠法に関する受講者の多いコースを担当していますが、そのコースで法廷弁論を教える時間の余裕はありません。しかし、折に触れて「質問をしなさい」と学生を促します。他の生徒が判事、証人、相手方の弁護士などを演じている間、私たちは多かれ少なかれ模擬裁判の演習を行っています。そうでなければ、プールや海を知らない人に泳ぎ方を教えようとするようなものです。学生は自分が学ぶことの背景を把握しなければなりません。自らを積極的にその背景の展開に関与させなければ、背景を把握することはできないのではないでしょうか。

池田　こういったシミュレーション教育が社会貢献、或いは理論への貢献ということがどうできるかと、その発展形態を今議論しているわけですけれども、1つの発展の方向としては、伝統的な貧困層への貢献、それは

クリニックでかなりされているわけです。日本でまだ必ずしも十分取り組まれていない分野として、今言われたようなビジネスの世界、コーポレート・ローの世界において、シミュレーションを取り入れることがあります。或いは、午前中の報告にありましたように、公法、パブリック・ローの分野でシミュレーションを取り入れると。そういった方向があろうかと思います。

その関連で、国際的な子供の取り合い、カスタディー・ディスピュートというのを、去年関西学院でシミュレーションでやってみました。そのときに、日本人のお母さんの代理人として、子供をアメリカ人のお父さんに余り会わせたくないという立場で弁論を張りました沼田さんが在学生として来ております。そういったシミュレーションで、普段できない活動をやってみるということについて、どのような効果なり自分なりのモチベーションがあったかということをコメントをお願いできますでしょうか。

なお、本日配布しましたグリーン色の本、関西学院大学法科大学院形成支援プログラム推進委員会編『模擬法律事務所はロースクールを変えるか』（関西学院大学出版会、2006年10月）という本にそのシナリオというか、実際の記録が載っております。じゃあ、沼田さん。

沼田貴範（関西学院大学ロースクール3年生）　ご指名いただきました、関西学院大学ロースクール3年生の沼田貴範と申します。

こういったシンポジウムに生徒として参加するのはすごく少ないんですけれども、今までずっと参加してきまして、ロースクールは一体何をするのかということについて、ちょっと僭越ながら考えてみました。我が関西学院は、よき法曹を育てるということに尽きるというふうに考えます。それは、司法試験を合格させるのはもちろんのこと、その上ですばらしい人格や資質を育むということを使命とするものだと私は考えました。それで、この中でシミュレーション教育といったものがどういった役割を担ったのかということを、これまで様々なシミュレーション教育の機会に恵まれた参加者として、少し有用性についてコメントしたいと思います。シミュレーション教育というのは、まず第1に楽しさを伴うものだと思います。楽し

さというのは、生理学的に脳を刺激するものですから、頭を良くするということで、第1のものなんですね。そして第2に、本物のストーリーに接するということ、そこに生徒が主体性をもって入っていくことで、積極的な学びの場というのが作られます。そして、単に法というものを頭で考えるだけではなくて、一体その法をどうやって実践するのか、使える法曹になるにはどうすればいいのかということを自然と身につけていくものだと感じました。関西学院のすばらしさというのは、そこに携わる人の人柄のすばらしさというものにあります。試験では決して図ることのできない法曹の質というものを高めるのは、そのロースクールそのものの意義を全うできるという意味で、このシミュレーション教育こそが有用なのだと考えました。なので、ビバ関西学院ということで終わるんですが、サクラではありません。

池田 国際調停をやってみた感想を一言言って下さい。英語で全部やって大変だったとは思うんですけれども。

沼田 国際問題というのを授業ではほとんど取り扱うことがありませんでしたので、すごいよい機会だと思いました。特に、アメリカのロースクールのアメリカ人の学生と交渉したんですけれども、結局根本のところは一緒なんだと。当事者法曹として一体何ができるのか、当事者のために、そしてすべてのために、相手側の当事者のためにも何ができるのかということについて考えるという良い機会を得られましたので、この場を借りて感謝したいと思います。

池田 在校生のちょっとサクラっぽい発言が続いて恐縮なんですが、栗田さん、やはり今いる生徒として、シミュレーション教育、そう良いことばっかりじゃないよと、しんどかったよということもあったと思いますので、少しコメントをお願いします。

栗田克弘（関西学院大学ロースクール3年生） 今、ご紹介に預かりました、

関西学院大学ロースクール3年に在学しております栗田と申します。先ほど沼田さんの方からかなり高尚なお話があったんで、もうちょっと卑近な例で、僕らがどれだけローヤリングという授業に苦労したかという話をさせていただきたいと思います。もともと、僕がローヤリングを選んだ動機というのはすごく不純で、恐らくこの片仮名科目、僕らは片仮名科目と呼んでいるんですけれども、その実務修習科目の中で、一番ローヤリングが楽なんじゃないかと思って選びました。実際蓋を開けてみると、初めの1、2回目の授業というのは、それこそまるでプロローグみたいなもので、ほとんど負荷はなかったなと思っていたんですが、SCさんが入ってきて、実際の聴き取り、交渉という段階になってくると、飛躍的に負荷が増えました。恐らく週に2時間ぐらいの打ち合わせというのを最低2回ぐらいは毎週やっていたような記憶があります。当然それに先立って、各自調べ物もしてきますので、トータルではローヤリング90分の授業にかける予習の時間というのは、5、6時間ないし7時間以上かかっていたんじゃないかなと思います。

　1つの例なんですけど、隣に亀井先生のクラスを受けていた岡崎さんがいるんですが、たまたま土曜日の日に授業がなかったので、自習に行って岡崎さんと昼飯を食べまして、2時からローヤリングの打ち合わせがあると。そのまま岡崎さんは他のメンバーと一緒に教室で打ち合わせに入ったんです。その後ずっと姿見ないなと思っていましたら、8時ぐらいにみんなげっそりした顔をして自習室の方に戻ってきまして、「今まで何してたの？」「ローヤリングの打ち合わせしてました」と。5、6時間ずっと5人のメンバーで打ち合わせをしていたような状態だったみたいです。ですから、1つのクラスで4チームの模擬法律事務所がつくられたんですけれども、各チーム大体そのぐらいの時間をかけながら、何とか落としどころというのか、私たち個人が代理している依頼人に対して一番良い解決方法というのを探していくようなことを、それこそ暗中模索しながらやっていたような感じです。しかし、実際、本当に後で思ったのは、実際終わってみると、非常に面白い授業だったなと、他の法律基礎科目では学べないものというのが学べたというのは、本当に強い印象として残っています。

池田 はい、ありがとうございました。

ちなみに、去年負荷が強過ぎまして、さらに成績が厳しかったものですから、今年からローヤリングの受講生が若干減ったという現実もあります。その辺、栗田さんらが大変だということの噂がちゃんと伝わったんだろうというふうに思っております。

さて、関西学院のバーチャル・ローファーム、そういう意味で、今後カリキュラムを若干変更して、より本格的に、より広い範囲の学生に適用していこうと、そう考えているわけです。その意味で、関西学院は実務家が多いということもありまして、比較的コンセンサスがあるわけですけれども、とは言え、まだまだ大きないろいろ課題があります。その中では特に、やはり実務家と研究者との本当の意味での協働という点が課題だというふうに思っているわけです。その点、亀井先生から少し課題としてまとめていただければと思います。

亀井 設計をするということ、或いは教材をいかにリアルに作っていくのかという点では、実務家の果たす役割というのは必要であると思います。また、バーグマン先生も言われていましたように、非常勤ではそれはできませんので、フルタイムの教員、実務家であってもフルタイムの教員が軸にならなければいけないというのは、恐らくそうであろうと思います。ただし、私たちが担当いたしますと、どうしても実務的なスキルというところに重点が置かれるきらいがあるわけですね。それも大事なことですけれども、やはり法理論、それもあるべき法理論、質の高い法理論というものを学生が養っていくという面と融合しなければいけないわけで、理論と実務というのが教え方も別々で、別のことをやるんだということではいけないわけです。そうすると、これから関西学院でバーチャル・ローファーム構想を本格的に展開していくとなりますと、それぞれのバーチャル・ローファームに依頼者が来るわけで、その受け手の側は学生が主体ではありますが、実務家の教員が一人就くだけではなくて、それぞれのグループに研究者の教員がボスとしてやはり就くことが必要になります。その実務家と

研究者がタイアップして、あるべきものを学生に提起するというか、学生が主体ですけれども、学生のいろいろな気付きに対していろんな面からサポートする、両方で協力してサポートするということをつくっていかないと、やはりいけないのではないかというふうに思っております。そのあたりこれからの大きな課題ではないかなと思います。早稲田大学での実践というのをちょっと聞きまして、クリニックでも研究者の方と実務家がタイアップしてされているという、そういう努力を耳にしまして、私たちも同じようにやっていきたいなというふうに思っています。

池田　今、最後に早稲田のことが出ましたけども、宮川先生、言うは易し、行うは難しだと思うんですけれども、実際そういう連携というのはクリニックで実務家教員、或いは研究者教員、うまくいっているんでしょうか。どう評価するかというのはなかなか難しいと思うんですけれども。或いは、今後どういう工夫をされようと思っておられますか。

宮川　現在、私が思っていますのは、うまくいっているというふうに思っています。実務家教員と研究者教員が一緒になってペアを組んでいますが、クリニックを担当するという形にも、いろいろなものがあります。1つは、実務家教員が専任教員として早稲田の教員組織の中に入っておられる方の場合ですが、それが一番やり易いですよね。研究者と実務家教員の方の時間を合わせるとかというようなこともやり易いですし、その点うまくいっていると思います。

　学生と、そして学生の前で実務家教員と研究者教員が依頼人の法律相談等に同席をする場合もありますが、依頼人に対するサービスの提供という観点では、やはり基本的には実務家教員の方が学生指導については主となります。早稲田の法律相談のやり方というのを簡単に紹介しますと、大体90分ぐらいを1つの枠にしていて、最初30分で学生が主体となって依頼者の相談を受けて、その後30分ほど実務家教員、研究者教員、そして学生等が、3者一緒になって、その相談を受けたことについての法的な論点などを整理して、どういうふうに答えたらいいのかということを相談した

上で、残りの30分で学生が依頼者の方に一応の答えを提供するという形をとっております。その真ん中の30分の部分で法的な論点とかということを議論するときには、やはり実務家の視点と研究者の視点というのが、学生にとっても面白いんじゃないかなというふうに思っております。

池田 ありがとうございました。パネリストの皆さんには、最後にもう一度最終的なコメントの機会を設けたいと思います。

それでは、時間があと50分になりましたので、Q&Aのセッションに移りたいと思います。質問発言希望要旨をいただいておりますので、時間の節約のために私の方で読み上げさせていただきますが、もし追加して補充することがあれば、質問者の方々、ぜひおっしゃって下さい。

まず、名古屋大学の荒川歩先生からですが、バーチャル・ローファームにおける学生の評価方法はどうするのかという質問がございます。これは亀井さんからと、それとバーグマン先生にも、SCを使ったシミュレーション教育において、評価というのはどういうふうにしているのかということをお尋ねしたいと思います。

亀井 私が担当してきましたローヤリングでは、主に4つぐらいの評価項目を設けています。1つは、授業の部分もちょっとありますので、そこでの学生の発言等によるものです。これは一般の授業と同じです。それから2番目に、法的な文書というものも中で起案をさせるということがございます。そういったものの出来というものがあります。それから、3番目に、模擬依頼者とのやりとりを通じたパフォーマンスを評価するということがございます。パフォーマンスを評価するには、先ほどのバーグマン先生のパフォーマンス・テストのやり方という話がありましたけれども、私も各グループのパフォーマンスを実際にビデオに撮りまして、それを授業と授業の間にすべて見るということをやっておりました。そういう意味で、学生の方も大変だったというふうに先ほどコメントがありましたが、私自身も毎週大変であったという思いはございます。4番目に、これは非常に大切なことで、ここにかなり重きを置いているわけですけれども、学生の「振

り返り」ですね。つまり、パフォーマンスが良かった、悪かったというのは、これはうまい、下手というのもあります。うまい人は、それはもちろん良いんですけれども、下手だから駄目だとか、そういうことではないわけです。そういう実際のパフォーマンスをやってみる、もちろん模擬依頼者の方からのフィードバックもあります。そういう体験を通じて、学生がどういうことに気付いたのか、それももちろんコミュニケーションという面で気付くこともありますし、それから法的な深め方もあります。そこの交流部分が十分でなかったということもあれば、逆にこういう法的な分析ができたので、それが依頼者の方にもうまく伝わったんだとか、そういうことの「振り返り」ですね。「振り返り」をレポートにして出してもらうということを頻繁に行いました。そういったことを全部総合して成績評価をしたということなんです。

　関西学院では授業科目の成績評価は、全部7段階評価ということになっております。上記のパフォーマンスも含めて、それにプラス期末テストをしたわけです。期末テストは筆記試験です。かなりパフォーマンス的なものですけれども、法的な論点も含めたテストをしました。それらの全部の評価で、7段階で一応分けましたけれども、こういう「臨場」科目の1つの科目で、そういった細かい刻みをするのはちょっとどうかというふうに思っておりまして、もう少し少ない刻みでないといけないかなと考えています。今年は、先ほどのバーグマン先生の話で非常に示唆を受けまして、ぜひローヤリングの科目でもパフォーマンス・テストを、実技のようなことをやってみたいなと思いました。かねがね私の夢、夢と言うか、やりたいことの1つではあったわけですが、そういうこともちょっと考えてみたいなというふうに思っております。

池田　亀井先生が余り妙なことを考えると、同じ科目を担当している私の宿題も一緒に増えるので、苦労するなと思いながら聞いていましたが、バーグマン先生、クリニカルコースを受講する学生の評価はどのように行われていますか。通常は合格か不合格だと思いますが、これと異なる点がありますか。

バーグマン　そうですね。通常は合否判定で評価します。しかし、方法は他にもあり、私たちは点数で評価をつけることもあります。文章で成績評価を行う場合のあるクリニカル・コースもあります。最も頻繁に行っているのは単純な合否での評価だと思います。私たちも同じようなことを行っていると思います。学生自身による自己評価は何度も行います。私は確実にそうですし、UCLA の私たちのほとんどがスキルを非常に重要視しています。非常に多くの場合、シミュレーションはスキルの１つか２つの局面に集中します。例えば、インタビューの演習は、インタビュー全体ではなく「特定の局面ついてのクライアントとのインタビューの実施」に集中します。私は長時間の演習を良しとしないことに気づきました。学生は５分か 10 分そこらで、１時間費やせるようなありとあらゆる間違いを犯します。そして同じ間違いを再三再四と繰り返します。ですから、演習を長時間続ける必要がないのです。ですから、皆様がなさるように、私も学生に自己評価をさせています。

　ところで、私は、学生の自己評価は私の評価よりかなり厳しく、私が以前に教えたことを反芻しており、意識的な選択を行う能力を学生に植え付けていると感じております。学生が演習を上手くこなしていると私が思おうとそうでなかろうと、私はいつも、「なぜそのように行動しましたか？」、「あなたは何を目的としていましたか？」、「何を考えていましたか？」、「他にどのような選択肢が考えられましたか？」などと質問します。私は「正解です」または「不正解です」と割り切って結論を出すようなことはあまりせずに、学生が行った選択とは異なる選択肢に学生の注意を向けさせ、学生自身の観点から学生の選択の有効性に注目させるようにします。その後、私自身のフィードバックを与えます。私が行うもう１つの指導は、ある側面について学生の演習ぶりが甚だしくひどかった場合に、同じことを繰り返してやらせてみることです。そして「今のところをもう一度やってみよう」と言います。学生がロールプレイ演習をおこなう場合に、出来の悪い演習経験について批判されることよりも、自分たちの経験を肯定される方がはるかに吸収が良いと思います。ですから、学生がどんな演習を行

おうと、演習としては成功であるという感覚を彼らにもたせたいと考えています。以上が私の評価に対する考え方です。

池田 ありがとうございました。次に、岡山大学の榎本先生からの質問です。まず、SC養成のために、どの程度の時間と労力がかかるか。どのような養成カリキュラムを用いていて、その策定はどのようにしてなされたか。これは、私の方から簡単にご説明いたします。

　SC養成は、確か4月か5月ぐらいにまず応募の広告を出しました。地域のチラシですね、新聞の折り込みとかの。その上で、先ほど申し上げたとおり、「法曹の卵を育てませんか」という、ちょっとした殺し文句で募集をいたしました。研修講座の前に時間がありましたので、応募してきていただいた方に、まず学校を見に来て下さいということで、最初にロースクールを見に来ていただきました。実際のSC養成講座というのは3回やりました。3回の中で、宿題としてこのシナリオを覚えてきて下さいということで、A4、1枚ぐらいの依頼者としての法律相談のシナリオを用意して読んできていただきました。それに基づいて、実際に、授業というか、クラスの中で依頼者役と聴き役の弁護士役、そして観察をする役に分かれて、3人1組で実際の法律相談のロールプレイをやっていただきました。

　その次に、今度は実際にフィードバックの仕方、つまりどういうふうに法律相談の在り方をSCとしてフィードバックすればいいのかと、こういうセッションをもちました。

　最後に、先ほど亀井教授がビデオでお見せしたように、実際の学生に来ていただいて、その学生を相手に実践をすると、そういう3回の講座をもっております。1カ月に1回程度の負担で、その間に簡単な宿題を出して取り組んでいただくということをやっております。そのプログラムについては、榎本先生は岡山大学ですが、岡山に「SP［シミュレーテッド・ペイシャント＝模擬患者］研究会」という岡山大学で医学部教育に協力されている市民グループがありまして、その方に絶大な援助をいただいたと、こういうことでございます。

2番目、榎本先生から、シミュレーション教育とクリニック教育との有機的、効果的な関連を形成するために、どのような具体的方策が考えられるかとの質問がございます。シミュレーションとクリニックの有機的な効果的な関連、これは非常に難しい課題だというふうに申し上げたわけですが、それを形成するために、じゃあどういう方法があるだろうか。例えば、クリニックにおいて事案を絞り込むとか、実際の交渉も学生が行えるようにするなど、何か方法はないだろうかという、そういう問題提起がありますが、亀井先生、何かありますか。

亀井　ちょっと今、少しわかり辛かったんですが、カリキュラムの上での融合ということですか。

池田　榎本先生、質問についてちょっと何か具体的にお願いできますか。

榎本康浩（岡山大学ロースクール助教授・弁護士）　そうですね、やはり中心的なカリキュラム策定の中でどのような工夫ができるかというのをお伺いできればと思っています。クリニックはなかなかこちらの方でコントロールができない部分が多いので、限界はあるというのはわかるんですけれども。

亀井　そうですね。科目編成の問題が1つあると思いますけれども、私たちの関西学院ではローヤリングという科目を2年生の後期に置いておりまして、クリニックAとかクリニックBという科目は2年生の秋でも受けることができますが、3年生の前期、後期でも受けることができるということになっています。今のところは、科目として、いずれを取ってもいいことになっています。

　あとエクスターンシップですね、外部研修もありまして、先ほど学生の方が片仮名科目と言っていましたが、そのとおりなんで、片仮名の科目の中で、どれか1つを取ればいいということになっているわけです。ですから、そのシミュレーションだけをして終わりでもいいですし、それからい

きなりそういうことをやらないで、クリニックを取ってもいいということになっているわけですね。そういう意味で、余り科目間の結び付きが考えられていないという感じがあるわけです。

　そういう意味では、できるだけそのカリキュラム改革の上でも、シミュレーションのベーシックなものというのは必修にして、そしてそれの発展形として、より高度の交渉であるとか調停というようなことを深めたいという方に、そういうシミュレーションの民事シミュレーション2という科目を取ってもらう、実地にやりたい人はクリニックを取ってもらう、或いは模擬裁判をやりたい人は取ってもらうというふうに、ちょっと科目の作り方を変えれば、もう少し有機的になるのではないかなと思っております。そんな答えが今の質問に合っているのかどうか、ちょっと自信がありません。

榎本　あと1点。できれば実際にクリニックをやる場合に、いわゆるシミュレーション教育の効果を生かすような非常に有効なやり方というのがあるものかどうか、ちょっとそのあたり、宮川先生のご意見なんかもお伺いできればと思うんですが。

池田　宮川先生、ございますか。

宮川　そうですね、クリニックの教育とシミュレーションの教育をいかに有機的に関連付けるかというのは大変難しいことだと思います。1つは、関西学院が取り組んでおられるバーチャル・ローファームという、プロセスとして依頼人の相談への来所から相談、そして交渉、訴訟というプロセスでやっていっておられるシミュレーションとはちょっと離れますけれども、カウンセリングであるとか、或いは相手方の交渉とか、それらを場面場面を切り離すということは良くないのかもしれませんけれども、切り離した形で、シミュレーションに最も有効な技能というものに特化したものを履修した上でクリニックをやるというような形での結び付きはあるのかなというふうに思います。

池田　実際、関西学院のクリニックも、ローヤリングを必ずしも受けていない人が選択するものですから、第1回目と第2回目の前半はシミュレーションをやっております。講義をした上で、カウンセリングの基本的な技能、それとロールプレイという形でやっておりますので、来期ぐらいからは、最初の2回ぐらいは実際に模擬依頼者の方に来ていただいて、そこで言わば練習をした上で実際のクリニックの本当の方に来ていただく。そういうことは、1つの段階、ステップ・バイ・ステップのやり方としてはできるのではないかなというふうに思っております。

　それと、ローヤリング等々で、今宮川先生が言われた場面場面の交渉とか、そういうのもいろいろビデオを撮っております。実は先ほど発言をいただいた栗田さんなんかも映っている。彼のいろいろな交渉スタイルとかそういうのが映っておりますので、ぜひ肖像権を放棄していただいて、そういう教材になっていただきたい。打越さんも非常に良い教材になっておりますので、そういう方に私を訴えないでほしい、訴えないことを約束していただいて、各大学に教材として提供できればというふうに思っております。

　今、クリニックとの連続性ということでお話が出ましたので、クリニック、或いはこのシミュレーション教育で、実は一番学生につけていただきたいスキルの1つとして、紛争解決の能力があります。どうやって実際の問題をよりクリエイティブに、法的規範も使いながら、でも法的規範以外の要素も十分考えながら解決をしていくかということを、頭を柔らかくして考えてもらう。これもシミュレーション教育の1つの大きな目的であります。その点で、日本で最も先進的に取り組んでこられまして、「紛争解決学」という新たな分野を、実務から理論という形で開拓され続けている廣田先生が今日は会場にお見えですので、廣田先生、ぜひ法政大学のクリニックのご紹介も含めてご発言願えますでしょうか。

廣田尚久（法政大学ロースクール教授・弁護士）　法政大学の廣田です。今日は、大変有意義なシンポジウムを開催して下さいまして、どうもありがとうご

ざいました。関西学院のこのような大変練り上げられた授業、これを伺っていて、本当に感服いたしました。それから理念の高さですね。これを伺って、本当に意を強くしている次第です。そして、合格した学生さんが、サクラでもないのにあんな立派なことを言って、私の授業でこれを言ってくれる学生がいるだろうかと思って、さっきから大変うらやましいと思って聞いておりました。

　法政大学のクリニック科目の紹介を若干させていただきたいと思いますが、法政大学は、2年生の後期と3年生の前期、4単位で、これはどちらを取ってもいいという形になっております。定員が100名ですから、大体1回で40人ぐらい選択します。これは選択科目ですが、1回40人ぐらい選択しますので、約8割の学生がクリニック科目を取ることになっております。4単位ですから、90分の授業が30時間あるわけですけれども、クリニック科目の中に今お話のあったほとんどが入っていまして、そのうちの15時間はローヤリングの授業を受けるという形になっています。その中に面接交渉、或いはシミュレーションが入ってくるということになります。その他に、あとの15時間は民事担当の教員の4人がその40人を担当するという形になっていて、学生の希望を聞き、担当者が決まるということになっております。さっき言いましたように15時間はローヤリングですから、あとの15時間は担当の4人が受けもつということですけども、これは全部15時間をフルで授業するというのではありません。刑事クリニックも入っておりますので、15時間のうちの3回は刑事クリニックの先生が4つのグループを交代で教えるという形になっております。

　その他に、これとはまた別枠で法律相談に立ち会わなければなりません。それから、エクスターンシップがあるということですから、負荷という言葉が先ほど出ましたけども、負荷が大変多くて、そういったものが重なってきますと、学生にとっては30時間では済まないで40時間以上になります。したがって、肝心の担当した民事の4人は、できるだけ負荷がかからないようにほどほどにやって下さいということで進めております。

　早稲田と同じですけれども、法政大学には、附属のリエゾンという法律事務所がありまして、4人のうちの2人はその法律事務所に係属している

事件を学生と一緒に担当するということになっています。それから、もう1人は特任教授で法律事務所をもっていますので、そこでかかった事件を担当する。もう1人が私ですけども、法政大学には附属調停センターというのをリエゾンとは別につくってもらいました。これは私が法政に行くときに是非ということでつくっていただいたのですけども、調停をすることになっております。

その調停が良いことを私が何故言ったのかというと、訴訟事件ですと、裁判所の期日に合わせなくてはいけないということが1つあります。つまり、公判期日が授業の時間とうまく噛み合うかどうかという心配があります。調停事件ですと、学校の授業に合せて期日を定めることが出来ますし、当事者に学校に来ていただいて、調停を大学で行いますから、それがいいんじゃないかということです。また、もう1つは、うまく事件が来れば、初めから終わりまで、事件が始まってから最後に解決するまでを全部学生と一緒にできるということで、そういう狙いで始めたわけです。しかし、実際やってみますと、調停事件は滅多に来ないということになり、本当は1人の学生が全部初めから終わりまで参加できればいいのですが、事件数が少ないものですから、1件の事件を担当の学生が期日ごとに交代して出て、それで出た学生が説明をし、次回の方針を決めて、また次の学生が出ると、そういうような形でやらざるを得ないということなのです。そこのところにやはり問題があるのではないかと思います。

大体概略説明をするとそんなところです。私は弁護士の実務が長かったものですから、どうも模擬という、そういう言葉に引っかかっていたというか、ちょっとリアルさに欠けるんじゃないかという気持ちがありまして、できるだけ模擬でないやり方をしたい、直接に本当に悩んでいる人を、問題を抱えた人の事件をやりたいという気持ちでそういうふうなことを始めてみたのですけども、今日話を伺っているうちに、どうもこれは偏見だったのかなということを感じました、先ほどのSCの話などを伺うと、このようなやり方があるのだと気がつきました。このやり方でかなり実際の事件に近いことができるというのがわかりましたので、大変良い勉強になりました。

先ほど宮川先生が、その実際のクリニックとシミュレーションとの調和点を整理されましたが、まさしくそのとおりだと思います。これは一長一短がありますので、若干その辺を申し上げますと、今の話を伺うと、シミュレーションではやりたい教材はこちらでつくることができますね。コントロールができるということなのかもわかりませんが、調停センターですと、どんな事件が来るかわからない、また来てみないとどういうふうに進展するかわからないので、まるでシナリオがないのですね。ですから、そのシナリオのないところをどうやって面白くするかとか、ある意味ではこういうやり方があるのかというようなことができればいいなと思いながら進めてみたのです。しかしそれは、担当者の、ある意味では腕の見せ所というところなのかもわかりませんが、うまくいけばいいけど、そうでないときにはどうしようかという心配を抱えながらやっているということになると思います。
　事例を言わないとわかりにくいと思いますので、ちょっと時間が長くなりますが、私が前回やった事件を紹介させていただきます。それは、整体治療を受けた患者さんが、その整体によって骨に損傷を受けたということで申し立てられた事件でした。損害賠償事件でしょうけども、1年間治療を受けて、それで駄目だったと思って、2年間他のところに行っていたのですね。そして2年後にその申し立てがあったということですので、因果関係があるかどうかということも非常にわかりにくい事件でしたので、これはもう果たしてどうなるかと思いましたら、1回目の期日で相手方の治療した人が、この人は腰の骨のどこかが悪くて、自分が1年間治療していてもずれていてどうしても治らなかった。だけど、絶対に治したいんだと、こう言うのですね。しかも、こういうのはロースクールで聞いていていいのかどうかわかりませんけれども、この2年の間に心霊治療の方法を覚えたので、それをやってみたい、ぜひ治したいと言うのです。これは駄目だなと思って聞いていましたら、申立人の方が、損害賠償で申し立てたけれども必ずしもお金が欲しいわけじゃない、治してくれれば、これが一番ありがたいと言います。「本当にあなた、治せるの」と言うと、「治します」と言うんですね。そこで、「どこで治療しますか」ということになりまし

たが、その治療院に行くわけにいかないでしょうから、治療をする場所も決まらない。そのとき、私は学生に言ったのですが、心霊治療を信ずるわけではないけども、さりとて、両方がやってみたいと言っているのだし、わからないけども、効かないということも言えないわけですね、やってみないとわかりませんので。じゃあ、このロースクールの控え室でやりましょうということになり、布団をもち込みまして、4回ぐらい、私が立ち会って治療しているところを見ていたのですが、心霊治療といっても、ちょっと最初にお祈りをする、手を合わせるぐらいのもので、あとは見ている感じでは指圧とかマッサージと同じようなやり方だったのですね。それを何回かやってみまして、最後には、結論的に言えば、中間的なことですけども、因果関係も何もわかりませんので、あと何回治療するということになりました。これで改善されれば請求はしないということに。ただし、何回治療するということが請求を放棄するわけでもないし、何回ただで治療することが請求を認めるわけでもない。ただ、やってみて治ったらもう何も言わないというような形で、中間的な調停を成立させたというケースなのです。ある意味では本当にADRらしいというか、調停らしい事件を学生に見てもらったということでしたが、そんなようなことをやっているということです。でも、これこそ始まったときにはどうなるかわからないことなので、こういうことが本当に良いのかというところで若干疑問があるわけです。

　それから、もう1つは、やはり体系的なことはできないですね。来てみなければわからないということです。それからもう1つ、先ほど亀井先生がおっしゃいましたが、学生は立ち会うだけの話ですから、実際に責任をもって相談を受けるとか、調停人になるということまではやっておりませんので、やはりちょっと脇役的なところはあります。そういう点では、短所の方ではないかなと思うのですね。ただ、さっき話を伺っていますと、私もそうやっていますけど、できるだけ学生に発言を求めるというような形でやっています。それともう1つ面白いのは、当事者が、学生がいることに大変喜んでいるみたいですね。学生さん、聞いて下さいよとか、学生さん、何か意見があったら言って下さいよというような顔をしますから、

そういう点では良かったと思いますけれども、もう少し当事者的に、調停人なら合議でやるとか、そんな気もちでやった方がいいのかなと思っています。やはり今の話を伺うと、自分のやっていることの短所の方に目がいって、もう1回焼き直ししなければいけないかなと思っております。大変勉強になりました。

池田　ちなみに、廣田先生の『紛争解決学』（信山社出版（大学図書）、2006年2月）は参考書として指定していまして、その中に非常に面白い、今言われたような様々な、ちょっと目から鱗の解決方法というのがありますが、恐らく在学生はまだあの本の価値がなかなかわからない。弁護士を5年、10年、何10年かやると、ものすごくよくわかるというふうな本であります。

　今、廣田先生の方から、いろんな紛争解決の柔軟性ということで、1つの例を挙げていただいたわけですけども、実は今日資料に入れていますが、ハーバード・ロースクールが、その130年にわたるケースメソッドの教育方法、アプローチを、より現実社会的なアプローチに変えるということがあるようです。これはシミュレーションを必ずしも全面的に導入するということではないようですが、1つは国際法的な視点、或いは比較法的な視点を導入するということと同時に、紛争解決の能力を高めるための手法を導入するというふうな方向で、アメリカのハーバードでもこういう教育の手法の見直しということが現在進んでいるようであります。

　会場から、どうしてもご意見を述べたいという方、どなたかありますでしょうか。

関戸一考（関西学院大学ロースクール教授・弁護士）　今議論していたということとちょっと外れますが、最初の2番目のテーマとの関係で、私が強調したかったことがあるんです。それは、私たちがやろうとしている「臨場教育」の、一番大切な部分がどこにあるのかということです。それは、生の依頼者を前提としていますから、何人と言ってもまず最初に結論重視なんです。この人を救済するためにはどうしたら良いかというところからス

タートし、そこから救済するための事実を探し、或いは判例を探し、或いは法律を探し、そして救済するための法解釈をする。そういう意味では、結論を重視しないまさに従前の教育方法とまずこの点が違います。

　それともう1つ、法解釈が実践であるということを事実の中で学ぶことができるということです。具体的な依頼者がいます。そのときに、その人の権利を救済するために具体的な正義をそこで追及する。私たちは法解釈を通じて誰の、どういう正義を実現するかということを常に、頭に置きながらすすめるという、そういう意味では、「正義教育」と、「シミュレーション教育」を含めた「臨場教育」は相互に密接なつながりがあるんだと思います。おそらく、これは従来型の教育とは違うという意味で、本当の教育的効果はここにあるんだということを私たちはアピールできるんじゃないかと思っています。そうでないと、ロースクールで、法律的な、基礎的なことをきちんと勉強して、そして研修所で実務を勉強して社会に出ればいいじゃないかという批判に対して、いや、ロースクールでこそ「臨場教育」をやることに意味があるんだということになりません。ここで積極的な意義を強調していかないと、なかなかロースクールの教育そのものを変えていくことができないんじゃないかと私は思っておりまして、ぜひその点も考えていただきたいということを補足させていただきます。

池田　ありがとうございます。私のまとめが不要になりましたので、今のコメントをもって私のまとめに代えさせていただきたいと思います。それでは、他にご意見がなければ、最後に、パネリストの方々から1人2、3分以内で最後のコメントをいただきたいと思います。では、バーグマン先生からお願いできますでしょうか？

バーグマン　ありがとうございます。最初に申しましたように、私が今回非常に感銘を受けましたことを、改めて述べさせていただきます。また、感銘を受けましたのはこちらでのシミュレーション教育ばかりでなく、このシンポジウムにも同様に深く感じ入りました。私達の誰もが、教育にしてもその他のことにしても、理想的な方法を取っていると確信していると

は思いません。私たちにできることは、ただ根気よく継続し、話し合い、そして他の人たちの方法を理解し、そしてそこから学ぶことだけです。これこそ私たちが進歩していく方法です。私は、このシンポジウム、および参加者の皆様に、そして「正しく遂行する方法」への意欲に非常に強く気もちが動かされました。

　私たちは UCLA を変えていると思います。クリニック教育に「米国式」が存在するという意見があれば、私はそれは違うと指摘したいと思います。どの学校も同じではありません。関係するコメントもありましたので、私が言及しませんでした私たちのプログラムのある一面について申し上げて終わりにしたいと思います。それはシミュレーションとクリニックの関係です。私たちのほとんどのコースは、インタビュー、カウンセリング、そして訴訟のスキルに関することに基づいたものです。ライブ・クライアントの参加を得られる場合は、私たちはコースで学習するスキルに学生の経験を集中させます。従って、デポジション、質問のスキル、および解析的な事実の展開に関するコースの場合は、学生は デポジションに集中するので、全体を捉えることはしません。インタビューとカウンセリングのコースでは、クライアントへのインタビューとカウンセリングだけに集中し、両者とも実際のケースワークに基づいた練習用クライアントとのシミュレーションを行います。従って、私たちにとってはシミュレーションとライブ・クライアントの間に違いはありません。この２つは、分けることのできない一体のものです。それは私たちが法の領域にとらわれずに、ローヤリング・スキルに注意を向けているからです。そしてそれこそが UCLA が重視していることなのです。私は本日それをご説明しようとしたまでです。

　お招きいただき、ありがとうございました。この場に参加できましたことを非常に嬉しく思うと同時に、興奮を覚えております。亀井先生のご意見も大変参考になりました。私はおそらく、皆様方の誰よりも勉強させていただいたと思います。こうした貴重な機会を与えていただき、本当に感謝しております。

池田　バーグマン先生、こちらこそ、ありがとうございました。
　それでは宮川先生、お願いします。

宮川　よき法曹とはどういうものかというテーマが先ほども論じられましたけれども、私の最後のコメントとして、よき法曹の1つの要素としまして、継続的に自己改革ができる法曹というのが、やはりよき法曹を構成する重要な要素なのではないかなというふうに思っております。そういった継続的に自己改革をできるような法曹を育て得る方法論をもっているのが臨床法学教育というふうに私は思っています。

　あるときに司法試験委員会の議論の議事録を読んだことがありまして、その中で、司法修習というのが、やはり日本での臨床教育であるというような認識で議論がされていた件があったんですけれども、ただ、現実の依頼人、或いは事件に学生が接することによって教育がなされているから、それが臨床教育であるというふうに私は思っていません。臨床教育の一番の重要なポイントは何かというと、実務を批判的に考えて、それを改善していくという方向性をもっているということが臨床教育の大変重要なところだと思うんですね。それが、大学という場で実務教育をすることの意味だと私は思っています。

　一般的に、司法修習というのは、実務の現状というものを後輩に伝えるという機能を果たしているというふうに整理されていると思うんですが、そこでやはり抜けているのは、今ある実務をどういうふうに改革、改善していったらいいのかという視点が、やはりこれまでの司法修習にはなかった、或いは弱かった点なのではないかなというふうに思っております。ですから、大学という批判するということが自由な、すなわち学問の自由というものが保障されている場で、実務に対して改善、改革の契機をもって学生が実務を学ぶということを通して、継続的に自己改革ができる法曹というのが育っていっていただくと嬉しいなと私は思っています。

池田　どうもありがとうございました。今の、非常にコンパクトですけれども、お言葉、ぜひ胸に刻んでおきたいと思います。それでは亀井さん、

よろしくお願いします。

亀井　いろいろな方のお話を聞きまして、まず私自身、このシミュレーション教育というものを一生懸命推進しようとしてきた立場として、その方向は間違っていないということを確認することができたように思います。また、パネリストの先生方からも非常に有益なコメントをいただきまして、どういうものをこれから加えていくべきなのかということについての示唆が得られたように思います。

　私自身は、こういうシミュレーション教育だけではなくて、「臨場教育」というものになぜこういうふうに一生懸命やろうと思っているのかということなんですが、これは私自身の教育観であるわけですけれども、人間というのは、自分で掴んだものしか、基本的には自分の力にならないというふうに思っているからなんですね。いろんなことを教えてもらうということはあります。しかし、それだけでは、只々それを受け入れるということにしかならないわけでして、私自身もそういうことで育ってきたということもありますけれども、やはり自分でそれを一人称の形で考え、行動していくということによって少しずつ前進してきたように思うわけです。そういうことを教育の場でやるというのが私たちの目指しているものではないかなと、そういうふうに思っているわけです。

　従って、私自身、教室で何かを一方的に教えているというふうな意識は、今はほとんどありません。もちろん、シミュレーションの授業以外の科目ももっておりまして、そこではある程度私自身がレクチャーをし、学生がノートをとるということはあるわけで、もちろんロースクールの中にはそういうふうな部分もたくさん必要で、何でもかんでもこういう手間のかかる「臨場教育」が取って代わるというふうには決して考えておりませんが、私自身、やはりその教室にいて一番やり甲斐を感じているというのは、こういうシミュレーションのような教育なんですね。それは、要するに私が教えているということではなくて、学生が本当にその中で目の色を変えて一生懸命取り組んでいる。学生が、私が思っている、想像している以上にいろいろなことを本当に実感をもって語ってくれるということがあるから

なんですね。それを私が感じて非常に感激していると、そういうふうな場であるわけなんです。

　それが私自身だけが満足しているのではなくて、学生の方が非常に良かったと言ってくれます。それから、SCの方からも、やり甲斐をもってやっているんだというふうなことを聞きまして、誰の立場から見ても非常に楽しい、やり甲斐のある場に今なっているような気がいたしまして、ますます、それをもっともっと高めていくという意欲が湧いたように思います。ありがとうございました。

池田　それでは、豊川先生、発言の機会少なかったんですけども、最後に少しまとめてお願いします。

豊川　ありがとうございます。1つ、クリニックの関係の方での経験であります、クリニックのAを昨年やっておりましたし、今年もやっているんです。行政関係の問題が、相談の方が出まして、たまたまその授業の前に荏原明則先生の方が行政法の授業をやっておられて、学生が荏原さんを連れてきて、今日は行政の相談があるということで、荏原さんと2人で協働でクリニックをやって、これまた非常に良かったという経験があったことをひとつご報告したいと思います。

　それから、今日提示されました様々な問題について、どのように全国の法科大学院に論争をしかけるかと言いますか、そういう点が大事かなと思います。その意味では、早稲田の方から宮川先生を迎え、またバーグマン先生を迎えて、非常に有力な方々のご意見とともに関西学院からメッセージを出せるかというふうに考えております。

　それから、私はその中でやっぱり、よき法曹ということ、そして法曹の役割を学生たちが今の時期に考えるということの意味の大きさですね。すなわち、司法試験に通りたい、通る、そのためには、様々なものを犠牲にしながら、通るための勉強をするというのではなくて——実は通ってからはこのスタイルは、また変わらないわけです。通ってからは、また同じようような制約のもとでしか仕事ができないというのは、これは現実であります

——その意味では、この法科大学院の2年、3年の間に、この法主体的な教育の中で自分の法曹の役割を考え、依頼者とともにやっていくという、こういうことができて初めて法曹になって大きな力を20年、30年後にも発揮できるということであろうというふうに私自身は考えて参りました。

　打越さんも含めて学生の方々の方から指摘がありましたし、或いはまた、ついこの間の朝日新聞でしたか、最初の司法試験がありまして、それから法科大学院の学生たちが卒業し、法曹界は、この学生たちは即戦力があるというふうに評価しているという記事が出ていましたよね。もちろん即戦力は、恐らく間違いなしにうちの学生たちの方があります。しかしながら、それはそこで停まるものでない、もっとある意味では深い形で主体的に考えるということを議論してきたわけでありますから、私たちはその意味では即戦力のための教育をやっているわけではないと、こういうことで、引き続き、全国の法科大学院のそれぞれの方々と論争ができたら嬉しいなと思っております。今日は本当にいろいろとありがとうございました。

池田　それでは、つたない進行役でございましたが、これをもちまして、本日のシンポジウムを締め括りたいと思います。

　一言だけ、私の感想を述べさせていただきます。

　法曹教育においては、シンク・ライク・ア・ローヤー、要するに法律家のように考えるということがよく言われるわけですけれども、やっぱりその考える方向というのをしっかりもった、何が適切な解決なのか、その人の人生にとって何が大事なのかということを常に意識して紛争解決に臨む、そういう法曹を育てていきたいというふうに思っております。その上では、これは常道ですけれども、分析と統合。分析をして、もう一度それを再構築する、統合する、その両方の思考形式が必要だろうと思います。自らが主体となって苦しみながら判断をしていく、そういう訓練の場をシミュレーション、或いはクリニックという「臨場教育」は与えてくれるというふうに私は信じております。

　こういった一連のシンポジウムの中でお医者さんが言われた言葉がありました。今、医者の世界ではやはり臓器を見て、或いは病気を見て患者を

見ない医師が非常に増えているが、そういう医師ではなく、本当に人を見る、患者を見る医師を育てたい、と。それを私たちの世界で言えば、事件を見て人生を見ない法曹というものを育てるのではなくて、本当に事件も見ながら人生をきっちり見据えて適正な解決、社会のより良い在り方を考えていく、そういう法曹を1人でも多く育てていきたいというふうに思っております。そのために、関西学院としても自己改革を続けていきたいと思っております。今後とも皆様、よろしくお願いいたします。

　本日はどうもありがとうございました。

曽和　　充実したパネルディスカッションで、もっともっと聴いていたいところもありますが、時間ですので、そろそろ終わりにしたいと思います。

　パネリストの皆様、本日はどうもありがとうございました。

　バーグマン教授、宮川教授には、遠路はるばる関西学院のシンポジウムのために参加していただきまして、本当にありがとうございました。

　それでは、予定された終了時刻が参りましたので、この辺りで今回のシンポジウムを閉会とさせていただきます。午前、午後と熱心に参加していただきまして、本当にありがとうございました。

第二部

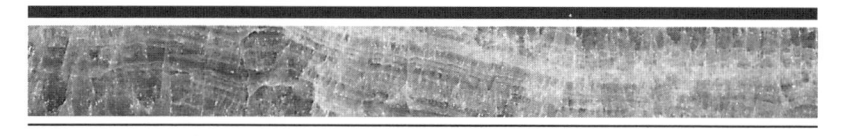

論考
シンポジウム
「よき法曹を育てる」
に寄せて

「よき法曹を育てる──法科大学院の理念とシミュレーション教育」を振り返って

ポール・バーグマン*（米カリフォルニア大学ロサンゼルス校ロースクール名誉教授）
Paul Bergman

　およそ35年にわたりシミュレーション教育およびクリニック教育に携わってきた米カリフォルニア大学ロサンゼルス校（UCLA）ロースクールの教員として、私は関西学院大学ロースクールが展開しているシミュレーションプログラムの質の高さおよび教育的価値に非常に感銘を受けている。池田教授ならびに亀井教授は、わずか数年という短い期間に、学生に実践的なスキルトレーニングを提供するために必要な以下の3つの要素を取り入れた綿密なシミュレーション教育を構築した。

1. **ステップ1**：シミュレーション演習に取り組む前に、学生はカウンセリング、交渉、および法廷弁論などの複雑な弁護士スキルの専門的分析を学習する。また、法曹に携わる者がこうした実務を遂行する際に守らなければならない倫理的な義務について学習する。次に学生はシミュレーション演習に入る前に、自分たちが学習した内容について討論する機会を持つ。シミュレーション教育ではこのステップを実施することにより、学生は法律的なスキルの原則や倫理的な言動について精通し、実務遂行における共通の課題に対する理解を深めることができる。

2. **ステップ2**：学生は、模擬法律事務所のグループにそれぞれ分かれ、専門的な実務に取り組む。シミュレーション教育は、おおよそ現実の状況に基づいているため、現実味があるのは当然であるが、教員はそれに変更を加えることもできるので、法理論や法的スキルに焦点を合わせることができる。

私は、池田教授ならびに亀井教授によるシミュレーション教育において、地域のボランティアがクライアントや証人、および（将来の）裁判員の役を演じていることにとりわけ感銘を受けた。私がシミュレーション教育を取り入れ始めた頃は、先ず法学部の学生を、続いて俳優を模擬の役割に起用した。一般の市民が法学部の学生に最も現実的な課題や学習機会を与えてくれることに私が気付いたのはそれから何年もあとのことであった。これは、市民がロースクールのシミュレーション教育に参加することにより、法の仕組みや法律家が受ける実践的な教育内容についても理解する一助ともなり得る。池田教授および亀井教授は私よりも明らかに先駆的で、両教授による地域ボランティアの起用があらゆる他の日本のロースクールの手本となり、シミュレーションプログラムに取り入れられることを願っている。

3. **ステップ3**：学生の実践は記録され、指導者だけでなく、模擬クライアントや証人を演じたボランティアからも、学生は実践に関するフィードバックおよび批評を受ける。

　このように洗練されたシミュレーションプログラムは、関西学院大学の安井研究科長をはじめとして豊川教授、松井教授、その他の教授陣、さらに関西学院大学ロースクール形成支援プログラム推進室の支援なしでは成立しなかったであろう。全員が日本の法曹教育におけるシミュレーション教育の位置づけを高める上で果たしている素晴らしい役割を誇りにすべきである。法律家が適切に法を実践するために不可欠なスキルおよび倫理的制約に関するトレーニングをも法理論の指導に取り入れることにより、日本のロースクールは学生の法理論の理解ならびに具体的な事例にこうした原則を当てはめる学生の適用能力を高め、クライアントの要求により応えるとともに正義を推進することができるのである。

1　ロースクールにおけるスキルトレーニングおよびシミュレーションの重要性

　日本の法曹教育におけるシミュレーション演習に基づく実践的なスキ

ルトレーニングの広がりは相対的なものでしかない。そのためそうしたトレーニングが、ロースクールの教育現場において真に適切な要素であるかどうか確信の持てない法律家や教育者が存在するかもしれない。この不確信を解消するための答えの1つは、米国や英国において、ロースクールのシミュレーション教育が広範囲に普及しているという事実を知ることである。これらの国ではほとんどすべてのロースクールで、学生の実践的なスキルを伸ばすための様々なコースが提供されている。こうしたコースは実質的にすべてがシミュレーションを拠にしたものであり、その中には学生が現実のクライアントの代理人を務めるコースも存在する。これらのスキルを中心としたコースは法学部の学生に絶大な人気がある。実際、米国のロースクールでは学生獲得のために、競って実践的なスキルのコースの多さと内容を頻繁に宣伝している。

　また、シミュレーション教育に基づく実践的なスキルトレーニングは、高い専門性が求められるロースクール教育にとって非常に重要な要素である。私は、日本の従来のロースクールの教育は主に法理論を教えることに重点を置いてきたと理解している。この伝統は、学生が法律を学部課程で学んでいた時期に形成されたものである。私は、米国と同様に日本においても、法律を分析する学生の能力の育成は、実効性のある大学院課程の法曹教育の中心的な目標であり続けると想定している。

　法曹教育者が理解すべき重要なことは、池田教授ならびに亀井教授が展開されている実践的なスキルトレーニングやシミュレーション教育は、法理論の分析に取って代わるものでもなければ、法理論分析のトレーニングの目的と対立するものでもないということである。むしろ、とりわけ大学院課程の法曹教育の一部として、法律家としての職務を遂行する際に法的原則を使用する必要のあるシミュレーション教育は、学生の法理論の理解を促して法理論教育の目的を高めるものである。

　その理由の1つとして、法的原則は有効なシミュレーション教育の核心に位置するものであることが挙げられる。模擬クライアントにインタビューする場合、相手方の模擬弁護士と争議で交渉する場合、または模擬裁判の意見聴取に参加する場合などのシミュレーション教育では、どんな

場合でも学生は法理論を理解した上で、それを適用することを要求される。従って、シミュレーション教育が行われているときは、法理論の分析と実践的なスキルトレーニングが同時に行われていることになる。

さらに、法律家は人の役に立つ職業である。弁護士の仕事に就くという概念を言うなら、法律家は単に法理論の知識を持ち合わせるだけでなく、クライアントに代わって現実の状況に法理論を適用することである。つまり、有効な文書を起案し、クライアントに法的な選択肢を説明し、相手方の弁護士と交渉し、クライアントの代理で法廷に立つ際に法的原則の知識を法律家が駆使できない限り、その知識は実質的に何の意味も持たないのである。シミュレーション教育において学生は、現実の如く設定された状況に法的原則を適用し、法理論を理解していることを証明しなければならないため、シミュレーション教育は法理論を学ぶ教育課程の一部であると言える。

法理論教育の1つの側面を形成することに加えシミュレーション教育を活用すれば、ロースクールの指導者は法を有能に実践するために不可欠なスキルトレーニングを提供することができる。池田教授ならびに亀井教授が開発したシミュレーション教育は、文書の起案にはじまり、クライアントへのインタビューやカウンセリング、交渉、およびクライアントの代理で法廷に立つなどの広範囲にわたる重要な法的スキルの習得を学生に提供している。

2　実務経験はロースクールでのスキルトレーニングの代わりにはならない

実効性のある実践的なスキルや倫理的責任について認識を持つことがいかに重要かという点について同意しない法律家はいないであろう。ただし、一部の関係者や法律家が、学生が弁護士として活動を始めれば、否応なく有効なスキルを身につけるため、ロースクールでは実践的なスキルや倫理について教える必要はないと主張する可能性もある。

こうした主張に対する私の回答は、実際の法律家としての経験は必ずしもその人のスキルを改善するものではないということである。これは私が

時折学生に指摘することであるが、経験を積んだ者はかえって同じ過ちを繰り返すだけになることが多々ある。弁護士は、ただ一連の実務に従事することだけで優秀なカウンセラー、交渉人、または法廷弁論者になるわけではない。なぜなら、実践的なスキルは複雑だからである。スキルに内在する原理は、通常は法理論と同様に抽象的で綿密な分析を必要とする。例えば、弁護士はクライアントとの最初のインタビューでクライアントとの信頼関係を築き上げる必要がある。また弁護士は、クライアントが彼らの立場と選択肢を十分に理解できるように法的原則を説明できなければならない。しかし、弁護士は必ずしも単にこうした実務を繰り返すことによって信頼関係を構築したり、分かりやすい言葉で法的原則を説明する能力が上達するわけではない。一方、法律を教える教師は未来の弁護士に、実務に内在する原則についてディスカッションをさせ、次に現実的な設定の中でこれらのスキルを演習させてフィードバックを受けられるようにすることで、こうしたスキルを上達させる手助けを行うことができる。

　演習とフィードバックは、異なるタイプのクライアントや相手方を組み合わせた多様な法的設定および事例設定で行われるべきである。設定および状況を多様化することで、クライアントが選択するオプションがクライアントの経済状態、家庭事情、さらにその他の事例の特定な要因にいかに影響されるかについて、学生の理解を深めることができる。

　最後に、シミュレーション教育では、法理論の分析およびスキルトレーニングと法倫理のカリキュラムを組み合わせることができる。シミュレーション教育を効果的なものにするために、弁護士として活動する際に、実際に直面し得る倫理的ジレンマを学生に与えることがよくある。フィードバックセッションでは、指導者と学生は、学生が選んだ倫理的選択肢やそれ以外の選択肢についてディスカッションを行う。これらすべての理由から、シミュレーション教育を含むロースクールにおける実践的なスキルトレーニングは、専門的な法曹教育にとって欠かせない授業なのである。

　もし司法研修所、または開業弁護士に時間とリソースがあり、同様のトレーニングが提供できるなら、ロースクールが提供する実践的なスキルや倫理的責任のトレーニングに使用するシミュレーション教育の必要性は、

恐らくそれほど重要でないかもしれない。しかし現実の法曹界では時間的余裕があり、多くの時間を新人弁護士の教育に費やせる老練な法律家はほとんど存在しない。さらに言うなら、多くの法律家が優秀な実践的スキルを持ち合わせているとは限らず、仮にスキルを持っていたとしても彼らは教育者ではないため、新人弁護士を教育する時間や能力を有さないのである。

　司法研修には1年間のプログラムがあり、その間に学生は様々な裁判所や実務分野を順番に経験する。この司法研修所のプログラムは、新卒生が学生から法律家になるために同様に役立つものであるが、ロースクールのプログラムと違い、学生に厳格な指導の下に実践的なスキルを学び演習する機会やフィードバックを受ける機会などは与えていない。

　ロースクールの卒業生が、弁護士になるために合格しなければならない、新司法試験もまた、ロースクールの実践的なトレーニング、およびシミュレーション教育の重要性を示唆している。この新しい試験は米国の司法試験と同様に、学生は法的知識を駆使して、関係する問題を特定して事実を分析し、また、クライアントの代理人として、または判事の質問に対応すべく説得力のある主張および反論を行うことが要求される。学生は法的原則の知識だけではなく、法的問題を解決するためにその法的原則を駆使する専門的能力も試されることから、この新試験はすぐれた試験であると言える。ロースクールのシミュレーションプログラムも目標が同じなので、日本の新司法試験と両立する。

　しかし、すべての関係者（ロースクール、司法研修所、および弁護士）は、シミュレーションプログラムが最良のものであろうとも、その限界を客観的に認識するべきである。シミュレーションプログラムは、完璧に能力を修した、非常に優秀な法律の専門家を輩出できるわけではない。むしろシミュレーションプログラムは、彼らの将来の成長と発展を遂げるための礎となるものである。ロースクールのスキルトレーニングは、実践的なスキルおよび倫理的規範に内在する原則を学生に習得させ、その原則を自らの言動に体現する方法を理解する助けとなることができる。基礎ができることにより、学生は単に「同じ過ちを繰り返す」のではなく、弁護士として

の経験から学ぶようになる。従って、実践的なスキルトレーニングやシミュレーションプログラムが日本の法曹教育において確立され、必要不可欠なものになろうとも、現役の弁護士による指導も必要であろう。

日本弁護士連合会は、弁護士のための継続的な法曹教育のプログラムを既に確立している。私の理解では、日本弁護士連合会は日本の弁護士に専門的な倫理に関するセミナーを5年毎に受講するよう要請している。日本弁護士連合会は、こうしたセミナーで扱う分野を多様化することにより実践的なスキルトレーニングの重要性を強化することができる。例えば、あるセミナーでは、そのテーマをクライアントとのカウンセリングや交渉の際に発生する倫理的問題を集中して取り上げたり、時には、倫理的問題と効果的なカウンセリングまたは交渉技術の両方をセミナーで網羅することもできる。米国の弁護士は開業する州の要件に応じて、通常毎年12時間から15時間の継続的な法曹教育セミナーを受講しなければならない。こうしたセミナーの多くは、弁護士に自らの専門的スキルを研鑽する場を与えている。

3　理論分析はスキルトレーニングの1つの形態である

シミュレーション教育は、日本では比較的新しい教育方法であるため、理論を重視する従来の法曹教育とは一線を画した教育方法であると考える向きもある。しかし私の見解では、効果的な理論教育はそれ自身、シミュレーションの形態をとっている。従って、実践的なスキルを志向するシミュレーション教育は、単に既存の専門トレーニングの形態を新たな主題の領域に拡張したものに過ぎない。

ほとんどの学説は、具体的な現実のシナリオの基にはじめて意味をもって理解され適用されるものであるため、理論教育はシミュレーションの形式に準拠する。つまり、多くの法的概念（および特に弁護士が咀嚼した上で適用する必要のある概念）は抽象的である。例えば、運転者は運転中に払うべき注意を怠った場合のみ、怪我の原因に責任を負う、または、商店主は近隣住民に著しい悪影響がない場合のみ、酒類の販売許可を取得する

資格があるという具合である。

　どのような原則があるにせよここで重要となるのは、原則は通常抽象的であり、実際の状況に適用されなければ何ら意味も持たないということである。効果的な理論教育は、「特定の現実の状況に照らして法的原則を分析する」方法を学生に理解させることにより、弁護士の実務を模擬する。つまり、ロースクールでの理論教育は通常、特定の状況下における法的原則の適用性についてのディスカッションで構成される。このような指導は（裁判官として）、判決を導き出していかに説明するか、や（弁護士として）クライアントの立場をいかに弁論するかなどを学生に演習させるシミュレーション教育の1つの手法である。

　同様に、亀井教授ならびに池田教授によるシミュレーション教育では、学生は（効果的な交渉術などの）ローヤリングの抽象的な原則を、特定のクライアントや問題から発生する具体的な状況に適用しなければならない。このように、弁護士の実務を完璧に遂行できるように学生をトレーニングするためのシミュレーション教育の活用は日本では比較的新しいものではあっても、一般的な教授法としてのシミュレーション教育は長きにわたり活用されてきている。

4　将来の展開の可能性

　日本のロースクールにおけるシミュレーション教育の将来の考えられる展開について、以下に考察してみよう。

制度化
　私はシミュレーションプログラムの「制度化」が必要であると考えている。私の見解が正しければ、現在シミュレーション教育を活用している、または将来活用したいと考える日本のロースクールの教員の本業は弁護士であり、非常勤として教職に携わる人が多い。専門的な大学院課程のロースクール教育の一部として、大学院はシミュレーションを活用し、教えることに関心のある常勤の教員候補者を採用プロセスに織り込み、シミュ

レーション演習を大学院が提供する教育手段の1つとして推進するべきである。すべての教員がシミュレーション演習を授業に導入する必要はないが、各ロースクールはシミュレーション演習に関心のある教員を何人かは確保する努力を払うべきであろう。教員の多くにとって、授業に時々シミュレーション演習を活用するUCLAの経験が、参考になるかもしれない。

日本の「ローヤリングに関する文献資料」の開発

米国、英国、およびその他の地域でのシミュレーション教育およびクリニックコースの進展に伴い、インタビュー、カウンセリング、交渉、および法廷弁論などの実践的なスキルに関する（論文および単行本の両方を含む）質の高い文献資料が作成されている。分析的な内容に終始する文献資料もあるが、この何年かは実践に基づいた文献資料も数多く執筆されている。多くの原則は、1つの文化と法システムに限らず適用できるため、池田教授や亀井教授もシミュレーション教育の準備として日本人以外の著者による文献資料を学生に熟読させ、ディスカッションすることができる。日本のロースクールにおけるシミュレーション教育と実践的なスキルトレーニングの発展に伴い、今後数多くの日本人研究者や法律家によるローヤリング関係の文献資料への貢献が間違いなく期待できるであろう。

特定の実践的なスキルに集中するコース

将来的なもう1つの可能性は、学校が特定の法律スキルに集中したコースを立ち上げることである。亀井教授ならびに池田教授が説明されたシミュレーションプログラムでは、学生は通常、事例全体のプロセスに取り組むが、こうしたプログラムではクライアントへの最初のインタビューから始まり法廷弁論に至る場合が多い。世界各国のシミュレーションコースの多くは、これと同じ「前菜からデザートまでのフルコース」のアプローチである。しかし、より念入りにスキルを教えることができる可能性のある選択肢として、スキル別に焦点を合わせたシミュレーションコースの立ち上げがある。例えば、インタビューとカウンセリングに集中するコース、または交渉だけに集中するコースなどである。各ロースクールはそれぞれ

のコースに関して、どのスキルが最も重要であるかについて独自の見解があるだろうが、当然、教員の興味と専門知識によってある程度は選定される。様々な現実の、および法的な背景で、同じスキルを繰り返し演習することにより、学生は特定のスキルの専門性を深めることができる。

弁護士による採用

開業弁護士が、ロースクールでシミュレーション教育に基づくコースを受講した学生を採用すれば、将来的にロースクールでの実践的なスキルトレーニングを支援することになるかもしれない。自らの将来の就職に好影響を与えるとわかれば、学生がこのようなコースを履修する可能性がより高くなるだろう。

「新司法試験」の実践的なスキルの要素

最後の将来的展開は、学生が司法研修所に入るために合格しなければならない、最近確立された試験に倫理規則や実践的なスキルに直接関わる問題を導入することである。多くの受験者は、模擬カウンセリングや交渉演習は試験には役立たないと思っている。しかし1980年代初頭から、カリフォルニア州の司法試験はパフォーマンス・テストと呼ばれるテストを導入している。パフォーマンス・テストの質問では通常、クライアントとのインタビューやカウンセリング、法廷での証人への尋問、または相手方弁護士との交渉などの専門的な活動を行う弁護士の書面による記録が受験者に提供される。受験者はその弁護士の力量を評価して記述しなければならない。問題にはほとんどの場合において倫理的な問題が盛り込まれており、受験者はその問題を認識し、それらに対する弁護士の対応についてのコメントも要求される。カリフォルニアのパフォーマンス・テストと同じような質問を導入することで、日本のロースクールのシミュレーション教育および専門的スキルの教育の発展をさらに加速させることができる可能性が秘められている。

【注】

* Professor of Law Emeritus, the University of California, Los Angeles, United States.

〈原題〉
　　Reflection on the October 2006 Osaka International Symposium, *Raising Good Lawyers: The Japanese Law School Ideal and Simulation-Based Clinical Education.*

論考2

関西学院大学司法研究科における刑事裁判実務教育
——実務の追体験とよき法曹の育成

小倉哲浩 （関西学院大学大学院司法研究科教授・裁判官）

はじめに

　法曹養成に特化した教育を行う専門職大学院である法科大学院においては、「将来の法曹としての実務に必要な学識及びその応用能力並びに法律に関する実務の基礎的素養を涵養するための理論的かつ実践的な教育を体系的に実施」することが求められており（法科大学院の教育と司法試験等との連携等に関する法律2条1号）、これまでの大学法学部等における法学教育と比べれば、実務教育、特に実務家教員による実務教育の重要性が増しているといえる。

　そのような中で、筆者は、裁判官として刑事裁判に携わりつつ、関西学院大学司法研究科において、みなし専任の任期制実務家教員として、刑事裁判実務Ⅰ（履修基準年度2年）、刑事裁判実務Ⅱ（履修基準年度3年）、刑事模擬裁判（履修基準年度3年）を担当している。

　そして、関西学院大学司法研究科では、文部科学省の法科大学院等専門職大学院形成支援プログラムとして採択されたプロジェクトである『模擬法律事務所による独創的教育方法の展開』の企画として、よき法曹の育成及びシミュレーション教育の実施をテーマとして国際シンポジウム等を開催してきたが、筆者が担当する刑事実務科目におけるシミュレーション教育としては、平成17年度の刑事模擬裁判の実施状況につき、相教員である巽昌章教授及び黒田一弘助教授との連名で発表した「授業科目への取り入れ—刑事模擬裁判におけるシミュレーション教育の試み」関西学院大

学法科大学院形成支援プログラム推進委員会編『変わる専門職責任――シミュレーション教育の有効性』(関西学院大学出版会、2006)において紹介したところである。

そこで今回は、対象を典型的なシミュレーション教育から広げ、実務の追体験としての意義を有する取組も含めて紹介するとともに、その意義等を検討してみたい。

1　各科目における試み

(1) 記録教材の利用

実務を追体験にするには記録教材を用いることが効率的かつ効果的である。法曹養成を担ってきている司法研修所の教育においても具体的な記録を用いたいわゆる白表紙起案が実施されているところであり、法科大学院での実務科目の教材としても司法研修所から記録教材が出版されており、法務総合研究所や日本弁護士連合会の編集に係る教材も法科大学院に提供されている。

筆者が担当する科目では、以下のとおり記録教材を利用している。

ア　令状実務関係

まず、令状関係につき、刑事裁判実務Ｉにおいて、平成16年度から平成18年度にかけて、勾留及び接見禁止等請求事件の記録を用いて即日起案を行った。

平成16年度の記録教材は、公園等で寝泊まりしている被疑者がベンチの上に置いていた旅行者の鞄を盗んだとして現行犯逮捕されたが、被疑者は路上に落ちていた鞄の中を見ようとしただけであると否認しているという窃盗被疑事件において勾留及び接見禁止等の請求が行われた段階のものを作成した。

平成17年度の記録教材は、覚せい剤取締法違反の嫌疑で自宅の捜索を受けた被疑者が任意に尿を提出したが、その簡易検査の結果が擬陽性であったところ、本鑑定の結果が出るまでの間に所在不明となり、その後、

自宅に戻っていたところを通常逮捕されたが、被疑者が使用の事実を否認し、勾留及び接見禁止等の請求が行われた段階のものを作成した。

平成18年度は、平成16年度の記録を若干手直しした記録教材を使用した。

いずれの年度も第3回目の講義において各記録に基づき裁判官の立場からの即日起案を実施したが、迅速に行われるべき令状実務の追体験をするとともに、実務を学び始める初期の段階で、具体的な記録から様々な事実を読み取り、法律の要件に当てはめていくことの難しさを実感することなどを目的としており、起案の内容自体は成績評価の対象とはしていない。

その他の令状関係の記録教材の利用として、刑事裁判実務Ⅰにおいて、平成16年度から平成18年度にかけて保釈に関する記録の検討をレポート課題とした。

平成16年度の記録教材は、第1回公判期日前の保釈請求却下に対する準抗告事件であり、被害者の通う大学前で待ち伏せをしていた被告人が殴る蹴るの暴行を加えて鼻骨骨折等の傷害を負わせたという傷害事件について、準抗告審の裁判官の立場からの検討を求めた。

平成17年度の記録教材は、第1回公判期日前の保釈請求却下決定に対する準抗告事件であり、酒気帯び運転での執行猶予期間中である被告人が、居酒屋で飲酒した後に相客の女性を乗せて自動車で送っていく途中に検挙されて現行犯逮捕されたという道路交通法違反事件について、弁護人の立場から準抗告申立ての検討を求めた。

平成18年度の記録教材は、第1回公判期日前の保釈請求事件であり、会社員である被告人が電車内で女子中学生に対して痴漢をしていたとして女子大生に手をつかまれて現行犯逮捕されるに至ったといういわゆる迷惑防止条例違反事件について、請求を受けた裁判官の立場からの保釈の判断に関する検討を求めた。

イ 事実認定関係

他教員作成の教材の利用として、刑事裁判実務Ⅰでは、平成16年度から平成18年度にかけて、相教員が作成した覚せい剤譲渡しの公判記録をもとに、供述の信用性の検討を行っている。平成16年度はこれをレポー

ト課題としたが、平成17年度及び平成18年度は定期試験を実施したことにより、当該記録をレポート対象とはしなかった。

刑事裁判実務Ⅱについては、相教員が作成した殺人未遂被告事件の公判記録を用いて殺意の有無の認定や自白の任意性・信用性の検討を行った。

筆者が作成した教材として、刑事裁判実務Ⅱでは、平成17年度及び平成18年度において、窃盗の近接所持が問題になる公判記録教材を作成して事実認定のレポート課題とした。

平成17年度の記録教材は、民家の掃き出し窓が割られてリビングに置いていたパソコン等が盗まれたが、翌日、質屋から被害者のパソコンが発見され、その際の顧客カードの指印等から被告人が検挙され、被告人方から被害者の健康保険証や被害者方の割られたガラス片に付着したガムテープ片と切り口が一致するガムテープが発見されるなどしたという住居侵入、窃盗事件の公判記録教材（被害者と質屋の店主が証人）を作成した。

平成18年度の記録教材は、女子大生が夜道でひったくりに遭い、それから5分程後に近くのコンビニで被害者のクレジットカードなどを持っていた被告人が検挙されたという窃盗事件の公判記録教材（被害者と逃走する犯人の後ろ姿を目撃した者が証人）を作成した（本教材は証人尋問の在り方の検討にも用いた。）。

ウ　その他の記録教材の使用

刑事裁判実務Ⅰでは、証拠開示の検討をするに際し、被告人が友人と共謀して原動機付自転車に乗車して徒歩で通行中の女性（たまたま被告人の近隣者）からひったくりをし、被害者を引きずって怪我をさせたという強盗致傷被告事件につき、検察官が証拠請求した被害者の検察官調書のほか、未提出の警察官調書等の記録教材を作成した。警察官調書には、被告人側に有利に働く供述の変遷過程が録取されているが、一方で、被害者が被告人やその家族らに知られたくないようなプライバシーにかかわる記載があり、開示の当否の検討素材とした。

刑事裁判実務Ⅱでは、被告人が、飲酒をして（酒気帯び運転には当たらないアルコール保有量）車を運転し、追突事故を起こしたという業務上過

失傷害被告事件につき、検察官による公判請求証拠の記録教材を作成し、この証拠の全てを弁護人が不同意とした場合の立証方法を検討し、伝聞概念や伝聞例外規定の理解を図った。

　エ　記録教材の作成

　教員にとって教材作成が相当の負担になることは否めないが、既存の記録教材では授業目的に適合する複数のものを確保することができなかったこともあり、結局、個人的に独自の記録教材を作成することとなった。

　記録教材の作成に関しては、登場人物を大学生に設定したり、現場を兵庫県西宮市内に設定するなどし、学生らが事件の内容を身近に感じることができるようにした上で、記録の内容が無味乾燥なものとならないよう、供述調書等においても、関係者の気持ちが生き生きと伝わる内容となるよう努めた。

　また、自ら記録を作成したことにより、授業で扱いたいと考えた刑事手続に関する基礎的事項について適宜記録に盛り込むこともできた。

　なお、記録教材の作成においては、実際の事件の記録を参考にした場合には、内容にかなりの変更を加えたとしても関係者のプライバシーに配慮して取扱いに注意を要するものとすべきであり、刑事実務科目においても、参考となった事件が存在する記録については、コピーの作成や他者への譲渡・貸与を禁止し、その旨の誓約書を記載させた上で、講義終了後、返還を義務付けている。

　しかし、そのようにすると、学生が講義で学んだことを後に見直そうとしても記録教材を参照することができなくなってしまう。そこで、個人的に記録を作成するに当たっては、一切何らの事件も参考にしない架空の事件を想定した上で、当事者名については一見して架空名と分かるようにして作成し、記録の全ページに教材である旨の透かしを入れ、上下の余白にも教材である旨を記載した上で、返還を不要としたものもある。

　(2)　設例による問題研究

　刑事裁判実務Ⅰや刑事裁判実務Ⅱの各講義においては、前記の記録教材

以外に、物的証拠の収集、訴因の特定・変更、事前準備や証拠開示、量刑の検討等、様々な問題について、具体的な事案に基づく設例集を幾つか作成した。

ただ、ある程度抽象化された事案を与えるということ自体、現実の実務における検討とは相当に異なるものとなることは避けられず、事案の作り方によってはケースメソッドによる演習科目との差異が生じにくくなってしまう。設例の中に当事者の具体的なやり取りやその要旨を取り入れたり、一部に実際のものに近い形式の証拠や書面を用いるなどして差別化を図った。

(3) ディベートの実施

刑事裁判実務Ⅰにおいて、平成16年度から平成18年度にかけての各講義の前半の段階で、三井誠ほか編『刑事手続上』（筑摩書房、1988）及び同『新刑事手続Ⅰ』（悠々社、2002）の「被疑者の取調べ」に関する法曹三者の各論考を事前に配付した上で、受講生を検察官役と弁護人役に分け、取調べの在り方というテーマでそれぞれの立場からのディベートを行った。

法律家として必要な議論をする能力涵養の一助とするとともに、検察官及び弁護人という立場からの議論をすることで、それぞれの立場の意識を追体験することができるものと考えた。

いずれの年度も受講生らはそれぞれの立場から熱心に議論をし、捜査の在り方や人権保障の在り方について深い議論を交わすことができていた。

(4) プレゼンテーションソフトの利用

平成17年に個人的にプレゼンテーションソフトを購入したこともあり、刑事裁判実務Ⅰと刑事裁判実務Ⅱにおいては、これを使いプロジェクタでの映写を利用して講義を進めるようになり、平成18年度は、両科目のほぼ全講義においてこれを利用している。

プレゼンテーションソフトを利用したプロジェクタでの映写を利用し、事案や手続の流れ、論理展開の説明等を行うに際して画像の動きなどを取り入れるなどし、視覚的な面からも理解できるよう試みたが、裁判所にお

いて遮へい措置やビデオリンクを事前に設営している際の状況の写真や動画を映写し、これらの具体的なイメージを持つことができるよう努めるなど、実務の現状を視覚的に理解することにも有益であったと思われる。

(5) 刑事模擬裁判

平成18年度は、平成17年度同様に司法研修所監修『刑事一審公判手続の概要——参考記録に基づいて（平成13年版）』と、法務省法務総合研究所『法科大学院教材　事件記録教材第2号業務上横領被疑事件　第1分冊・第2分冊』を用いたほか、相教員が担当した事件の記録を参考にして、因果関係と誤想過剰防衛が問題となる傷害致死被告事件の記録を新たに作成して利用に供した。

今回は、授業日以外の活動も前回以上に積極的に行い、電子メールを用いた期日外のやり取りも活発化させた。

例えば、弁護人から検察官に対して証拠開示の申出があった際に、検察官役の学生が開示の有無を決めるに当たって、警察を指揮して補充捜査を行うことを許容し、検察官役の求める関係者の供述調書や捜査報告書を追加したり、あるいは、被告人の前科関係の記録の中からの資料を追加提供するなどしたほか、弁護人が慰藉の措置をとるために被害者の遺族のもとを訪問したという前提で、弁護人と遺族の応対を電子メールで行った。

最後の講評時には、模擬裁判の状況を撮影したビデオを編集した動画を用い、指摘すべき場面を再現した上で指導を行い、その都度指導を受けたのと同様の教育効果をもたらすことができるよう務めた。

2　授業において実務を追体験させることの意義等

(1) 意義について

具体的な記録教材等を用いて実務の追体験をすることで、人間を相手にする法曹の仕事においては、関係者らの立場に思いを馳せれば様々な葛藤にさいなまれることもあるが、その心情等に一定の配慮をしつつも、強い職業倫理・職業意識を持ってこそ、その職務を行うことができることを学

ぶことができる。

　保釈に関する記録教材については、実務上は保釈することも考えられる事案として作成しているが、傷害事件では大学生である被害者や目撃者が、迷惑防止条例違反事件では被害に遭った女子中学生や被告人を捕まえた女子大生が、それぞれ被告人からの仕返しのおそれに対する恐怖感を述べるなどしたり、あるいは各被害者が被害に遭ったときの心情を具体的に述べるなどし、被害者側に共感を覚えやすくする記録とした。そして、これらの記録につき裁判官の立場からの検討を求めたものであるが、このような記録を前にすると、学生らは被告人を保釈した場合の怖さを感じがちになる。しかし、事実を客観的に検討していけば、罪証を隠滅すると疑うに足りる相当の理由を否定する方向の事情も指摘していくことができる記録となっており、そのような事実を公平かつ客観的に評価して判断することの大切さを伝えることで、関係者の気持ちに配慮しながらも、事実を冷静に見ることが大切であることを学ぶことができる。

　平成18年度の刑事模擬裁判においては、前述のとおり、電子メールを利用してのものであるが、弁護人役の学生が死亡した被害者の姉のもとを訪れたという設定のもと、被害者の姉が弁護人役の学生に対して「弟は、刑務所から出所して真剣に立ち直ろうとして、仕事も頑張っていたところでした。黒田さん（注・被告人名）に殴られて腫れ上がった顔も忘れられません。あれだけの暴行を加えていながら、それが弟の死の原因か分からないというのも納得できません。弟は私には手を出してないって言ってたのに、黒田が正当防衛だと言うのも許せません。弟の死体を目の当たりにしたときの私の気持ちが弁護士さんに分かりますか」という言葉を投げかけている。

　このように、具体的な事件を追体験することで、刑事裁判に現れてくる人々は、被告人にせよ、被害者にせよ、抽象的な甲、乙、丙、X、Y、Zという符号ではなく、それぞれが何年もの人生を生き、様々な思いを持っている人間であり、そのような具体的な人間を相手に法律家は職務を行わなければならないことを実感することができる。例えば、弁護人という立場からしても、現実の被害者の思いを前にして萎縮してしまい被疑者・被

告人のための弁護活動を躊躇してしまってはならないし、逆に、被害者側の立場に対する感情を麻痺させてしまい、相手の立場を全く考えることができなくなってしまってもならないが、そのためには、刑事手続を抽象的にのみ理解して実務に出てしまうことがないようにしなければならない。具体的な記録に基づき実務の在り方を学ぶことにより、関係者の心情に対する配慮を意識しつつ、法曹としての職務を全うすることの大切さを身につけることができ、かかる教育は、よき法曹を育てるという目的にもかなうものであると考える。

　また、抽象的な議論についても、実務で行われていることを知って初めてその意味を理解できるということがある。

　例えば、刑事裁判実務Ⅱでは、講義の初期に事実認定の概論的な講義を行う中で、最高裁判例の「元来訴訟上の証明は、自然科学者の用いるような実験に基くいわゆる論理的証明ではなくして、いわゆる歴史的証明である。論理的証明は『真実』そのものを目標とするに反し、歴史的証明は『真実の高度な蓋然性』をもつて満足する。言いかえれば、通常人なら誰でも疑を差挾まない程度に真実らしいとの確信を得ることで証明ができたとするものである。だから論理的証明に対しては当時の科学の水準においては反証というものを容れる余地は存在し得ないが、歴史的証明である訴訟上の証明に対しては通常反証の余地が残されている」（最判昭和23.8.5刑集2-9-1123）、「『疑わしきは被告人の利益に』という原則は、刑事裁判における鉄則であることはいうまでもないが、事実認定の困難な問題の解決について、決断力を欠き安易な懐疑に逃避するようなことがあれば、それは、この原則の濫用であるといわなければならない。そして、このことは、情況証拠によって要証事実を推断する場合でも、なんら異なるところがない。けだし、情況証拠によって要証事実を推断する場合に、いささか疑惑が残るとして犯罪の証明がないとするならば、情況証拠による犯罪事実の認定は、およそ、不可能といわなければならないからである。ところで、裁判上の事実認定は、自然科学の世界におけるそれとは異なり、相対的な歴史的真実を探究する作業なのであるから、刑事裁判において『犯罪の証明がある』ということは『高度の蓋然性』が認められる場合をいうものと解さ

れる。しかし、『蓋然性』は、反対事実の存在の可能性を否定するものではないのであるから、思考上の単なる蓋然性に安住するならば、思わぬ誤判におちいる危険のあることに戒心しなければならない。したがって、右にいう『高度の蓋然性』とは、反対事実の存在の可能性を許さないほどの確実性を志向したうえでの『犯罪の証明は十分』であるという確信的な判断に基づくものでなければならない」（最判昭和 48.12.13 判時 725-111）などの判示を紹介した。抽象的にその意味を理解することは難しいことではない。また、理念的に考える限りは、厳格であるべき刑事裁判で「いささか疑惑が残るとして犯罪の証明がないとするならば、情況証拠による犯罪事実の認定は、およそ、不可能といわなければならない」と述べることを批判することもたやすい。しかし、間接事実に基づく認定が問われる事件の記録を検討することで、その判旨の意義やこれを実践することの難しさを実感として理解することができる。使用した教材は、司法研修所で作成している記録等と比べても、有罪であることに疑いが生じにくい証拠関係とした。それを検討することで、「反対事実の存在の可能性を許さないほどの確実性を志向したうえでの『犯罪の証明は十分』であるという確信的な判断」とはどういうものかを実感した者もいれば、それでも無辜の者を有罪と認定してしまうことの怖さを感じた者もいる。そのような実感を得ることで、刑事手続における事実認定の重要さを認識し、証明論や証拠法則の理解を深めることができる。そして、授業においては、例えば近接所持の法理等を事実認定の単なる技術として教えるという視点ではなく、かかる法理も経験則を類型化したものにすぎないこと、常に個別の事案ごとに自らの常識判断を働かせていかなければならないこと、事実認定のためには分析的な判断と総合的な判断を組み合わせながら検討することが重要であることなどを告げているが、かかる指摘は、具体的な事件記録を検討した上で行うことにより、説得力を増すことができると思われる。

　刑事手続法は実務と学説の乖離が指摘される法律学の中でもその傾向の大きいものといわれ、理念的な対立も生じがちな分野でもあるが、それだけに、理念的な対立にかかわらない手続的な基礎知識や前提となる事実関係について正確に学ぶことも重要であり、そのためには実務的な教材によ

る学習は有意義な面があると考える。

　例えば、刑訴法321条3項により採用された実況見分調書に記載された立会人の指示説明の証拠能力について、実際の実況見分調書を素材にして検討することによりその意義が理解しやすくなり、また、酒酔い・酒気帯び鑑識カードについても、最判昭和47.6.2刑集26-5-317の事例のものと、記録に含まれる現在の書式のものを比較しながらその証拠能力について説明すると理解を深めることができる。訴因変更に関する問題も、具体的な起訴状や訴因変更請求書、裁判所の具体的な認定事実を摘示して検討することにより初めて判例の判断や訴因に関する理論の意義を理解することができ、その他、刑訴理論の修得に資する例については枚挙にいとまがない。

(2) 各手法の長所や短所等

　以上のとおり、実務を追体験することによる教育上の意義には様々なものがあるが、そのための各手法についてはそれぞれに長所や短所がある。

　実務教育において事件関係者らに対する配慮を学ぶには本格的なシミュレーション教育を行うことが好ましいことはいうまでもない。前述の刑事模擬裁判における被害者の遺族との対応も形成支援プログラムで育成している模擬依頼者（SC）の活用を試みたならば、より迫力のある有意義なものとなったかもしれず、現に民事系科目においてはSCを活用して教育上の成果を挙げている。ただ、刑事模擬裁判では、ローヤリングや民事模擬裁判と異なり現在のところSCの活用は行われていない。準備に要する教員や学生の負担に加え、刑事事件では一般市民の立場からすると特殊な経験を有したことを前提としており、想定していない事項に対して適切な対応ができるかといった不安等もあり、教育的配慮を念頭に置きつつ一定の範囲で事件の進行をコントロールするには、当事者役を教員が務める方が教員側にとっても安心感がある。この点については民事系科目における成果に照らすと、事案を積み重ねてSCを育成していくことで種々の場面に対応することも可能となっていくことも考えられ、まずは量刑が問題となる事件等からSCへの協力を依頼していくことも考えられるかもしれず、今後、刑事模擬裁判の内容をより充実したものとしていく余地は相当にあ

る。

　また、模擬裁判のような本格的なシミュレーション教育についてのその他の問題としては、教員側及び学生側の双方の準備に多大な労力が必要である上、経験する事件数が限られてしまうことが挙げられる。この負担の大きさ故、濃密な指導及び充実した参加体験をするには、現在では多くの学生が参加することは困難であるといえる。

　負担面の問題点は、今後、模擬法律事務所構想の中に刑事系の問題も取り込むことで、相当の効率化を図ることもできるかもしれないが、経験できる事件数の問題を考えると、限られた期間内で未修者も含めた学生らに対して教育を行わなければならない法科大学院においては、本格的なシミュレーション教育のみによって実務を学ばせることができないのはやむを得ないものといえる。

　そのような観点からは、記録教材の検討による教育は、教材作成についての初期負担を除けば、実務の追体験の方法としてはより効率的なものといえる。もちろん、記録教材では直接関係者と相対することはできず、記録の閲読からのみ実務で行われていることが理解できるものでないことには留意する必要があり、しかも、記録に基づき一定の判断をした場合、その判断を前提にして次のステップに進むという動的な手法は限定されがちである。

　より網羅的な知識の習得や事実関係を様々なパターンに枝分かれした場面の検討のためには、設問集の利用が有益である。ただ、事案の抽象化が避けられず、実務の追体験という意味からすると臨場感には欠けるものとなろう。

　ディベートやプレゼンテーションソフトの利用についても、それぞれで述べたとおりの意義を有するものであるが、実務の追体験という意味では補助的なものにとどまる。

　このように実務教育のための各手法は、それぞれに長所と短所を有するものであり、それを踏まえ、学生の勉強の進度に応じて各手法を効果的に組み合わせていく必要がある。例えば、2年を履修基準年度とする刑事裁判実務Ⅰでは、公判記録に比べて分量の少ない捜査記録を中心に検討をし、

設問集も積極的に活用した上で、後半の段階で公判記録を利用することとし、3年を履修基準年度とする刑事裁判実務Ⅱでは複数の公判記録を読みこなすことを求めた上で、事実認定や情状という実践的な問題や、証拠法という理論上難しい問題を取り扱うようにしている。本格的なシミュレーション教育である刑事模擬裁判の履修基準年度は3年となっている。

　ただし、法科大学院での実務教育の試みはまだ始まったばかりであり、これまでの成果を検証しつつ、これからも教育手法の在り方について検討を続けていかなければならないことはいうまでもない。

(3) 理論教育との関係

　最後に、かかる実務教育と理論教育との関係について一言述べたい。

　実務を追体験させるという手法については、模擬裁判等の本格的なシミュレーション教育を始めとして様々な手法があるが、設問集によるものなどは、これまでの理論教育における演習との連続性が強いともいえる上、前述のとおり実務教育が理論教育に資する面もあり、両者が質的に全く異なるものとはいい難い。

　実務科目の講義を担当して改めて実感したことは、実務的なことを学ぶためには、法律に関する基礎的な知識と理解がしっかりしていないと十分な教育的効果をあげることができないということである。実務の追体験を教育手法に取り入れる前提としては、しっかりとした理論教育が行われていることが必要になる。ある程度抽象化された知識や理論を身につけておかなければ、それまで対応したことのない問題に対して的確な判断を加えていくことは困難であり、個別事件の積み重ねのみで法律学の理論を理解するには限界がある。

　また、法曹養成という目的のためには、実務で行われていることの実態とその根拠を正確に理解することが重要であるにしても、それが変わっていくべきものなのか、あるいは変えていくべきものなのかという観点からの検討を行う力も身に付けなければならない。講義の中では、下級審がそれまでの最高裁判例を動かぬものとせずにチャレンジをしていったことが新たな判例を生み出していった例にも触れたが、そのためには発展を続け

ていく学説から学ぶことも重要であることはいうまでもない。
　我々が育成すべきは、よき「法曹」であり、シミュレーション等による実務教育の重要性を強調すればするほど、これが十分な理論教育によって支えられるべきものであることもまた強調しすぎることはない。その両者が健全に機能することが「理論と実務の架橋」を目指す法科大学院に期待される教育であり、そのための取組も続けていく必要がある。

論考 3

「正義教育」は何を目指すのか
――「シミュレーション教育」との融合

関戸 一考 （関西学院大学大学院司法研究科教授・弁護士）

はじめに ――私の問題意識は何か

　司法制度改革審議会は、新しい司法制度の改革に向けて、ロースクールの設置を決め、2004年から全国でロースクールが開校されました。

　同審議会は、ロースクールに理論と実務の架橋を求めると共に、「社会生活上の医師」としての法曹の養成を求めています。

　それを受けて、私達、関西学院大学大学院司法研究科（以下、関学ロースクールと呼びます）では、文部科学省によって新しい教育プログラムの開発をするために認められた「模擬法律事務所による独創的教育方法の展開」を研究実践するため、2005年から3年間で合計4回に亘って国際・国内シンポジウムを行いました。そこで、外国のロースクールでの教育の経験や、国内における医学教育での「シミュレーション教育」の経験を学びました。

　第1回国際シンポジウムでは、「正義教育」の重要性や必要性が強調され、そのためには「スキル」と「マインド」に裏付けられた「グッドワーク」が重要である、との大変興味のある報告がなされました[1]。

　続く国内シンポジウムでは、医学教育における「シミュレーション教育」の有効性が報告され、特に模擬患者を使ったシミュレーションでは、その結果をフィードバックすることの重要性が強調されて大変感銘を受けました[2]。

　第2回国際シンポジウムでは、アメリカのロースクールにおいてもシ

ミュレーションを使った教育が効果的に利用され、さらに具体的な実施方法にまで踏み込んだ議論がなされました。[3]

第3回国際シンポジウムでは、良き法曹を育てるための「シミュレーション教育」と「クリニックによる教育」の方法を比較しながら、その有効性にかかわる議論がなされました。

私は、これら4回のシンポジウムを通じて、これからの関学ロースクールの教育の方向性がかなり具体的に見えてきた印象を持つに至っています。

しかしながら、それでもなお日本のロースクールにおいて、①「正義教育」を具体的にどうやって実施するのか、②「正義教育」に効果的であるとされた「クリニックによる教育」と「シミュレーション教育」はどのような関係に立つのか、③「シミュレーション教育」は「正義教育」とどのような繋がりを持ち、それを「正義教育」にどうやって融合させていくのか、といった点について、必ずしも多くの参加者の納得のいく方向が示されたわけではありません。

そこで、本論考ではこれらの私の問題意識を踏まえて、一応の方向性を示して、皆様の御批判や御意見をいただきたいと思っています。

以下、私の問題意識に添って論を進めたいと思います。

1 「正義」とは何か

(1) 「正義」は極めて多義的な概念

第1回国際シンポジウムでは、「正義は教えられるか」というテーマで正面から「正義教育」の問題が議論されました。しかしながら、残念なことに「正義とは何か」という一番根本的な問題を確定せずに議論がなされたために、多くのパネリストによって「正義」と「倫理」がほぼ同義であるかのような議論のたて方がなされました。

しかし、本来「正義」は「倫理」よりもっと幅の広い上位の概念のような気がしています。この部分の交通整理がなされないまま議論がなされたため、パネリスト各人のウェイトの置き方の違いによって「正義教育」の

内容の議論が十分に絞り込めないまま終わってしまった感が否めません。

そこで、此度、改めて「正義」の概念を確定するために法理学（法哲学）の教科書を紐解いてみましたが、やはり「正義」の定義は書いてありませんでした。しかし、それは「適法的正義」、「形式的正義」、「実質的正義」、「個別的正義」、「手続的正義」などの概念によって論じられることが多く、言わば「正義」という大きな象をどちらの方向から見るかによって、その象の姿つまり内容が異なるという側面を持って議論されていることが分かりました[4]。

今、私がロースクールにおける「正義」教育を論ずるにあたり、「法哲学的な正義論」を論じたうえで、これを取り上げる必要も能力もありません。そこで、「正義」教育を考えるうえで、比較的中核的な要素を拾い出して、「正義」の内容を仮に定義づけてみたいと思います。

(2) 「正義」の定義を試みる

我々法律家（特に弁護士）が「正義」と言った時に、最初に思い浮かぶのは弁護士法第1条に規定されている「社会正義の実現と基本的人権の擁護」の中で示された「正義」の概念です。弁護士の基本理念として示されている「社会正義の実現」とは、社会の中で本当に苦しんでいる人々の救済を実現するという意味でしょうから、第1に「正義」の中には「社会的な弱者の救済を内容とすること」が含まれていると思います[5]。

そして、それは同時に社会的な広がりのある普遍的な内容の実現を含んでいるでしょうから、第2に、広く「社会の中で生活する多くの人々に役立つもの」と考えてよいでしょう。

また、それは社会生活を営む人間の尊厳を尊重することを求めているものでしょうから、第3に、「ヒューマニズムに裏付けられたもの」であることが要求されると思います。つまり、「自由・平等・博愛の精神」と言ってもいいかもしれません。

以上挙げた3つの内容を実現することを「正義」とすることにおそらく多くの人に異論はないと思います。

勿論、「正義」にはもっといろいろな側面があることを否定するつもり

はありません。特に「手続的正義」という時の「正義」の中には一定の手続を履践することの中に「正義」があるというわけですから、「正義」の実質的な内容とは少し別の要素が入っていると思います。しかし、今回はこれを除くことにします。

いずれにせよ、「正義」の内容を、①社会的な弱者の救済を目的とした、②社会の多くの人々に役立つもので、③ヒューマニズムに裏付けられた内容を実現することであると定義付けることによって、これをロースクールにおいて、法曹になるためにどのように教育していったら良いのか、という観点から考えてみたいと思います。

2 「正義教育」をどうやって実施するのか

(1) 「正義教育」の方法はいろいろあり得る

さて、「正義」の内容を定義付けて、それをロースクールでどうやって教育するかと言っても、いろいろな方法が考えられます。

第1回「正義は教えられるか」のシンポジウムでは、「スキル」と「マインド」に裏付けられた「グッドワーク」を学生達に伝えることの重要性が指摘されました。その方法としては、「グッドワーク」を体験した先輩の弁護士がそれを伝えることが効果的であることも指摘されています[6]。それは、我々実務家の教員が自分の体験した「グッドワーク」（おそらくそれは「正義」を実現することを含んだものと言えると思います）を学生達に直接伝える教育ということだと思います。

実は、関学ロースクールでは、この種の「正義教育」は既にカリキュラムに取り入れられて授業が行われています。少しその内容を紹介します。

それは、「現代人権論」という科目です[7]。

5人の実務家教員が各々最も得意とする人権課題の実践例を学生に伝えるものです。

最初の徳岡宏一朗教授は、被爆者問題などを中心にした核兵器の廃絶をテーマとするものであり、2番目の茂木鉄平教授は、外国人の人権の救済をめぐる問題を、3番目の私は、納税者基本権と労働者の基本的人権をめ

ぐる問題を、4番目の渡辺和恵講師は、女性と子供の人権をめぐる問題を、最後の豊川義明教授は労働者の人権をめぐる問題を各々取り上げています。

それぞれが実務家として、具体的に取り組んできたテーマを題材としているだけに、学生に対して法曹としての将来像をイメージさせると同時に、学習をするモチベーションを高める効果があると思います。

おそらく、学生達が大きなインパクトを受けていることは間違いのないところでしょう[8]。

授業は、当初から「正義教育」を意識して準備したものではありません。しかし、関学ロースクールとして実務家教員による人権感覚に優れた法曹を養成するためのものとして用意した科目で、この授業は将来のあるべき法曹としてのマインドを伝える授業として関学ロースクールの特徴の1つになっているものです。

この場合の「正義教育」は具体的な人権課題をグッドワークの1つとして伝えることを内容とする教育と言ってもいいものです。しかし、具体的事実の重みから、学生にかなりのインパクトを与えることは事実ですが、あくまで学生から見れば、第三者の実践例を聞くという「3人称の教育」です。これでは「正義教育」として限界があります。

そこで、次に検討すべきことは自らが主体的に行う「1人称の教育」、つまり「正義」を実現することを体験することを通じて学ぶ教育です。それがクリニックとシミュレーションによる教育というわけです。次いで、このことを少し考えてみたいと思います。

(2) クリニックとシミュレーションによる教育の関係

国際シンポジウム「正義は教えられるか」で、アメリカのロースクールにおいて、クリニックによる教育が学生達に多くのインパクトを与えていることが指摘されました。アメリカではロースクールを卒業すると、すぐに実務家として現場に入っていくわけで、日本のように司法研修所による実務教育を受ける機会はありません。それだけにアメリカでは低所得者と言われる人々の救済のためのクリニック（法律相談所）が、ロースクール

の社会的な貢献のあり方として認知され、効果的に利用されています。そして、ここでの経験が学生達に「ロースクールにおける最も重要な出来事であった」と言わせていると指摘されています[9]。

つまり、クリニックは社会的な貧困層の相談を受けて活動をするということを通じて、学生の、自分の助けを本当に必要とする人々に尽くすという、法曹としての正義感・倫理感に強く働きかけるものであると言えるわけです。

これは、「正義」を実践することを体験する「1人称としての教育」です。その意味でクリニックによる教育は、経済的困窮者の具体的な権利の救済ないし援助を体験するという意味において、「正義教育」と密接に関わり合いをもつと言えます。あるいは、最も有効な「正義教育」と言ってもいいかもしれません。

(3) クリニックの限界と「シミュレーション教育」の有効性

ところで、日本のロースクールにおいても、アメリカのロースクールの例にならって、クリニックを授業課目に取り入れている大学はかなり多いと思われます[10]。理論と実務の架橋を目指すというロースクールの理念から考えると、現実の相談活動を通じて法律の適用や運用を学ぶために、クリニックは非常に有効だからです。

しかし、クリニックには大きな限界があります。それは、常に学生に対する教育的な素材（相談）が提供され続けるとは限らないからです。クリニックが実際の相談内容を解決するものである以上、毎回学生に対する教育的配慮のある相談内容を提供できるとは限らないことは言わば当然のことです。また、相談者の内容を複数の学生が対応して解答をするとしても、クリニックを経験できる人数はかなり限られてしまいます。そこで、それらを克服するものとして考えられているのが「シミュレーションによる教育」です[11]。

シミュレーションによれば、素材の準備ができれば何回でも1人称として学生に体験させることができます。また、実務上の余分な手続や時間的要素を省略するなどして教育的配慮をすることが可能となります。シミュ

レーションによる場合には、この点に大きなメリットがあるのです。しかし、完全な生の事実に基づく依頼者による相談ではないために、クリニックほど強いインパクトを与えることはできないかもしれません。

そこで、関学ロースクールが医学教育からヒントを得て実践しようとしているのが模擬患者ならぬ模擬依頼者（Simulated Client ＝ SC）の活用という方法です。これを実践した亀井教授が、ローヤリングの授業において模擬依頼者（SC）を使った学生の反応は、真実の依頼者のそれと変わらぬほどの効果を確認することができたと指摘している点に注目すべきです[12]。具体的な人間を眼の前にして、素朴な感情（怒りや悲しみ）を受け止めながら相談内容を解決に導く作業は、そうでない場合と比較して質的な差があるのかもしれません。

そのうえで、特にSCによる場合には、学生の状況に応じて直ちにフィードバックし、相談の受け答えの仕方を反省する機会を与えることができる点で、非常に優れた教育方法であることが医学教育で確認されています。

我々は「クリニックによる教育」とSCを使った「シミュレーション教育」の2つを称して「臨場教育」（医学における臨床教育に対応して、このように呼びます）という言葉を使おうと確認し合ったところです[13]。

ところで、この教育方法の大きな特徴は、いずれも「正義」を実践する体験を通して学ぶという「第1人称教育」であるということができると思います。

いずれにせよ、「シミュレーション教育」と「クリニックによる教育」は、志向する内容が同じ「正義教育」である限り、互いに補完しあう関係にある、ということがこの間のシンポジウムの中でも確認されてきたことです。

そこで、最後にシミュレーションによる「正義教育」をどうやって実践するのかを考えてみたいと思います。

3　シミュレーションによる「正義教育」

(1)　関学ロースクールによる「シミュレーション教育」の実践

さて関学ロースクールでは、臨場教育として「クリニックA」（これは

いわゆる法律相談)、「クリニックB」(これは特定の分野、税金、環境、労働などに関し、実務家教員の事務所に行って訴訟活動に向けて具体的な準備・相談などを行うもの)のほかに「ローヤリング」さらに「模擬裁判」などの科目があります。

　クリニックについては、どうしても人数的に限界があり、多くの学生が受講することはできません。関学ロースクールの場合、比較的多くの学生が受講しているのがローヤリングの授業です。これは亀井・池田両教授が担当し、模擬依頼者を使った仮装の事例による「シミュレーション教育」が行われています（次年度からは私も担当する予定にしています）。

　模擬依頼者（SC）を使った疑似体験ではあっても、かなりのインパクトを与えることができることは亀井教授の報告にもある通りですが、しかし、これまで取り上げたテーマはいわゆる民事関係ばかりで、一方の要求を実現することが「正義」で、他方の要求は「不正義」であるなどと言うことはとてもできない事例です。[14]

　そうなってくると、この「シミュレーション教育」は教育方法として効果的であるということを強調するものではあっても、私が指摘した「正義教育」とはやや異質なものであると言わざるを得ません。それぞれの事例の中で、各々の依頼者の正当な権利と要求を一定の方法で実現することを体験しながら学ぶという意味で、それも「小さな正義」であるかもしれませんが、これをもって「正義教育」だとは正直言えないと思います。むしろ、スキルを学ぶ一方法ということができるでしょう。

　そこで、「シミュレーション教育」で「正義教育」をするためにはどうしたらいいのかということをやはり考えなくてはなりません。

　最後にそのことを私なりに考えてみたいと思います。

(2)　「正義」を実現することをシミュレートする方法は何か

　「シミュレーション教育」が1人称で実践するということで法学教育として効果的であることは、これまで述べてきた通りです。

　しかし、それは必ずしも「正義教育」とはつながっていません。やはり、「シミュレーション教育」が「正義教育」であるためには、「正義」を実現

するテーマを選ぶことが必要だと思います。「正義」をシミュレートして取り上げることのほかに「正義教育」と「シミュレーション教育」の融合はあり得ません。

さて、もう一度最初に戻って下さい。

「正義」とは、①社会的弱者の救済を目的とした、②社会の多くの人々にも役立つ、③ヒューマニズムに裏付けられた内容を実現することである、と私は定義付けました。

このような内容に沿う弁護士としての活動はあるのでしょうか。当然あります。私の所属する大阪弁護士会の中の各種委員会のメンバーの中には、日本で働く外国人や、その子供に対する強制的な国外退去処分の取消処分を求めて救済活動をしている若手弁護士達がいます。経済的にはほとんどペイしない事件であるため、なかなか引き受け手のいない事件です。あるいは、フィリピン女性との間で生まれた子供の養育費を支払わない日本の男性を相手に経済的に苦しんでいる女性、子供を救済するためのボランティア活動をしている人々の話をニュースで聞いたことがあります。

このような問題は、我々法律家が何らかの援助をすることができる問題です。これらの内容で「シミュレーション教育」をすることはできないでしょうか。これからの大きな課題です。

ところで、私が今考えているシミュレーションをお話します。それは、アメリカのイラク攻撃によって父母や肉親を失った子供達のために、攻撃を仕掛けたアメリカ政府に対して損害賠償訴訟を提起するというものです。つまり被害を受けたイラクの子供らから委任状をもらい、どこかで裁判を起こすのです。

アメリカのイラク攻撃は、国際法上の交戦権の行使としての戦争ではありません。おそらくアメリカは大量破壊兵器を隠し持っているイラクのフセイン政権を攻撃することが自国の正当防衛権の行使として許されるとでも言いたかったのでしょう。しかし、9.11事件以降イラクのフセインとアルカイダの関係は明らかではありませんし、大量破壊兵器は遂に見つかりませんでした。

私は国際法に詳しくありませんが、おそらくアメリカのイラク攻撃は国

際法上は違法であり「正義」ではありません。その「不正義」をただすために、イラクの子供達の委任を受けて損害賠償を請求するのです。アメリカは、イラクの人々に対して一定の補償をしているでしょうが、あくまで、自国民が受けた賠償とは大きく異なるはずです。

そして、このことを「シミュレーション教育」として取り上げるのです。つまり、この要求を実現するためには、どこの裁判所に、どのような内容で、いくらの請求をするのかを、検討しなければなりません。学生達はその中で国際法やアメリカ法を必死で勉強するでしょう。それを体験した学生は実務家となった時に、シミュレーションを実行に移すかもしれません。いや我々実務家と一緒に実践しようとするかもしれないのです。

ロースクールで学んだ学生に、やがて法曹となってシミュレーションによる「正義教育」で体験したことを基に、それを実践する勇気を与えることができるとしたら、教官としてこんな嬉しいことはありません。

このような正義感、倫理感をもった法曹を作り出すことこそ、ロースクールの法曹養成の目標の1つと言えるではないでしょうか。

4 むすびにかえて

関学ロースクールによるシンポジウムは、「正義は教えられるか」で始まり、「良き法曹を育てる」で終わりました。

私達は、この4回のシンポジウムで、ロースクールで行われる「正義教育」こそロースクールの存在意義を高め、よりよき法曹を育てるためのキーワードであることを理解しました。

そして、シミュレーションによる「正義教育」は、社会や時代の要請によってどんどん変化させ発展させることができるもので、その成果を世の中に還元することが重要であると考えています。

このような授業の中で、学生達は、自分が社会の中で必要とされる法曹となることを自覚することでしょう。

より良き法曹とは、「正義」を実現することに全力を尽くす法曹である、ということに外なりません。これが、4回のシンポジウムを終えた、私の

結論です。

　私は〝シミュレーションによる「正義教育」はロースクールを変える″を合言葉に関学ロースクールの理念〝Mastery For Service″の精神で頑張っていこうと考えています。

【注】

1　2005年3月19日、20日に行われた第1回国際シンポジウム「正義は教えられるか——法律家の社会的責任とロースクール教育」において、ウィリアム・デーモン（William Damon）米スタンフォード大学教授は、グッドワークと若者の発達に関する近年の研究と称する基調報告を行い、ロースクール関係者に大きな感銘を与えました（『正義は教えられるか』関西学院大学出版会15頁以下）。

2　2005年10月1日に行われた国内シンポジウム「変わる専門職教育——シミュレーション教育の有効性」において、秋田穂束神戸大学医学部教授は、模擬患者（SP）を使った医療面接に関する報告を行い、フィードバックすることの重要性を指摘しました（『変わる専門職教育』関西学院大学出版会23頁以下）。

3　2006年2月18日に行われた第2回国際シンポジウム「模擬法律事務所はロースクールを変えるか——シミュレーション教育の国際的経験を学ぶ」において、ジェームス・E・モリテルノ（James E. Moliterno）米ウィリアム＆メアリー大学教授からは、同大学における体験型シミュレーション技能プログラムによる法曹倫理教育の実践例が、エレノア・W・マイヤーズ（Eleanor W. Myers）米テンプル大学ロースクール助教授からは、ロースクールにおける効果的なシミュレーション教育の構成及び実施方法として、具体的な実践例が報告され、その具体的な教育プログラムの充実ぶりに驚きを受けるに至りました（『模擬法律事務所はロースクールを変えるか』関西学院大学出版会91頁以下及び同75頁以下）。

4　『現代理論法学入門』（田中成明編・法律文化社）246頁以下で、正義概念の多義性として、正義という言葉がいろいろな形容詞を付して使用されることを指摘しています。

5　第1回国際シンポジウムにおいて、本林徹（元日本弁護士連合会会長）は体験的正義論と称して、自らの実践を踏まえた「社会正義の実現」としての「正義」論を展開しました（『正義は教えられるか』関西学院大学出版会31頁以下）。

6　ウィリアム・デーモン教授の報告（同29頁）。

7　関学ロースクールのカリキュラムの中の実務系の展開・先端科目に位置付けられ、2年生・3年生の秋学期に受講できるようになっています。

8　私の担当する授業後の感想文に「先生が事件を担当した時のことを思い出しながら熱く語

る姿に聞いている僕までが熱くなってきて、すごく感動した。僕も熱く語れる法律家に早くなりたい」とか「自分が弁護士になることができた時に、どのような気持ちで事件に接していくことが大切なのか。試験勉強では学ぶことができない一番大切なことを教えていただいたと思います」とか「このような重大な裁判を担当することがあると思うと、現在の勉強も手を抜かずやる必要があることを再確認させていただきました」など、学生達に大きなインパクトを与えた内容が記されています。

9 第1回国際シンポジウムのアン・コルビー(Anne Colby)米カーネギー教育振興財団シニアスカラーは、倫理的及び社会的責任実践のための法曹教育として低所得者に対する法律相談所でのロースクールの学生の出来事として報告しています(同90頁)。

10 北海道大学法科大学院大学のローヤリング＝クリニックの授業を受け持つ札幌弁護士会所属の田村智幸弁護士は、臨床教育への指針と題して具体的な授業の様子をまとめています(『実践・ローヤリング＝クリニック』法律文化社)。
このような例を見るまでもなく全国のロースクールで、クリニックの授業はかなり力を入れて実施されていることが分かります。

11 『変わる専門職教育』の215頁以下で、池田教授がシミュレーション教育の意義と位置付けとして、5つに亘りシミュレーション教育の有効性、必要性を述べています。

12 『変わる専門職教育』の158頁以下で亀井教授がローヤリングの授業において、S.Cを使ってシミュレーション教育を実践したところ、極めて強いインパクトを与えるものであったことを報告しています。

13 『模擬法律事務所はロースクールを変えるか』の259頁で豊川教授が、法学教育においては「臨床法学」に換えて「臨場法学」という言葉を使用することを表明しました。それに呼応して、「臨場教育」という言葉を使用することを関学ロースクール内で確認しています。

14 『変わる専門職教育』の145頁以下で、亀井教授が、同じく195頁以下で池田教授が、ローヤリングの授業で行ったシミュレーションの授業内容を具体的に報告をしています。この内容から分かるように、必ずしも「正義教育」を意識したものとはなっていません。

論考 4

模擬依頼者（SC）養成の試み

細 川 歓 子（形成支援プログラム主任研究員・弁護士）

はじめに

　関学ロースクールで模擬法律事務所構想を具体化するにあたって、他の専門職教育におけるシミュレーション教育の現状を調査したことについては拙稿「専門職教育とシミュレーション[1]」で報告したとおりである。以下では、上記報告の中でその可能性と有用性を示唆した、医学部教育で用いられている模擬患者（SP）の模擬依頼者（SC）への転用につき、その具体化を図った経緯と成果を紹介したい。

1　SC 養成のきっかけ

(1) 模擬患者（SP）の転用

　模擬患者とは、「ある疾患の患者の持つあらゆる特徴（単に病歴や身体所見にとどまらず病人特有の態度や心理的・感情的側面に至るまで）を可能な限り模倣するよう特訓を受けた健康人」と定義され、日本では、通常、医学生の面接技法やコミュニケーション能力の教育のために、学生の相手役として患者役を演ずるボランティアを指す。いわゆる Simulated Patient である。

　他方、「模擬患者の演出力と教育力を医学教育の観点から標準化した模擬患者」と定義される標準模擬患者（Standardized Patient）も存在する。どちらも頭文字をとって SP と呼ばれるが、模擬患者は主として学習のた

めに、標準模擬患者は主として評価のために用いられる点で異なっている。標準模擬患者は受験生が異なっても同じように演技することが必要で、OSCE（客観的臨床能力試験、Objective Structured Clinical Examination）などの評価では特にこの点が重視されている。

医師としてふさわしい技能や態度の養成のためには、実際に体験学習し、評価も現実に近い状況で実施することが不可欠であり、そのための教育資源として模擬患者は注目を浴びており、その存在意義は高い。法曹養成においても、法曹（特に当事者法曹）としてふさわしい技能や態度の育成のために体験学習が有用であることはいうまでもない。そして、そのための新しいシミュレーション教育方法の開発こそが関学ロースクールにおける形成支援プログラムの使命である。シミュレーション教育の限界の1つであるコストの負担が大きいという点を克服し、法曹養成において画期的な教育方法を確立するためには、必要な訓練を受けたボランティアの模擬依頼者（Simulated Client）が重要な鍵となる可能性が十分にあった。

関学ロースクールでは、ローヤリングを担当する亀井尚也教授、池田直樹教授が2004年度から俳優を模擬依頼者としたロールプレイ授業を実践していたが、この俳優を市民ボランティアによる模擬依頼者、しかもSPの持つ技術を身につけた新しい模擬依頼者（Simulated Client）＝SCに置き換えてはどうか、ということである。

この転用が実現可能であるかを検証するため、2005年5月に岡山SP研究会代表の前田純子氏にSC役を演じてもらい、学内で研究会を開催した。その際、弁護士役は2004年度にローヤリングを受講した学生（3年生）2名が担当し、ローヤリングの際と同様に、最初20分程度を聞き取りに充て、10分程度休憩を挟み、その間学生は事情を整理して見学学生、教員も含めて打ち合わせを行い、さらに後半10分程度の方針説明を行うというスタイルを採った。前田氏には、亀井教授が作成した成年後見に関するシナリオを2週間程度前に送って役作りをしてもらった。

SP歴20年の大ベテランである前田氏は演劇経験もあり、初めての挑戦ながら見事にSC役を演じきられた。特にフィードバックでは前田氏がSP活動における経験を生かした的確なフィードバックをかけてくださり、

SPのSCへの転用が可能であり、かつ非常に有意義であることが実証されたのである。

そこで、2005年度ローヤリングでは、第一段階として現役SPをSCに転用する方法でSCを使ったシミュレーション授業を試みることにした。具体的には、神戸大学医学部等でSPとして活躍している岡山SP研究会、神戸SP研究会のメンバーにSC役を依頼した。SCを現役SPに依頼したことで、学生へのフィードバックで注意しなければならない点を逸脱する心配がなく、安心してSCの試みを実行し、かつ成功を収めることができた。[6]

しかし、医学部教育で用いられている医療面接というロールプレイは1回5～7分程度と短く、同じ患者との2度目以降のロールプレイもない。したがって、法律相談（1回15分～30分程度）から相手方との交渉・調停にまで発展していく連続性のあるロールプレイを行うSCに求められるスキルは、SPのスキルと異なる面がある。例えば、前田氏は、SPとSCの違いとして次のようなことを指摘する。

「（SCはSPと違って）ロールプレイの時間が長いため、感情の動きを覚えるのが困難」である。しかし、医療面接と違い、法律相談においては、依頼者がメモを取ることが不自然ではないので、演技しながらフィードバックしたい点（感情の動きの原因となった学生の言動等）をメモすることで、フィードバックの手がかりを残すことが可能である。

「（SCはSPと違って）全てがカウンセリング的な内容ではないという点」も大きな違いである。SPでは感情面をフィードバックすることがメインであるのに対し、SCでは、感情面に加えて、法律面、すなわち弁護士役学生が法律用語や法律関係を依頼者にわかりやすく説明できたか、納得を得られたかという点も重要であり、SCが弁護士役の話をどこまで理解できているのか、またどのように理解したのかをフィードバックすることも求められる点が異なるのである。

このほかにもSPとSCにはさまざまな違いがあるが、現役SPのSCへの転用には大きな成果があり、市民ボランティアによるSC養成についても展望が開けたことから、相違点を体感している初代SC体験者を交えて独自のSC養成を試みることにした。

ローヤリング授業終了後の2月から、初代 SC 体験者のうち前田氏を含む4名の代表者（岡山 SP 研究会2名、神戸 SP 研究会2名）とローヤリング担当の教員及び研究員で SC 養成検討会を月に1度のペースで行った。ここでは、募集対象や方法、養成講座の運営について検討し、2006年秋のローヤリングで新 SC にデビューしてもらうという目標から、6月・7月・9月に各1回ずつ計3回の連続した養成講座を開催することにした。養成講座は、演技とフィードバックに関しては、長年 SP 養成講座を主催している前田氏を講師とし、ローヤリング授業の形式・内容・趣旨や SC の特殊性に関わる部分については教員及び研究員で担当するというように分担した。

2　SC ボランティア募集

(1) 方法・時期

SC 養成検討会での検討結果に基づいて新 SC ボランティアを地域から募集することとなり、学内誌を含む様々な媒体に広報をする準備を始めた。3月初旬には「弁護士の卵を一緒に育てませんか？」とのキャッチコピーで広報内容を確定し、簡易なチラシを1000部作成した（資料1）。なお、2005年度授業においても授業間に教員及び研究員と SC（現役 SP）との間でメールでの連絡が頻繁に行われていたこと、長期間の連続した事例においては新しく導入した情報共有システムを使ってウェブ上で学生の模擬法律事務所や教員及び研究員との情報共有・連絡等を行ってもらう予定であったことから、メール・インターネットが使用可能であることを条件とした。4月初旬から、学内各所や公民館等にチラシを配置し、HP、学内誌でも広報した。さらに、朝日ファミリー・サンケイリビングなどの地域ミニコミ誌や市の情報誌「宮っ子」に掲載したところ、その後、読売新聞・毎日新聞・神戸新聞などにも取り上げられる結果となった。

(2) 応募状況

反響は、朝日ファミリー・サンケイリビングなどの地域ミニコミ誌と

「宮っ子」が大きく、これらの広報により多数の問い合わせを受け、5月31日の応募締め切りまでに20代から70代までの男性15名、20代から60代までの女性35名の応募があった。これらの合計50名に、SC説明会及び計3回のSC養成講座の案内をしたところ、男性1名、女性3名の辞退があり、養成講座等への参加希望者は、最終的に男性14名、女性32名の計46名となった。市民のロースクール教育に対する関心の高さを表すともいえるこの反響は、まさに予想を上回るものであった。

3 SC養成講座

(1) 授業見学会

4月初旬から募集を開始したため、早い段階で申込をしてきた応募者にとっては6月7日の説明会・第1回養成講座まで1カ月以上の時間が空くこととなった。そこで急遽、すでに活躍しているSCの様子を見学してもらう企画として、民事模擬裁判授業の見学会を4月28日、5月26日の2回に分けて実施した（連続ではなく、1回のみの参加を呼びかけた）。この授業は、2005年度ローヤリングでSCデビューした現役SPの方々に原告・被告・証人役でご協力いただいたものである。[7] 参加必須ではない特別企画として案内したが、応募者の約半数が積極的に授業見学に参加し、SCへの理解を深め、興味と意欲を高めてもらうきっかけとなった（4月28日参加者11名、5月26日参加者13名）。

参加者は募集広告でしかSCというものを知らないので、両日とも15分程度をSCについての簡単な説明と質疑応答に充て、30分程度授業見学（実際にSCが役を演じているところを見学）してから、もう一度15分程度で質疑応答を行う60分構成とした。授業見学前も後も、参加者からは積極的に質問が寄せられたが、特に見学後は、SCの演技を目の当たりにしたせいか、具体的にどのようなシナリオでどこまで指示があってあの演技になっているのか、といった質問が多く、自分にもSCの役割が果たせるかどうかを具体的に考える熱意が伝わってきた。

(2) SC説明会・第1回養成講座（資料2）～出席者38名
〈目的〉
　説明会及び第1回養成講座ではロースクールにおけるシミュレーション教育とSCについて説明し、SCの役割を知ってもらう。
〈準備〉
　当日配付資料（資料2-1から7）及び説明会用DVD作成。
　当日配布資料はSC養成検討会メンバー及び形成支援プログラム推進室で作成した。
　説明会用DVDは2005年度ローヤリング授業で撮影したものを素材に、SC養成検討会のSC（SP）メンバーがそれぞれに自分がSCを演じたDVDから養成講座にふさわしいと考える場面を選んでもらい、さらにそれを厳選して初回相談やフィードバック、調停での感動的なシーンなどを組み合わせた7分21秒の短いダイジェスト版を作成した。
〈当日の流れ〉
　説明会では、教員及び研究員がシミュレーション教育とSCについて説明すると共にこれまでの実践をDVDで報告した。DVDには、調停が成立して、対立当事者を演じていたSCや弁護士役学生らが感極まる場面もあり、参加者にもSCを使ったシミュレーション教育のおもしろさや意義が充分に伝わったようである。
　続いての養成講座では、講師を前田氏にバトンタッチし、まずアイスブレーキング（参加者全員の自己紹介）を行なった。これは20秒での短い自己紹介であるが、20秒経過毎にベルを鳴らすという時間厳守で楽しく行なわれ、固かった場の雰囲気を和ませるものとなった。SC養成検討会では、参加人数が多いため、この自己紹介を省略した方がいいのではないか等の意見もあった中、前田氏があくまでもコミュニケーション重視のこの方法を取り入れた意義がよくわかった。
　引き続き、前田氏が「SCになるために大切なこと」と題してコミュニケーションで留意するポイントの説明を行った。コミュニケーションの授業に必要なのは感性であること、フィードバックにおいては、SP・SCは市民の代表としてではなく、ロールプレイの中で感じたことだけ

を伝え、相手に気づきを与える役割にあること、感情の動きを批判的ではなく中庸的に、自分を客観的に見つめる中で伝えるのが重要であることなど、長いSP経験・SP指導経験を生かしたコミュニケーション論を教授してもらうことができた。ここで参加者にまず心がけてもらうべきことは、①自分のコミュニケーションの取り方を自覚すること、②自分の感情の変化に気づくこと、③その変化の原因が相手のどのような態度・行動からなのかを思い起こすということ、である。このようなことを意識してロールプレイをすることによって、初めて具体的で効果的なフィードバックが可能になるのである。

　この説明のあと、参加者には2人一組で「聴く・聴いてもらうってどういうこと？」というゲームをしてもらった。このゲームは、2人一組のそれぞれが聴き役・聴いてもらう役（話す役）を担当し、聴いてもらう役は聴き役の相手に2分間自分の愚痴を話すという簡単なロールプレイである。聴き役の中には①よく聴く役と②全く聴かない役の2種類がある。この2種類の役を演じる参加者は別室で簡単な説明を受け、よく聴く態度または聴かない態度をそれぞれに検討し、その決められた役柄を演じる。2分間のロールプレイのあと、どのように感じたのか、どのように感情が動いたのかを全体で分かち合い、具体的に聴き役のどのような態度や行動・言葉で「聴いてもらえている」または「聴いてもらえていない」と感じたのかを確認した。聴いてもらう役としては、目の前の人が自分の話を全く聞いてくれないのに2分間話し続けることは苦痛であり、心細かったり、腹が立ったりという感情の動きが起こる。話したくなくなったり、話を繰り上げて終わらせてしまいたくなったりもする。具体的にどのような態度や行動（目をそらす、他のことをする、水を飲む、など）により、「聴いてもらえていない」と感じるのかも思い起こしてもらって分析することができた。よく聴いてもらった場合も同様である。このようなロールプレイを通して、講座の雰囲気はますます明るくなり、熱気と笑い声でいっぱいの楽しい講座となった。

　養成講座の最後にはSCに守ってもらいたいルールを教員より説明し（資料2-5）、全体について質疑応答を行った。質疑応答では、選抜に対

する不安の他、SCに対して教員からフィードバック（修正・指導等を含む）をしてもらえるのかなどについて質問があった。参加者は、SCとして教員サイドの考える目的や役割を逸脱してしまうことへのおそれを初回講座の段階から真剣に意識して取り組んでいたのである。

最後に、「模擬依頼者ボランティア申込書」（資料2-7）を記入してもらい、申込の意思について再度確認した。申込を保留として次回以降の講座に参加しながら検討していただいてよいというスタンスをとったが、ほぼ全員がその場で申込をした。

〈参加者の感想〉

○「DVDの中で、SCの方が涙ぐんでいらっしゃるのを拝見して驚きました。しかし、そのシーンで本当にSCの役割が理解できたように思います。演じている自分の役として感じたことを言葉にして学生さんに伝えていくことは簡単なことではありませんが、それだけにやりがいも強く感じました。」（40代女性）

○「今まで考えたことのなかったような自分自身の感情の動きや要因について日々意識して生活することの大切さを少し学べたと思います。」（30代女性）

○「国内でもまだ新しい試みだと聞いて活動内容（プログラムそのもの）に興味が湧きました。医者についても同じことが言えますが、弁護士なども同様、知識があるだけの人にはなってほしいと思いません。臨床の場、対人がいるときにヒトとして温かい血の通った言動のできる医者、法曹であって欲しいと願います。今日の参加者をみていると、ほとんどのヒトが同じことを思っているのでは？　何かその育成の一端でも担えたら……と思っている人が多いように感じました。」（30代女性）

○「今日はありがとうございました。単に"おもしろそう！！"との思いで参加をさせていただきましたが、ほんとに充実した時でした。前に、死ぬことを考えている人の相談を受けていました。その際、ロールプレイを何度も勉強しましたが、根底にあるものは同じ"感性（感情の動き）"だと実感したところです。今後何らかの形で参加をさせ

ていただければと思っています。」(50代女性)

(3) 第2回養成講座（資料3）～出席者39名
〈目的〉
　第2回養成講座のテーマは、「SCを体験する」である。実際にシナリオに基づいたロールプレイからフィードバックまでの一連の流れを実際に体験してもらうこと、また、話す役、聞く役、観察役の3つの役割を体験してもらうことがこの回のポイントになる。実際に演技をすることで、初めてフィードバックの難しさを実感できることにも配慮している。もっとも、参加者はまずSCとしてロールプレイを体験してみるまでは演技の難しさに気をとられがちである。したがって、この段階では、情報提供する側としては演技とフィードバックの両方のポイントを一度に説明すべきであるとしても、まずは演技面の技術を習得してもらうことを目標とする。

〈準備〉
　3種類のシナリオ及び「シナリオ予習上の注意」作成・配付（資料3-1から4）。参加予定者のグループ分け。座席表作成。当日配布資料（資料3-5から8）作成。
　第2回養成講座では、参加者に3人一組でロールプレイを行なってもらうことを予定しており、教員が、参加者の年齢や性別等を考慮したシナリオを3種類作成した。具体的にはシナリオ1が、布団を買わされたという消費者被害のシナリオで、想定する依頼者を40代から60代主婦「大野清子（おおの　きよこ）[8]」とした（資料3-1）。シナリオ2は、子供が運転する自転車にぶつけられたという自転車と歩行者の交通事故事案で、想定する依頼者は30代から50代の女性であるが、20代の男女でも応用できる内容とし、依頼者名は「木下幸子（きのした　ゆきこ）」または「木下宏行（きのした　ひろゆき）」とした（資料3-2）。シナリオ3は、男性依頼者「竹本喜久夫（たけもと　きくお）」を想定し、友人に貸した自動車が返ってこないという事案とした（資料3-3）。
　年齢と性別に応じてシナリオを割り振った上で、なるべく異なるシナ

リオの3人が1つのグループになるように出席予定者をグループ化し、参加者には、講座の3週間前に割り当てられたシナリオ1種類及び共通の「シナリオ予習上の注意」（資料3-4）をメールで送付して、準備してもらった。

〈当日の流れ〉

まず、シナリオに基づいたロールプレイがどのようなものかを実際に見て知ってもらうため、参加者が予習してきているものとは別のシナリオ（資料3-6）でSC役をSC養成検討会メンバーの末藤佳江氏（岡山SP研究会）、弁護士役を亀井教授が担当して10分間のロールプレイをデモンストレーションした。時間厳守のロールプレイの後、通常のフィードバックの順序に従って、まず弁護士役の亀井教授がフィードバックを行い、次に観察者である参加者数名、SC末藤氏が続いてフィードバックを行った。参加者はまだフィードバックというものを理解し切れていないので、単なる感想や自分が演じる場合にどうなのかという点に終始してしまう傾向にあった。しかし、そのあと、SC末藤氏が弁護士役の具体的な言動を挙げながら正しいフィードバックをしたことにより、参加者はロールプレイがシナリオに基づいて実際にどのように行なわれるのか、そして、フィードバックには何が要求されているのか、が理解できたのではないだろうか。さらに、前田氏は、ロールプレイ中の弁護士役の態度やSCの言動について、「そのときどういう感情が動いたのか」を適宜確認し、明確にしていった。フィードバックの最後にはもう一度弁護士役の亀井教授が振り返りをするところまで原則通りに行った。

一通りのロールプレイからフィードバックまでを見て感じたあとは、いよいよ参加者自身がロールプレイを行なう番である。3人一組で行うロールプレイでは、参加者各自に話す役、聞く役、観察役を順に体験してもらうため、10分間のロールプレイ＋5分間のフィードバックの1セットを3回繰り返し、3セット終了後に前田氏を中心に全体での分かち合い（フィードバック）を行った。教員を含むSC養成検討会のメンバーは教室内を回って各グループの様子を観察したが、参加者はみなシナリオをしっかり予習してきており、役になりきってSCを演じている

方が多かった。全体での分かち合いにおいては、改めて、役作りにおいて注意した点や、ロールプレイをする中で予習段階とは違った心の動きがあったことなど、聞く役の言動により感情の動きが左右されることを体験した方が多かったことが明らかになった。

また、弁護士役にあたる「聞く役」を演じるのが難しかったとの感想も多かった。参加者は弁護士ではないので当然のことであるが、どんな話が出てくるのかわからない中で聞き取りをする弁護士役学生もそのような状況に慣れていない。聞く側の緊張感と戸惑いを参加者に体験してもらえたことにも大きな意義があったのではないだろうか。

〈参加者の感想〉

○「自分に与えられた役に『なりきる』ことは難しいと思った。どの程度まで『なりきる』のか、わき出てくる感情をどのように（どの辺りまで）コントロールするべきなのか、判断しにくいと思った。」「実際に相談に来られる方は、どんな様子なんだろうか……自分の中で練りに練って要点のみを話されるのでしょうか？ 全く未熟な私は、聞いていただくままに語り、時間の経過を考慮できなくなってしまっていた。」「同じシナリオからでも配られた方の数だけ、違う『木下幸子』が誕生し、面白かった。」（40代女性）

○「SC、聞き役、観察者と3つの役をやってみて、それぞれの役割の難しさを感じました。3名で順番にそれぞれの役割を担当しましたが、聞き役の立場を演じたことで、これから接する学生の皆さんの気持ちも味わうことができました。最後に言われた『情報を出し過ぎない』というのがとても重要だと感じました。」（40代女性）

○「他人の話を聞く、全く見ず知らずの他人に話を聞いて理解してもらうことの難しさを感じましたが、その反面、シナリオの便利さ（自分でまとめなくてよい、考えなくてよい）も感じました。もし、本当に自分の問題だったら、これだけ簡潔にまとめて話すことができるだろうか？と思いました。」「ただ覚えたことを話すのではなく、そのときどう思ったのか……等考えながら演じてみたいと思います。」（40代女性）

○「シナリオすべてを語りきるのではなく、普通の市民、法律の知識のない、弁護士さんと話したこともない女性として演じるつもりでおりましたが、それでよいのだとわかり、安心しました。」「演じていることに夢中になりすぎて、弁護士さんのどういう仕草、言葉に自分（役柄）がどんな反応をしたかと言うことを覚えているのが難しいことがありました。」「役としての感情の動き、それがどんな事柄から起こっているのかをしっかり感じ取り、弁護士役の方にうまく伝わる言葉で説明できるようにできたらと思います。」（40代女性）

○「『役になりきる』ということがロールプレイをするまではあまりわからなかったのですが、実際にロールプレイをする中でだんだんと『大野清子』になりきっていった感じがして大変面白かったです。これからが楽しみです。」（50代女性）

(4) 第3回養成講座（資料4）〜出席者38名

〈目的〉

フィードバックの方法を具体的に知ってもらい、そのポイントと技術を学ぶ。

〈準備〉

DVD作成（SC役を前田氏に依頼し、クリニック授業で撮影したものを編集）、各シナリオの追加事項（資料4-1から3）・学生とのロールプレイにおけるフィードバックのポイント（資料4-4）の作成及び参加者への事前配付、協力学生（3年生、卒業生）計6名・3つの教室確保、当日配付資料（各種レジュメ及び2006年度ローヤリングSCスケジュール・SC希望調査票）の作成。

SC養成講座の準備の一環として、クリニック授業で予約が少なかった日に前田氏にSCを演じてもらい、その様子を撮影した。布団を交わされたというシナリオ1を題材に、クリニックの授業形式に従い、聞き取り、学生同士の打ち合わせ、方針説明を行い、さらにフィードバックを追加した。DVD編集においては、第3回養成講座はフィードバック方法を身につけてもらうのが主眼であるため、フィードバックに重点を

置き、聞き取り・方針説明部分からは前田氏がフィードバックで取り上げた学生の言動を中心にピックアップして計9分13秒のものを作成した。

また、ローヤリングでのデビュー前の最後の講座となること、参加者からも実際に学生とロールプレイをしてみたいとの要望が強かったことから、学生とのロールプレイを取り入れることとした。具体的には、第2回講座で使用した3つのシナリオ別に教員が選んだ代表各1名計3名をSC役、他の各グループ10名前後を観察者役とすることにし、3年生または卒業生2名1組の学生3組計6名に弁護士役を依頼した。

参加者各自には、第2回講座で各自担当したシナリオをさらに深めてきてもらうために各シナリオの追加事項（資料4-1から3）を、さらにフィードバックに備えて教員作成のフィードバックのポイントをまとめたもの（資料4-4）を、事前にメールで送付して準備してもらった。

講座終了後は、実際に参加者から2006年度ローヤリング授業で依頼するSCを選抜しなければならないため、日程と拘束時間、役割、人数を明確にしたスケジュール（資料4-9）とSC希望調査票（資料4-10）を作成し、参加者の希望をとることにした。

〈当日の流れ〉

まず、前田氏がSCを演じるシナリオ1のDVD編集版を上映し、質問や感想を受け付け、次にフィードバックのポイント（資料4-6）、「SCとして大切にしたいこと」（資料4-7）を前田氏から説明してもらった。特にフィードバックについては、このあとの各シナリオ代表者によるロールプレイにおいて注意して観察すべき点や、実際に自分がSCを演じた場合のフィードバック方法として、役から抜け出して役名でフィードバックすることや必ず先によかった点を指摘すること、改善点を伝える場合には『欲を言えば……』というような前置きの言葉を用いることなどの技術的な面に至るまで、具体的かつ実践的な説明があった。[9]

その後、シナリオ毎に3つの教室に分かれ、弁護士役学生とのロールプレイを行った。ローヤリングで行なう初回法律相談に似た形式（法律相談15分、学生同士の打ち合わせ5分、再度の相談10分）で、各シナ

リオ予習者から教員が選んだ代表者1名がSCとして役を演じ、残り10名程度は観察者としてフィードバックに備えてもらった。観察者には、配付したフィードバックシート（資料4-8）に①弁護士役のよかった点、②弁護士役のあまりよくなかった（改善すべき）点、③（①に関して）依頼者役がどう感じているように見えたか、④（②に関して）依頼者役がどう感じているように見えたか、をメモしながら観察してもらった。各部屋に教員（または研究員）1名と指導役SC（現役SP）を配置し、ロールプレイ終了後は、教員（または研究員）と指導役SCの進行で、弁護士役学生→観察者→SC→教員（または研究員）の順で「学生へのフィードバック」を行ない、さらに指導役SC及び教員（または研究員）から「SCへのフィードバック」を行なった。観察者であった参加者は、自らがよきSCになろうという意欲が強いためか、ともすればフィードバックが学生ではなくSCに向けたものになりがちであったため、弁護士役学生へのフィードバックの練習であることを適宜指摘する必要があったものの、養成講座で学んだことを生かして弁護士役の具体的言動を挙げたフィードバックができた方が多く、養成講座の成果が表れていた。また、SC役を演じた各シナリオの代表者も、それぞれ初めてとは思えないほど自然な演技と的確なフィードバックを実践してくださった。

最後に、フィードバックシートと本日の感想（資料4-11）に加え、SC希望調査票（複数希望可）を提出してもらい、全3回の講座が終了した。

〈参加者の感想〉
○当日のSC役：「依頼者役を演じ、実際に学生さんと向き合う機会を与えていただき、大変勉強になりました。確かに私が向き合うのは感情を持った人間であり、前田さんのおっしゃるように傷つけも励ましもできる立場にあるのだと実感しました。」「具体的なポイントをあげてフィードバックをすることが記憶をたどるだけでは難しいと感じました。今日の弁護士役の方々が上手に話を引き出してくださり、大きく不都合がなかったこともあるのですが、やはり、メモをとることも必要であると思いました。フィードバック時の前置きの言葉『特に印

象に残ったのは……』を忘れてしまいました。反省です。」(40代女性)
○当日のSC役：「役になりきることは本当に難しいと体感した一日でした。頭の中で理解しているつもりでも相手（弁護士の方）とのやり取りの中で『木下幸子』であり続けることはとても貴重な体験をしたと感謝しています。」「次にチャンスがあったら、もっと『木下幸子』の心の動きを理解できるようにしたいと思います。」(40代女性)
○観察者：「実際に学生の方が参加され、今までお話をお聞きしたり、ロールプレイしたりしたことが、こんな風にフィードバックされるのだとわかり、SCとしての役割の重要さを改めて認識しました。」「シナリオをよく読み込み、いっそうその役になりきり、役から表れる感情の動きを大切にしたい。また、その感情の表れを感じ取るようにしたい。」(40代女性)
○観察者：「先生、前田さんをはじめとした関係者、そして参加者の人たちが全て熱心であり、2時間があっという間にすみました。仕事から離れて捻出した時間をこれほど有意義に使えるとは思えなかった、というのが正直な感想です。」(40代男性)
○観察者：「ここまで気持ち的に中途半端な取り組みだったが、ここで引き下がるのも何となく『もったいない』と思っている。すごくよく勉強しておられて上手な人がすごく多い中で、出番があるのか、果たせる役目があるのか不安だが、よく考えた上でとりあえず応募したいと思っている。」「すごく充実したプログラムだったと思う。自分について気づくこともあり、まさしくボランティアは『情けは人のためならず』である。」(60代男性)

4 選抜

(1) 応募状況と選抜のポイント

3回の講座を経て、改めてSC申込の意思を確認した結果、家庭の事情その他の状況変化や自分には荷が重いなどの理由での辞退もあったが、最終的に女性27名、男性10名の合計37名がSC希望調査票に基づき何ら

かの希望を出した（複数希望も多数あった）。

　選抜にあたっては、①メール・インターネットの使用が可能かつスムーズなこと、②養成講座への出欠状況、③ロールプレイの様子や講座での発言、感想などの提出物の内容を考慮した。

　①については、今回のSC募集は、電子メールでのやり取りが可能な人を対象としており、全ての連絡事項を基本的にメールで行なう中で、自ずと明らかであった。

　②については、講座への出欠確認を厳格に行なった。出欠確認は、養成講座の準備自体に必要なだけでなく、今後授業に協力してもらう場合には急な欠席等が重大な問題になるからである。ボランティアとはいえ、多くの学生が待つ授業に無断欠席するようなことは原則的にあってはならない。そこで、出席の返事をした後にやむを得ず欠席する場合にも、その連絡がいつの時点で、どのような形であったか（またはなかったか）等の対応について記録した。

　また、養成講座の欠席者に対しては講座を録画したDVDを貸し出し、出席者と同様に感想文を書いてもらうことで欠席者フォローとし、無断欠席者及び2回以上の欠席者は選抜に影響することをルールとしていたが、実際には該当者はごく僅かで、かつ該当者からSC希望調査票の提出はなかった。

　③について、これまでのロールプレイの様子や感想など、養成講座に表れてくる様々な要素を検討する限り、参加者はみな非常に熱心に取り組んでおり、実際にSCとして活動できるだけの素質も充分と思われた。

(2) 選抜の方法

　上述のポイントを考慮した結果、希望者全員に1度はSCとして2006年度ローヤリング授業に参加していただくことを前提に選抜を行なった。日程や役柄により希望が集中したものも多かったが、複数希望もあったため、若干定員を変更してなんとか希望の範囲内で1人に1つ以上の役柄を割りふることができた。

　もっとも、長期の役柄（I・J）については、定員が少数であるばかりで

なく、SCとしての振る舞いが授業を進める上でも重要になってくるため、比較的神経を使い、特にこれまでの感想や、ロールプレイの様子、発言状況等を重視して決定した。

当初は、新SCに加えて昨年度の経験SC（現役SP）にもSCとして授業に参加してもらう予定だったが、多くの参加者から応募があり、かつ、その実力も充分と思われため、急遽全定員を新SCに依頼し、経験SCには指導役に来ていただくことに変更した。

なお、選抜時点では2006年度ローヤリング授業の受講者数が明らかでなかったため、選抜結果通知後に、授業計画を若干変更し、改めて追加で依頼した方々もおり、実際のSC依頼状況は資料5記載のとおりである。[10]

5 ローヤリングでのデビュー

養成講座修了後、ローヤリング授業での実際のSCデビューの準備としては、必要に応じて事例説明会を行うほか、毎回授業前に事前打ち合わせ（約30分）を行ない、その日の進行や方針、どのような態度で臨んでもらいたいか等について教員及び研究員から説明するとともに、新SCからの質問を受け付けている。また、授業後には毎回その日のSC活動を振り返る検討会を行なうようにしている（約30分）。検討会では、各SCが自分自身の演技やフィードバックを振り返り、指導役SCからのアドバイスを受ける他、教員及び研究員から要望や改善点をお伝えする場合もある。各自のSCとしての振り返りと教員側の今後の参考のため、各役柄終了時には感想文も提出してもらっている。

授業としては、第2回目からSCに来てもらい、ひとつの教室内で学生2〜3人が一組になって、初回法律相談とフィードバックを行なった。新SCに演じてもらったのは、養成講座でも使ったシナリオ2で、新SCにとってはなじみのあるケースである。SCにとっても学生にとっても初めてのロールプレイであるが、教室内のあちこちで「木下さん」が相談をしている状況であり、若干にぎやか過ぎる面はあるものの、新SCも学生も緊張しすぎずに済んだ点ではかえってよかったと思われる。

第3回目は、「木下さん」（シナリオ2）への方針説明に加えて、「竹本さん」（シナリオ3）からの新しい法律相談が来るという設定で、学生は1コマの中で2人の依頼者と打ち合わせをした。この回には前田氏にも来てもらい、事前打ち合わせや授業の合間、事後検討会で演技やフィードバックのあり方について新SCの指導をしてもらった。特に実際にSCを体験してみて、新SCはフィードバックで役から抜け出すということを忘れてしまったり、順序がわからなくなってフィードバックというより学生と会話的にやりとりをしてしまったりすることが多く、前田氏の指摘により改めてフィードバックの難しさを感じたようである。

　第5回目からは学生を3～5名の模擬法律事務所単位に分け、法律相談等を行なう際には事務所毎に別の教室を使用し、DVDによる撮影も行なった。第5回目、第6回目のSCは新しい事例の対立当事者であるため、事前にシナリオその他資料をメールで送付した上、授業の2週間程度前に事例説明会を行った[11]。さらに、その他の役柄と同様、授業前の打ち合わせ、授業後の検討会を行い、感想文の提出を求めたほか、撮影したDVDのコピーを配付して演技やフィードバックの検証に役立ててもらっている。

　第8回目から第12回目の連続事例は、2005年度使用のものとほぼ同じ、兄が亡くなった弟の嫁に対して、兄名義の家屋の明渡しを請求している調停事案である[12]。5回にわたって連続する事案であるため、シナリオは単発のものより詳細で、依頼者として各回でどのように振る舞ってもらうかのマニュアルなどを事前に送付した上で、事例説明会を行なった[13]。さらに、その他の役柄と同様、毎回の授業前に打ち合わせ[14]、授業後の検討会を行なっている。授業外でも、ウェブ上の情報共有システムを使って、学生の模擬法律事務所からの追加質問への回答、教員からの各段階に応じた指示の確認など比較的頻繁なチェックに熱心に対応してもらっている。なお、2005年度の反省点として、SC（現役SP）から、連続事例の最初の段階で教員から法律的にどちらが不利かということや予測される結論を聞いてしまったためにイメージができてしまい、役を演じる上で中途半端になったという指摘があったため、新SCには初期の段階で法律的な見通しを伝えてしまわないようにした。

6 その他の授業や行事への協力

(1) 民事模擬裁判授業への協力

　SCを使ったシミュレーション授業の試みは、関学ロースクールの中で広がりつつある。2005年度ローヤリングでSCを経験した神戸SP研究会のメンバーには、2006年度春学期の民事模擬裁判授業（塩川茂教授、伊元啓兼任講師、山内玲兼任講師）に再びSCとして協力していただいた。原告役、被告役、原告証人役の計3名を依頼し、1学期間に及ぶ授業にほぼ毎回参加していただき、弁護士役学生との打ち合わせはもちろん、ローヤリングでは体験していない民事模擬裁判特有の本人尋問、証人尋問といった難しい場面にもリアルに対応してもらうことができた。

(2) 少年法授業への協力

　少年法授業（徳岡宏一朗教授）においては、これまで徳岡教授自身が加害少年役、被害者の両親役、調査官役等を1人で演じ分けてロールプレイを行なっていたが、ここにもSC活躍の場があった。被害者の両親役を、実際に子供を持つ新SCに依頼したのである。依頼時期がローヤリング開始後であったため、この役にふさわしい男女各1名のSCを依頼することができた。

　一クラス20数名の学生に対してSCが一組のこのロールプレイでは、4～5人一組の弁護士役学生チームが入れ替わり立ち替わり被害者両親役SCと10分程度面談してはフィードバックをするということを数回繰り返した。SCであるからこそ、同じ場面を何度もロールプレイしながらも弁護士役学生の言動に応じて違った反応を返すことができ、収穫は非常に大きかった。

(3) 法学部有志による裁判員模擬裁判への裁判員としての協力

　SC応募者には裁判員制度などにも興味のある方が多く、学院祭での裁判員模擬裁判の裁判員役が不足していたことから急遽募集の案内をしたところ、多数の応募があり、先着3名にご協力いただいた。

7　第4回SC養成講座〜SC感謝会

　養成講座のまとめとして、2006年度ローヤリング授業終了後の1月に第4回養成講座を予定している。実際に授業に参加し、学生相手にSCとしてロールプレイからフィードバックまでを行った経験を経て、参加者には講座の内容がより身近に感じられることだろう。来年度以降も引き続きSC活動を継続するための体制づくり（関学SC研究会といった形での組織化）も、この養成講座からスタートできればと思っている。
　さらに、ボランティアとしてのご協力に感謝の意を示すため、同時に感謝会を行う予定である。昼食会を設けて、参加者にはSC体験談を語っていただき、学校側からは感謝状を渡したり、実務家教員の無料法律相談券を配付するなどの計画がある。

8　SC養成のポイントと今後の課題

　実際にSPの理論を転用してSCを養成してみた結果、関学ロースクールとしてはSC養成に大成功を収めたと言っても過言ではない。募集当初これほどたくさんの応募者がいるとは予想もしなかったし、実際に応募者がこれほど熱心に講座に取り組み、授業に協力してくださる、そしてほとんどの方がSCとしてふさわしい能力を発揮されるとは想像もできなかったことである。参加者のパワー、意欲には本当に頭が下がる思いでいる。
　ところで、実際にSCを養成してみて、気づいた点がいくつかある。
　第一に、ロールプレイで演技をするということは、比較的多くの方が上手にこなされるという事実である。第2回養成講座で先輩SCがシナリオに基づいてどのように演技をするのかを観察することで、ある程度の完成形イメージを持ってもらうことができたのだと思われる。第二に、フィードバックは一日にして成らず、演技の何倍も難しいということである。演技をしながら、自分（役柄）の感情の動きを感じる。その動きがあったことと合わせて、動きの原因となった弁護士役の具体的言動を記憶しておき、ロールプレイ終了後に表現することは、一朝一夕にはできない技術なのだ

ということが改めてよくわかる。演技が終わった直後に役柄から抜け出して客観的なフィードバックをすることは非常に困難で、よほど意識していなければ、役柄になりきったままの感情をぶつけてしまうことになる。ほぼすべての新SCが、演技面のハードルを難なくクリアしていることにも驚かされたが、それでもなおフィードバックが困難であることが新SCのデビューによって明確に見えてきた。

　もともと演技とフィードバックは表裏一体の関係にある。役になりきった演技ができてこそ、その役柄としての感情の動きや原因を具体的にフィードバックすることができる。しかし、たとえ役になりきった演技ができても、訓練をしなければ的確なフィードバックはできないのである。前田氏が再三「フィードバックは客観的に」という指導と共に、フィードバックで用いるべき具体的なキーワードを示される理由はそこにあるのではないだろうか。すなわち、フィードバックの難しさを、決まったキーワードを用いることによってある程度回避するのである。たとえば、「大野清子としては」というように役名を主語にすることで、たとえまだ本当の意味でSCが客観的になりきれていなくても、受け取る側（学生）には役から抜け出した客観的な印象を与えることができる。また、「○○という言葉（態度）で、〜〜と感じました」と、具体的な言動をあげようと努力することで、SC個人として一番言いたいことが伝えられなかったとしても、客観的かつ具体的なフィードバックはしやすくなるだろう。このようにフィードバックの型を守ることは、単に形式を重視するということではなく、学生にとってよりよいフィードバックをするための保険であり、SCがやがて自然に自分の感情の動きを記憶し、客観的かつ具体的に伝える適切なフィードバックができるようになるためのステップといえるのではないか。

　2006年度ローヤリング授業でI・Jといった5週間連続の事案を依頼している新SCの方々は、毎週のロールプレイとフィードバック、授業後の検討会の中でSCとしてのスキルを日々磨かれている。フィードバックについても、試行錯誤しながら、その技術やコツを身につけていかれるのが目に見えてわかる。このことからも、ロールプレイ（演技）はもちろん、

フィードバックも訓練と意識的な心がけにより向上することが裏付けられる。他の短い役柄でも、2コマ連続で同じ役柄を演じてもらった場合など、合間の休憩時間に少しアドバイスを入れるだけで2コマ目のフィードバックが格段によくなった新SCもいる。とはいえ、フィードバック能力を維持・向上させていくためには定期的な訓練が必要なのではないだろうか。

　SC養成にご協力いただいた岡山SP研究会、神戸SP研究会では、医学部の授業にSPとして協力し、その都度ビデオを見ながら検討会を行うほか、定期的に研修会を行い、常にスキルアップされているとのことである。学生と接する授業への参加、OSCEなどの試験への標準模擬患者としての出動といった活動の機会を多く持っているだけでなく、そのような日々の努力の積み重ねがあるからこそ、SPにはロールプレイとフィードバックに関する確かな実力がある。だからこそ、試験に用いられる標準模擬患者（Standardized Patient）をも演じることができるのであり、SPのSCへの転用も、患者と依頼者の違いを意識してもらうだけでスムーズに実現したのである。SCもこのような組織を持ってメンバーが互いにスキルアップを図っていくことが望ましい。

　3回の養成講座を終え、多くの新SCが誕生したが、これは新たなスタートに過ぎない。

　今後は、共通点においてSPの協力を仰ぎつつも、SCの特殊性をより明確にし、SCという新たな教育資源を育てていかなければならない。

　さらに、このSCという教育資源が他のロースクールでも注目され、養成・活用されるようになれば、やがてSP同様、単なる模擬依頼者（Simulated Client）だけでなく、試験に用いられる標準模擬依頼者（Standardized Client）の開発が必要な時代が来るかもしれない。もちろん学内でのパフォーマンス・テストのために開発することもありうるだろう。そのためにも、まずはSCという新しい概念を明確にしながら、初代SCのスキルアップ、新規募集や養成方法を確立し、安定したSC供給が可能な環境を作りあげていくことが課題といえる。

【注】

1 関西学院大学法科大学院形成支援プログラム推進委員会編『変わる専門職教育──シミュレーション教育の有効性』(関西学院大学出版会、2006年)113-144頁。
2 日本医学教育学会のホームページ(http://jsme.umin.ac.jp/、医学教育Q&A)。
　また、OSCEについては細川・前掲・117-118頁。
3 細川・前掲・115頁。
4 亀井尚也「ローヤリングにおける試み(1)──模擬交渉ロールプレイを振り返って」、関西学院大学法科大学院形成支援プログラム推進委員会編『変わる専門職教育──シミュレーション教育の有効性』(関西学院大学出版会、2006年)145-194頁。池田直樹「ローヤリングにおける試み(2)──模擬調停ロールプレイを振り返って」、同書195-208頁。
5 SPのSCへの転用可能性についての詳細は、細川、前掲、126-128頁。
6 フィードバックにおいては、まずロールプレイを行った学生自身が感想を述べること、SCは具体的な言動に基づいて客観的なフィードバックをすること、修正すべき点を指摘する前に必ず長所を述べることが重要である。詳しくは、細川・前掲、123-124頁。
7 民事模擬裁判授業への協力については、本稿7(1)で後述。
8 依頼者役はそれぞれの参加者本人とは異なる人格の役柄であるため、フィードバックの客観性を担保するためにも依頼者名も具体的に決めておくことが重要である。
9 フィードバックにおいて注意すべき点やその方法については、前田純子「模擬患者の立場から見たシミュレーション教育」、関西学院大学法科大学院形成支援プログラム推進委員会編『変わる専門職教育──シミュレーション教育の有効性』(関西学院大学出版会、2006年)36-37頁。
10 応募者多数のため、多くの方には1つの役割しか依頼できなかったが、曜日や性別、追加依頼により2〜3つの役割をお願いすることになった方も若干いる。
11 対立当事者であるため、共通部分は同室で、個別部分については別室で説明及び質疑応答を行う必要がある。
12 詳しくは、池田直樹「関西学院大学におけるシミュレーション教育と模擬法律事務所の試み」、関西学院大学法科大学院形成支援プログラム推進委員会編『模擬法律事務所はロースクールを変えるか──シミュレーション教育の国際的経験を学ぶ』(関西学院大学出版会、2006年)124-125頁。
13 ここでも兄役SCと弟の嫁役SCは対立当事者であるため、個別の内容に関しては別室で行う必要がある。
14 授業前の打ち合わせでも、個別の内容に関わる部分は別室で行う配慮が必要である。具体的には、教員と研究員とで役割分担して同時に打ち合わせを進めた。たとえロールプレイ中でなくても、対立当事者であるSCが相手方にしか知らされていない事情や相手方役柄の本心などを知ってしまうことは、ロールプレイにおける自然な感情の動きを阻害し、シミュレーション

に悪影響を与える危険がある。
15 関学ロースクールによる第3回国際シンポジウムでの亀井教授・池田教授の報告（本書所収）を受け、岡山大学法科大学院でも、関学ロースクールにおけるSC養成の取り組みに着目し、前田氏を講師にSC養成講座を計画されているとのことである。

資料　1

「模擬依頼者」役募集！
― 弁護士の卵を一緒に育てませんか？ ―

関西学院大学ロースクール

　関学ロースクールでは、文科省の法科大学院等形成支援プログラムのもと、全国でも先進的な「模擬法律事務所」を使った教育を行っています。学生が、ロースクール内の模擬法律事務所の弁護士役として、模擬依頼者のさまざまな法律相談に対して、交渉や調停や訴訟などを通して、紛争の解決を図るもので、2月23日の朝日新聞でも大きく紹介されました。
　依頼者役は、たとえば遺産相続の依頼人として、シナリオにしたがった相談を弁護士役学生に持ちかけた上で、学生の説明や方針に対して、通常の市民感覚をもとに質問したり、賛否を明らかにしてもらいます。
　この取組みを通じて、単に「事件」を法的に見るだけでなく、その背後にある人間関係や人生の重みを受け止め、紛争を真摯に解決できる心温かい法曹を養成していきたいと考えています。同時に、裁判員制度が始まる中で、市民の方々にも法律に基づく紛争解決のあり方を学ぶ機会になればと考えております。

対　象：　法律専門職を経験していない方で、電子メールでのやり取りが可能な年齢20歳から70歳くらいまでの方

条　件：　西宮上ケ原キャンパスまで、週1回程度（水曜の11時10分〜15時、または木曜の15時10分〜18時20分のいずれか）、10月〜12月の間にお越しいただける方。（より短時間、短期間の役柄もありますので、ご相談ください。）
　　　　　また、6月〜9月に3回ほど研修会を開催する予定です。
　　　　　交通費実費は支給しますが、基本はボランティアです。
　　　　　なお、教育目的に照らして、お申し出をお断りする場合がございます。あらかじめご了承ください。

締　切：　5月31日（水）

お問い合わせ先：　関西学院大学ロースクール形成支援プログラム推進室
　　　　　ＴＥＬ　：　0798－54－6090
　　　　　E-mail　：　kglawkeisei@kgo.kwansei.ac.jp
　　　　　Ｈ　Ｐ　：　http://www.kwansei.ac.jp/law_school/keisei/

KWANSEI GAKUIN UNIVERSITY

資料2-1（当日配布）

SC説明会・第1回養成講座
タイムスケジュール

2006. 6. 7

説明会 13:30 〜 14:00

13:30〜 ロースクールにおけるシミュレーション教育とSC
　　　　　◆シミュレーション教育の歴史
　　　　　◆国内および関学における現状
　　　　　◆SCの役割
13:40〜 ローヤリング授業とSCの実際
　　　　　◆ローヤリング授業について
　　　　　◆シナリオ説明
　　　　　◆DVD上映

第1回養成講座 14:00 〜 15:30

14:00〜 アイスブレーキング（自己紹介）
14:15〜 SCになるために大切なこと
　　　　　◆自分の感情の動きを知る：
　　　　　　ゲーム「聴く・聴いてもらう」ってどういうこと？
15:00〜 SCのルール
15:10〜 質疑応答
15:20〜 申込用紙への記入
15:30　 終了

個別面談（希望者のみ） 15:30 〜 16:00

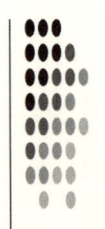

KWANSEI GAKUIN UNIVERSITY

資料 2-2（当日配布）

ロースクールにおける
シミュレーション教育とSC

関西学院大学法科大学院教授
弁護士　亀井尚也

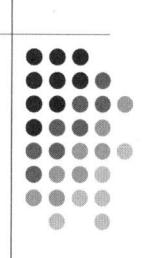

KWANSEI GAKUIN UNIVERSITY

シミュレーションのめざすもの

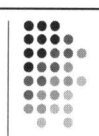

1　ロースクール学生にとって
- 机での勉強でないアウトプット型教育
- コミュニケーション能力の涵養、専門職の責任の自覚

2　医学教育での経験（SP＝医療面接実習における模擬患者ボランティア）

3　臨床とシミュレーション

KWANSEI GAKUIN UNIVERSITY

SCの入るシミュレーションのポイント

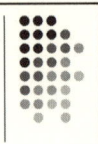

1　リアリティの高い経験→緊張感を生む

2　市民の立場からのフィードバックが得られる

KWANSEI GAKUIN UNIVERSITY

シミュレーション教育の現状

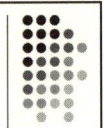

1　海外のロースクール
2　国内のロースクール

3　関学での追究
 　(1) ローヤリング
 　(2) 民事模擬裁判
 　(3) 刑事模擬裁判
・　3回のシンポジウム

KWANSEI GAKUIN UNIVERSITY

SCの役割

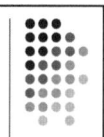

- 1回の法律相談から事件依頼者まで
- 2つの重要な役割
  （1）ケースでの人物役を演じ、その中で反応する。
  （2）フィードバック3箇条
  - ポイントをしぼって具体的に指摘する。
  - 事実に沿ってフィードバックする。
  - 評価しない。

SCの役割

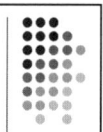

- 社会経験は、にじみ出てくるイメージ

- 法律問題の経験は不要

202　第二部　論考　シンポジウム「よき法曹を育てる」に寄せて

資料 2-3（当日配布）

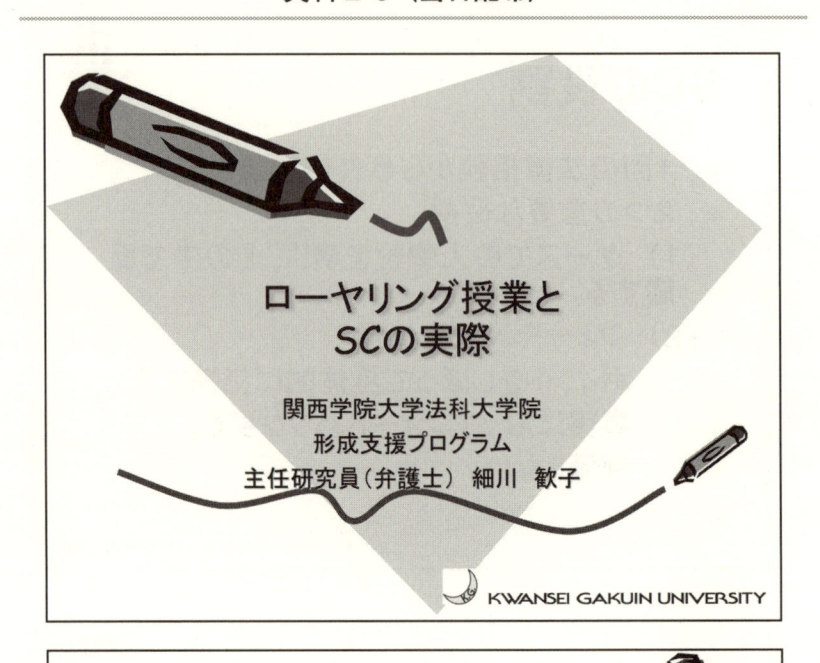

ローヤリング授業とSCの実際

関西学院大学法科大学院
形成支援プログラム
主任研究員（弁護士）　細川　歓子

KWANSEI GAKUIN UNIVERSITY

ローヤリング

法曹としての基本的技能を
実践を通じて身につけさせる科目

☆民事の法律相談・打ち合わせ・交渉・調停等を、SCを活用したロールプレイとフィードバック・法的検討・文書作成等を通して実践的に行なう。

KWANSEI GAKUIN UNIVERSITY

2005年度ローヤリング

受講者：各クラス20名（4クラス）→計80名
各クラスに4つの法律事務所（計16法律事務所）

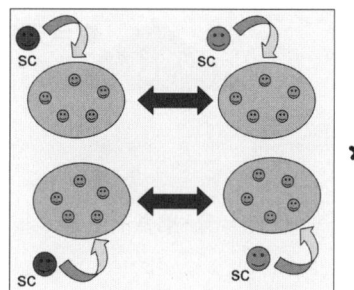

×4クラス

2005年度ローヤリング（2）

- 1クラスに4つの模擬法律事務所
  →2組4名のSC（2名ずつが同じ役柄）
- 厳格な時間管理
- フィードバック
  弁護士役→観察者→SC→教員→弁護士役の順
- ロールプレイは全てビデオ撮影
  後日のフィードバック（SC・学生）等に活用

調停事案（全6回）

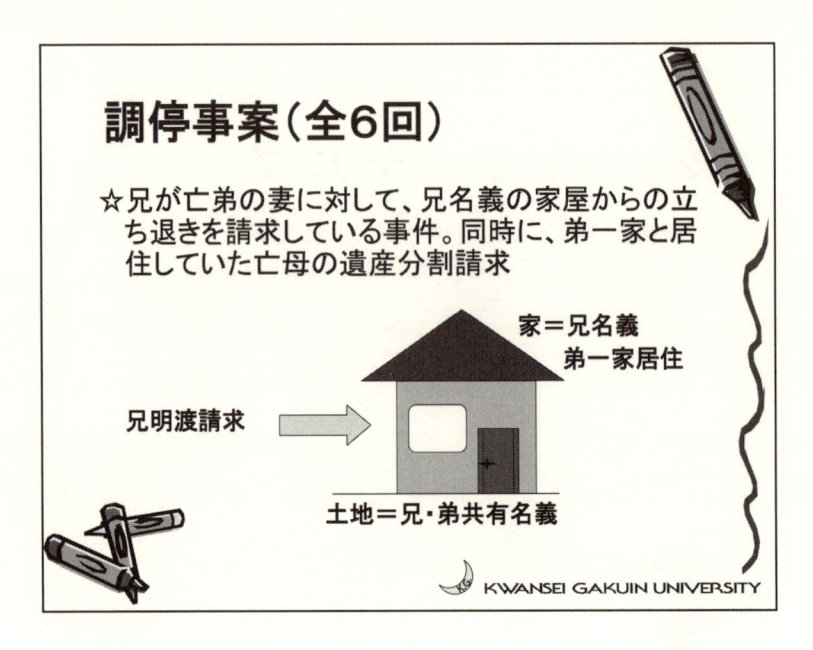

☆兄が亡弟の妻に対して、兄名義の家屋からの立ち退きを請求している事件。同時に、弟一家と居住していた亡母の遺産分割請求

家＝兄名義
弟一家居住

兄明渡請求

土地＝兄・弟共有名義

KWANSEI GAKUIN UNIVERSITY

SCの実際（DVD上映）

・初回相談
　　〜話の流れに応じて、適切な場面で
　　　弁護士役に資料を渡すのもSCの役目
・SCによるフィードバック
・第2回調停（1）
・第2回調停（2）
　　〜対立の末、調停成立。感動の一場面。

KWANSEI GAKUIN UNIVERSITY

SCの準備

- 当事者の言い分・SCマニュアルの予習
  ～具体的な事情・役柄の理解
- 毎回の事前打ち合わせ
  ～方向性の確認
- 教員からの修正指示
- フィードバックの知識←養成講座

KWANSEI GAKUIN UNIVERSITY

資料 2-4（当日配布）

「聴く・聴いてもらう」ってどういうこと？

目的
- ◇ＳＣになるには、まず自分のコミュニケーションのとり方を自覚する
- ◇自分の感情の変化に気づく
- ◇相手のどのような態度、行動からなのかを思い起こす

資料 2-5（当日配布）

2006.6.7.

SC の方々へのお願いと注意

関西学院大学司法研究科教授
ローヤリング担当
池田直樹

1. お願い事項

　時間と労力のかかる今回の SC プログラムに多数の応募をいただいたことをまず心より感謝申し上げます。

　そのうえで、今後のトラブルや行き違いを防ぐため、以下の点について、特に理解をお願い申し上げます。

① 教育目的であること＝学生を育てることが主眼であること

　学生は未熟です。知識の面でも不十分ですし、経験も限られています。自信や常識を欠く学生もいます。また、何よりも、緊張しています。

　そういった学生に対して、頭ごなしに批判したり、説教をしたりというやり方は、教育としては逆効果です。愛情をもって我慢強く接していただくことが重要です。

　また、主役はあくまで学生です。SC さんは脇役です。その自覚と自制が必要です。

② シナリオには教育的意図があること＝役割に忠実でなければその意図を壊してしまうこと

　依頼者役には、それぞれのシナリオが想定した役割があります。劇の台本と違って、その役割の範囲で何を言うかは各人の自由があります。

　しかし、自分で勝手にこちらの方がいいと判断して事実を変更したり、自分の人生経験をもとに想定した方向性とは違う進行にもっていくことは、SC が勝手に脚本家になり、監督になっていくことを意味し、授業を設計している私たちの意図を破壊してしまいます。

　ご自分の経験に基づいてその立場の人になりきる努力をする場合、逆に自分を抑制し、客観化していただく必要があります。つまり、役柄に忠実になるためには、一旦は自分を殺すことが必要なのです。

③ 法制度の限界や欠陥に対する議論の場ではないこと

市民の立場からすれば、今の法制度は欠陥だらけです。私たちはその制度を少しでも改善していく情熱と創造性を持った法曹を育てていきたいと思っております。
　中には法律上のトラブルや訴訟を経験された方もおられ、その方々の声は司法改革の場で重視されるべきだと考えています。ただ、誤解を恐れずにはっきり申し上げると、今回の教育プログラムの性質上、そういった経験のある方は適任ではありません。①で申し上げたとおり、学生を主体とし、②で述べた教育的意図にそった「決められた」役割を演じていただくことが主眼であり、皆様の人生経験に基づく個人的意見や評価は、その実践の中で、「にじみ出る」程度にとどめていただきたいからです。

2.　ルール
　そこで、今後のSC養成およびSCによる授業参加における基本的ルールを説明させていただきます。このルールに従っていただけない方については、参加をお断りさせていただきます。

1　本プログラムは専門職養成の教育目的であり、関学SC養成研究会（仮称）がSCの養成および選抜についてその教育目的にそって責任を負います。
2　関学SC養成研究会（仮称）は次の基準を満たしているかどうかを中心にSCの選抜を行います。
(1) 教育目的を理解し賛同していただいたうえで、研究会・教員の指示に従っていただける方
(2) シナリオや役どころについて事前に予習し、十分理解していただいたうえで、場面に応じた適切な対応が可能な方
(3) SCとして、自己の意見や価値観を一旦離れて「客観化」ないし「標準化」ができ、SCの立場を離れて自己の人生経験や知識を必要以上に学生に説かない自制ができる方
(4) 相手とのやりとりの中での自己の心の動きを観察でき、かつ相手方に配慮しつつ、それを適切に表現できる方（フィードバック能力）
(5) ボランティアとはいえ、1つの「仕事」として責任をもって予定や時間を守っていただける方
(6) 主としてメールを通じて、学生、教師、担当職員とのコミュニケーションが出来る方
(7) その他関学SC養成研究会（仮称）で必要と考える基準に沿っている方

3. 選抜の手続

　関学 SC 養成研究会（仮称）は上記評価基準に沿って、SC の申込みを正式にされた方の中から、今学期の参加者を選抜したうえで、それぞれの予定とあわせて参加していただく授業を決定いたします。

　その選抜は、アンケートとともに、SC 養成講座を通した評価によります。大変失礼ではございますが、2 の観点から、参加をお断りする方がありうることをあらかじめ明記させていただきます。

　なお、授業参加にあたっては、文科省や関係研究会への報告発表のため、撮影録画を行うことがありますので、その点のご承諾をいただきます。また、準備と授業間の打ちあわせの時間が授業以外にかかります。

　申し訳ございませんが、費用は交通費のみの支給となります。

　また、授業で実際に依頼者役をされる方以外に、予備のための見学参加者をお願いすることがあります。

　その他、授業前までに細かな取決めについてお知らせいたします。

資料 2-6（当日配布）

SC養成講座
スケジュール

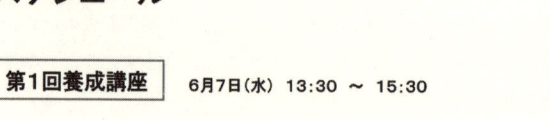

第1回養成講座　　6月7日(水) 13:30 ～ 15:30

- ●SCになるために大切なこと
  - 自分の感情の動きを知る：
  - ゲーム「聴く・聴いてもらう」ってどういうこと？

→ 次回に向けて…シナリオ配付

第2回養成講座　　7月7日(金) 13:00 ～ 15:00

- ●事例を覚えて役をイメージ
- ●ロールプレイ（3人一組）

→ 次回に向けて…シナリオ配付

第3回養成講座　　　月　日( ) 　：　～　：

- ●ロールプレイ ＜フィードバックを含む＞
  （3人一組）

KWANSEI GAKUIN UNIVERSITY

資料2-7（当日配布）

模擬依頼者ボランティア申込書

■お名前（ふりがな）：＿＿＿＿＿＿＿＿＿＿＿＿＿＿＿＿＿＿＿＿＿
■ご住所：〒
　　　　　　　　　　　　　　　　　　　　　　　　　　　　　　
　　連絡先メールアドレス：＿＿＿＿＿＿＿＿＿＿＠＿＿＿＿＿＿＿＿＿＿

■関学までの経路（公共交通手段を使用した場合）：
　　※本日の交通費は、次回お支払いします。
　　※今回ボランティアにお申し込みされない方には、別途お支払いしますのでお申し出ください。

交通機関名	乗車区間	運賃（片道）
	－	
	－	
	－	
	－	

■模擬依頼者（SC）ボランティアに　申し込む／申し込まない　（いずれかに〇）
　　理由：
　　┌─────────────────────────────┐
　　│   │
　　│   │
　　└─────────────────────────────┘

■今回の募集を知ったきっかけ：　　　　　　　　　（複数回答可）
　　アサヒファミリー　・　サンケイリビング　・　宮っ子　・　関学ジャーナル　・
　　K.G. TODAY　・　チラシ（取得場所：　　　　　）・　HP（　　　　　）・
　　その他（　　　　　　　　　　　）

- -

申込者のみご記入ください。（役柄との関係上、差支えない範囲で。）

●年齢・性別：＿＿＿＿＿＿／男・女
●職業等（過去の職業・業種・経歴等。）：
　　┌─────────────────────────────┐
　　│   │
　　│   │
　　└─────────────────────────────┘

●健康状態：　　良好　／　不安がある　　　　（いずれかに〇）
　　不安がある方は具体的にご記入ください。
●いままでにボランティア活動の経験が　ある／ない　（いずれかに〇）
　　ある方は内容をご記入ください。＿＿＿＿＿＿＿＿＿＿＿＿＿＿＿＿＿

《裏面に続く》

●授業への協力が可能な日：
2006年10月〜12月の間、協力可能な時間帯に〇をお付けください。（複数回答可）
※いずれの時間帯も前後にそれぞれ30分程度の打合せ時間が加わることがあります。
① 毎週水曜日　11：10〜12：40
② 毎週水曜日　13：30〜15：00
③ 毎週木曜日　15：10〜16：40
④ 毎週木曜日　16：50〜18：20
⑤ 毎週は不可能（都合の良い日があればお書きください。）_____
⑥ その他協力可能な日・曜日があればご記入ください。_____

必須
●本日の感想を具体的にご記入ください。（その他、ご意見ご質問などあれば合わせてご記入ください。）

以　上
関西学院大学ロースクール
形成支援プログラム推進室

資料 3-1 （事前送付）

SC 養成講座〈シナリオ 1〉布団を買わされた
想定する依頼者：40 代から 60 代主婦
依頼者名：大野　清子（おおの　きよこ）

　私、だまされたんです。
　2 週間ほど前の水曜日だったと思うんですけれど、家で掃除していると、電話がかかってきたんですよ。出ると女性がね、「兵庫県非営利法人生活習慣病を防ぐ会です。市民の健康増進のために、無料セミナーを開催しているご案内です」というんです。父が糖尿病で亡くなりましたし、私も健康診断で高血圧、コレステロールが高いので、つい、「実は私も糖尿病の心配をすごくしているんですよ」と話に応じてしまったんです。
　するとその女性は、「金曜にちょうど近くで糖尿病の予防のために血液をさらさらにするための生活指導セミナーがあるんですが、おいでになりませんか。個別指導は、あと空きが数名しかありませんが」と言ってきたんです。別に予定は無かったし、近いし、無料なので役に立つのなら行ってみようかと思って予約しました。
　当日、西宮北口の貸しビルの 3 階の会議室みたいなところに行くと、「兵庫県認証非営利法人（NPO）生活習慣病を防ぐ会　糖尿病予防　個人指導会場」という看板が出ていました。入ると、白衣を着た人が 2 人のほか、6 人くらいの会の人、40 代から 60 代くらいの女性ばかりの参加者 10 人ほどがいました。
　2 時にセミナーが始まり、白衣を着た男性がスライドで糖尿病の原因や予防の話を始めましたが、正直言って退屈な内容でした。40 分もかからずにその話が終わると、「では個別指導に移ります」と言って、私は白衣を着た講師の男性と会の男女 3 人の 4 人に囲まれる形で部屋の片隅に座りました。
　しばらくは、父の糖尿病や私の血圧の話などをしていたのですが、予防法の話になると、白衣を着た人が、このままでは間違いなく糖尿病になるから、今から血液をさらさらにする布団を買った方がいい、と言い出したのです。思わず「非営利団体が販売もするのですか」と聞くと、「健康を増進して行政が困っている医療費を下げるために、お安い値段で健康増進のための良品を提供しているのです」と説明されました。遠赤外線とかが入った特殊繊維が入った布団ということで、その布団で寝ていると、それだけで血液がさらさらになると言われ、使用前のどろどろの血と使用後のさらさらの血を比較した写真も見せられました。20 万円もするので、「高いのでいいです。また考えておくので今日は帰ります」と言ったのですが、1 時間以上経っても 4 人で囲んで帰してくれないのです。そんなとき、隣で相談していた私と同年代の女性が「健康のこと思うと、この値段は安いわね」といって買っているのを見たので、私は疲れてきたし、他の人も買うならまあいいかと思って、結局、契約書に署名して、手持ちの 5 万円を支払って残り分割ということでやっと 4 時半ころに部屋を出ることができました。
　でも翌日布団が届いて冷静になるとやっぱり不要なものを買った気がして、封を開けずに、昨日、県庁に電話したら、そのような団体と県が提携することはない、と言われて騙されたと気づいたのです。
　解約して払った 5 万円を取り返すことはできますか？

資料 3-2（事前送付）

SC養成講座〈シナリオ2〉自転車の交通事故
想定する依頼者：30〜50代女性、しかし若い女性や男性でも応用可能
依頼者名：木下　幸子（きのした　ゆきこ）
男性の場合、木下　宏行（きのした　ひろゆき）

　今年4月3日のことです。夕方5時に、仁川の駅前のコープで買い物をして、お店を出たところで、小学校中・高学年の男の子たち3人が、自転車で競走していて、一人の男の子がすごいスピードで駅前の歩道を競馬場の方から駅の方向に走ってきたんです。
　私は両手に買い物袋を持っていましたし、まさかそんなところを自転車が猛スピードで来るなんて考えてもないので、あっと気がついた瞬間には、自転車とぶつかってこけて、コンクリートの地面で左膝を強打してしまいました。男の子も自転車と一緒に横転したのですが、私が「こら、気をつけないとだめじゃないの！」と大声で叫ぶと、さっと自転車に乗ってそのまま逃げてしまったのです。どうやら男の子にはけがはなかったようでした。阪神タイガースの帽子に、青い長袖とGパンという姿で、多分5年生か6年生くらいだろうと思いました。
　ちょうど、そのときに、その男の子の仲間で一緒に走っていたあと2人のうち1人が私のすぐそばに立ち止まっていたので、「君、名前は？」というと、その子も黙って立ち去ろうとしました。たまたま店頭販売をしていたコープの男の店員さんが全部見ていて、男の子をその場で制止してくれたのです。店員さんは男の子と私を店の中に呼んでくれて、いろいろ聞き出してくれました。その結果、私にぶつかった男の子は上ケ原小学校6年生の亀田剛君で、3人は兄弟で、家まで競走していたことがわかったのです。
　事故のとき、左膝を強打してすりむき、血は出たのですが、それ以上に嫌な予感がしました。実は7年ほど前、仕事中に階段で転倒して同じところを強打して、痛みが残り、後遺障害等級12級（半月板およびじん帯損傷に伴う頑固な疼痛）に認定されたことがあるのです。4〜5年経って、今ではめったに痛みを感じることは無くなっていたのですが、それでも寒いときなど神経痛のような痛みを感じることはありました。その日、その足で近所の整形外科に行って検査してもらい、骨には異常がないことはわかりました。しかし、その日から左膝あたりがじくじく痛み始め、膝を曲げることもできなくなり、そのままでは歩けなくなってしまったのです。整形外科に行くと左膝側副（そくふく）じん帯損傷だと言われました。2カ月たった今も、週に2度ほど治療に通っています。ともかく痛くて脚に力が入らないので、今は左膝にサポータをつけ、杖をついて歩いています。
　事故の翌日、亀田さんに電話したら、声の大きなお父さんが出られて、「うちの子だという証拠があるのか」と言われたうえ、「男の子が走り回るのは当たり前。あなたの方がとろとろしてよけ損ねただけじゃないのか」とまで言われました。とても常識が通じる相手ではなさそうでした。まさかもめると思っていなかったので、警察には届けていません。
　治療費は今健康保険と3割の自己負担で、今まで2万円以上負担しています。このけがのせいで、近所の花屋でパートしていたのもずっと休んでいるので、月8万円の収入が無くなりました。医師はまだしばらく治療が続くし、後遺症が残るかもしれないといいます。
　今後、亀田さんとどう交渉したらよいでしょうか？

資料 3-3（事前送付）

SC養成講座〈シナリオ3〉貸した自動車が返ってこない

想定する依頼者：男性

依頼者名：竹本　喜久夫（たけもと　きくお）

　私はエンジニアで、神戸で勤めています。昨年12月、会社の鳥取工場で応援業務があって、半年だけ鳥取に赴任するように命じられました。不便なところなので、会社が社宅を用意し、新車の社有車をその間無料で貸してくれるという条件でした。私はちょうど95年製のトヨタカローラに10年以上乗っており、走行距離も10万キロを超えていたので廃車して新車に買い換えようかと考えていたところでしたが、社有車を貸してくれるので買い換えは先延ばしにすることにしました。

　ちょうどそのころ、つまり昨年11月末に、私の友人である本多徹（ほんだとおる）が借金をして自己破産をしたが就職先はないだろうか、と相談をしてきました。私は就職先の紹介はできないが、しばらく使わない自家用車があるので、おんぼろだけれども使うか、と聞くと、有り難いというので、彼に貸してあげることにしました。友だち同士なので、特に書類とかは作っていません。

　廃車も考えていた車だったし、彼に同情していたので最初は、「車、あげようか」と言った記憶があります。しかし、自己破産したところで車とか持っていない方がいいと思うので、と言われて、多分そうだろうなと思い、「じゃあ、鳥取から帰るまで自由に使って」と言って、鳥取に赴任する前日に彼にキーと車を引渡したのです。車検証は車に積んだままでしたし、保険や車検も今年の7月末まで有効です。

　ところが、鳥取に赴任してみると、当初命じられたプロジェクトは4カ月ほどで終了し、その後は仕事らしい仕事もないのに、5月末が来ると会社は鳥取の別の業務を私に命じてさらに半年の赴任を命じたのです。結局、会社は私を将来神戸に帰すつもりはなく、体の良いリストラであることがわかったのです。会社のやり方に私は腹がたったので、私は辞表を提出して、6月末で会社を退職し、神戸に帰ってきました。

　私は無職で就職探しをしなければならなくなりましたので、新車を買うような気分ではなくなりました。そこで、本多に電話をして、「予定していた半年が経ったし、神戸に帰ってきたので、自動車を今すぐ返してほしい」と言いました。ところが、本多は「それは困る、自分も今、営業の仕事をしていて自動車が必要だし、車はくれるという約束だったはずだ」と言い出したのです。私は「そんなばかな。確かにあげても良いと言ったことはあるが、おまえが断ったではないか。鳥取から帰るまでという条件だったはずだ」と言い返したのですが、「そちらこそ今さら何を言うのだ」と取り合いません。それ以後、私が電話をしても電話にも出ないのです。

　確かに古い車ですが、本多の不誠実な態度は許せません。私も就職活動上も車が必要なので、一刻も早く車を取り返したいのですが、どうすればいいでしょうか。私は合い鍵を1つ持っているのですが、彼の駐車場を探して勝手に乗って帰っていいでしょうか。また、就職上すぐ車が必要なので、泣く泣く新車を買うとしたら、彼に損害賠償は請求できますか。このまま彼が車を使い続けていることについて、私に責任が生じることはないかも心配ですから、その点も教えてください。

資料 3-4（事前送付）

シナリオ予習上の注意

☆注意点

　ロールプレイをするときにシナリオを完璧に話せるように丸暗記するものではありません。
　役になりきるために、内容をよく理解して覚えることが大切です。

☆覚えるときのポイント

①時間経過を追って、依頼者役がどんな体験をしたのか覚える

②依頼者役の人物像をイメージする
　　（年齢、名前、性格、毎日の生活、家族構成など）

③依頼者役として、どんな感情が強くあるのかイメージする。
　　例）・「バカにされたようで悔しい！」
　　　　・「これだけしてやったのに裏切られた、許せない！」
　　　　・「これからどうなるんだろう、もうダメかも知れない…」

資料3-5（当日配布）

第2回SC養成講座
タイムスケジュール

2006. 7. 7
13:00 ～ 15:00

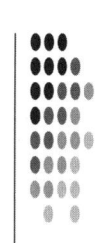

13:00～　　はじめに

13:05～　　デモンストレーションとフィードバック

13:25～　　**SCを体験する**
　　　　　　～イメージを膨らませて演じてみる～
　　　　　　　　◆参加者各自で役作り(5分)
　　　　　　　　◆3人1組のロールプレイ(各10分)と
　　　　　　　　　FB(各5分) ×3
　　　　　　　　◆全体で分かち合い

14:40～　　質疑応答

14:50～　　次回スケジュール案内

14:55～　　感想記入

15:00　　　終了

KWANSEI GAKUIN UNIVERSITY

資料3-6（当日配布）

デモンストレーション用シナリオ

（相談事例）

　私は独身で西宮市内に1人暮らしをしています。長らく会社勤めだったのですが、以前からブランド物の服や小物を結構クレジットカードで買ってしまうため、支払いが多くなり、会社の給料だけではきつくなってしまいました。そこで、去年の4月から、知っている女の子が行っているという大阪の北新地にあるクラブ「ウエガハラ」で、夜ホステスをするようになりました。

　ただ、ホステスといっても、他のホステスのヘルプに付くだけの形でしたので、そういう形の場合は、固定給をもらえるだけで、お店に出る日数に応じてですが、月に10万円にもなりませんでした。私としては、昼と夜と両方の仕事なので体にもきつい割に収入もあまり増えないなあと思っていましたところ、お客さんから少しずつ指名がかかるようになったこともあって、お店の人から、歩合給でやってみないかと勧められました。歩合給の場合は、基本給5万円以外は、指名料を歩合給としてもらえるので、指名さえちゃんと確保できれば収入も月に優に20万円以上を超え、ホステスによっては月に50万円以上稼いでいる人もいる、ということでした。私は、中途半端にやるのではかえって収入もあがらないと思ったものですから、思い切って6月から歩合制の形に切り換えることとし、昼間の会社も辞めました。会社は小さな会社でしたので、退職金はありませんでした。

　歩合給に切り替えるときに、「ウエガハラ」の店長さんからは、「歩合制でやってもらう場合は、ホステスさんが担当するお客さんが『つけ』で飲食した場合に60日以内に飲み代の支払いがない時は、ホステスさんに立替払いをしてもらい、給料から天引きする扱いになる。また、お店を辞めた場合は、ホステスさんが担当したお客さんの未払の分は1週間以内にホステスさんのほうで清算してもらっていることになっている」と言われました。ただ、「うちのお客さんには支払いの悪い人はいないと思うので、立替払いをたくさんしてもらうようなことはないはずです。ただ、いちおうこういう取り決めにしておかないと、人気のあるホステスさんが稼ぐだけ稼いでどこか他のお店に移ってしまって、うちに『つけ』だけが残ったりすると具合が悪いからなんです。業界の慣行みたいなものですね」と言われ、他のホステスに聞いてみても、この世界ではそういうことになっているみたいなのよ、とのことでした。それで、私も、しかたないことかと思って、そのような内容の念書に，言われるがまま署名捺印しました。

　でも、実際に歩合制でやってみると、月々のノルマがあって、指名を取るためにはすごく大変で、お客さんから名刺をもらっては毎日のように電話やメールしたりして、同伴出勤するように努力もしました。それで、指名の多いときは給料もかなりの額になり、30万円くらいになったこともありましたが、月によっては、指名が少ないうえに私が担当したお客さんが「つけ」をなかなか払ってくれないこともやっぱりあり、給料から天引き分を差し引くと、ほとんど手取りのない時もありました。それで、クレジットカードのキャッシングで一時しのぎをしたこともありました。

　結局私は、もっと給与体系の良いお店に移ろうと思い、今年の6月に、「ウエガハラ」を辞めたいと申し出たところ、お店からは、いったん引き留められたものの、結局6月末をもって辞めることになり、7月から別のクラブに変わったところです。

　そうしたところ、「ウエガハラ」から、7月1日付けで、私が担当したお客さんの未払代金の合計200万円余りを約束どおり1週間以内に振り込めという封書が届きました。

　私はやっぱりこのお金を支払わないといけないのでしょうか。

資料3-7（当日配布）

SCを体験する
～イメージを膨らませて演じてみる～

目的
- ◇しっかり役になりきって演じることで、感情の変化に気づく
  例）「聞いてくれていない」
  　　「どんどん話せる」
- ◇役になりきっている自分自身の感情なのか？
  そのことを意識してみる

220　第二部　論考　シンポジウム「よき法曹を育てる」に寄せて

資料3-8（当日配布）

本日の感想

氏名＿＿＿＿＿＿＿＿＿＿＿＿

感じた点：

改善点：

次回ご出欠：
　　　　第3回SC養成講座　9月7日（木）13：30～15：30

　　　　　　ご出席　・　ご欠席　　（いずれかに○）

資料 4-1（事前送付）

第 3 回養成講座用追加事項

SC 養成講座〈シナリオ 1〉布団を買わされた

1　契約書については、最初の説明の中では、「契約書に署名した」という程度にとどめて、自分から積極的に説明はしない。学生弁護士から聞かれたら次の内容で答える。
　(1)　「契約書についてはお持ちですか？」
　　(ア)　契約書については、家に帰ればあるが、本日は持参するのを忘れてしまった。
　(2)　「その内容はどんなものでしたか？」「売買契約の解除や申込の撤回について何か書いてありましたか？」「太い字や赤い字で注意事項とか書いていませんでしたか？」
　　(ア)　契約書の内容はよく覚えていない。細かい字で書いてあったので、きちんと読んでいない。
　　(イ)　普通の売買契約だと言っていたし、特別変わったものではないと思う。
　　(ウ)　確かめないとわからないが、撤回とか解除とかの文句を見た覚えはない。太い字とか赤い字で契約書に何か注意事項が書いていたという記憶もない。
　(3)　「売主は誰でしたか？」
　　(ア)　兵庫県非営利法人生活習慣病を防ぐ会だったと思うが、代表者とか住所はよく見ていない。ただ、三宮に本部があると言っていたように思う。住所や電話番号は契約書に書いていたと思う」
　(4)　「代金はどうやって支払うことになっていましたか」
　　(ア)　「15万の残金を10回で分割払いするようになっていた」
　　(イ)　「振込み先は、三宮銀行神戸本店だったと思う。ただ、口座名義は覚えていないが帰ったら契約書に書いていると思う」

2　送られた布団について、学生に聞かれたら次の内容で答える。
　(1)　「布団の送り主や送り主の住所は包装に書いてありましたか？」
　　(ア)　そのまま置いてあるので帰ったら調べてみるが、たぶん、送り主は書いてあったと思うし、住所もあったと思う。
　(2)　「布団については今後どうしたいか？」
　　(ア)　高いし、返却したい。そのためにそのまま置いてある。別に使う必要はない。
　(3)　「布団の本当の値段や価値はわかるか？」
　　(ア)　封を開けていないので、品物についてはよくわからない。ただ、友達がインターネットを調べたら、遠赤外線が出る布団が3万円くらいで売っていたといっている。20万はどう見ても高いと友達がいっていた。

3　逆に学生に対して質問をしてもよい。
　　(ア)　残金15万円を支払わないで、このまま布団を持っていたら、残金を支払えという裁判を起こされないだろうか。
　　(イ)　布団を着払いで、NPOの住所地に送り返してもよいのか
　　(ウ)　5万円返せという訴訟をするとすればどうすればいいか。どんな訴訟か。
　　(エ)　弁護士に頼むと費用はどうなるか。
　　(オ)　一番いいのはどんな方法をとればよいか。

資料 4-2（事前送付）

第 3 回養成講座用追加事項

SC 養成講座〈シナリオ 2〉自転車の交通事故

1 事故の態様について詳しく聞かれた場合
　(1) 事故の場所は、コープの店の出入り口から数歩出てすぐぶつかったので、1 メートルかせいぜい 2 メートル以内だと思います。
　(2) 自転車は私の右側からかなりのスピードで私の目の前を横切ろうとして、私の右腕あたりにぶつかって、その勢いで私は左側に向かって倒れて、左膝の外側をコンクリートの歩道で強打しました。子供がブレーキをかけたかどうかはわかりませんが、とっさにブレーキをかけて避けようとしたことはあると思います。
　(3) コープのお店の出口を出るときに左右を確認まではしていません。横断歩道ではありませんから。
　(4) 歩道上は、仁川駅から競馬場方面に向かう人がたくさん歩いていますし、お店に出入りする人も相当います。歩道の広さは、かなり広いです。4 ～ 5 メートル以上あるのではないでしょうか。

2 怪我や損害について詳しく聞かれた場合
　(1) 怪我は、左膝の側副じん帯損傷以外はかすり傷程度です。
　(2) 買い物袋の中の品物は散らばりましたが、特に損害はありません。めがねその他の物損もありません。
　(3) 相手の子供の自転車が傷ついたり、故障したかどうかはわかりませんが、そのまま乗って行ったので、壊れていないと思います。
　(4) 症状は、膝ががくっときて力が入らず、まともに歩けないのです。サポータをつけると少しだけ力が入りやすくなるのでつけています。それでも十分支えられないので、杖をついているのです。またじくじくと神経の痛みがあるのです。
　(5) 左膝側副じん帯損傷は骨折ではないのでレントゲンで映るわけではないそうですが、テスト結果も出ており、診断書は出ます。
　(6) 以前の後遺障害 12 級とは労働災害補償保険（労災保険）で労基署が認定した障害等級で 14 級まである中で下から 3 番目の等級で、「左膝に頑固な神経症状が残った」後遺症ということでした。ただ、一生残るとは当時言われず、数年で軽快する可能性が高いが、ただその後も残るかもしれないというものでした。当時の診断書や認定の書類は残っていると思います。
　(7) 今後の治療については、あと 2 ～ 3 カ月は通院する必要があるだろうということです。その時点で治っていなければ「症状固定」として後遺障害についての診断書を書いてくれるとお医者さんは言っています。
　(8) 過去の労災のときの左膝側副じん帯損傷と、今回、同じところを痛めたこととの関係ですが、私からすれば、前者は事故前にすっかり良くなっていたので、関係ないと思います。ときどき寒いときに膝が痛むことはありましたが、少なくとも歩行に支障はなく、痛むのも 1 年に数度という程度で、今のように四六時中痛むのとは違います。ただ、お医者さんは、前に痛めたところなので、軽い衝撃でもひどくなりやすいことはあるだろう、と言っていました。
　(9) パートの仕事は、1 年くらい前からずっとやっていて、お店からもいつまでという期間の制限は言われていません。時給 1000 円で一日 4 時間で週 5 日、月 80 時間で 8 万円もらっていました。給与明細はあります。休業の証明ももらえます。長引くと辞めざるを得ないと思います。

資料4-3（事前送付）

第3回養成講座用追加事項

SC養成講座〈シナリオ3〉貸した自動車が返ってこない

1 自動車について
 (1) 所有名義は私です。
 (2) 自動車の自賠責はもちろん入っています。任意保険も年末まで（シナリオを相談日時にあわせて変更）有効です。
 (3) 任意保険は自家用総合保険というもので、対人は無制限、対物は1億かそれくらいの上限があったと思います。
 (4) 被保険者として保険料を安くするために、自家用総合については家族限定にしていたと思います。
 (5) 自動車の車検は定期に行っており、整備上の問題はないと思います。ただ、10年乗っているので、いつ故障してもおかしくはないと思います。
 (6) 車のスペアキーは3つあり、彼には2つキーを渡しており、私が1つ持っています。
 (7) 本多への車の所有権移転（陸運局の登録書類）のための書類に署名したり、印鑑を押したことはありません。文書は一切作っていません。
 (8) 自己破産したので、車とか持っていない方がいいと本多が言った意味は、自己破産したのに車を持っていると債権者から疑われるとよくないという意味だと理解しました。
 (9) 私の車の現在の査定価格ですが、おそらくゼロでむしろ廃車費用がかかるのではないかと思います。

2 本多の自動車の置き場等について
 (1) 本多の住所はわかります。
 (2) 本多の住所の近所の駐車場をしらみつぶしに探したら、自分の車だから発見できると思います。
 (3) 本多は離婚して一人で暮らしていると思います。自動車に乗っているのはもっぱら本多だと思います。
 (4) 本多が自動車をどこかに処分してしまう可能性もなくはありませんが、仕事で必要だということだったし、別の車を調達する余裕はないと思うので、本多は当分、この自動車を自分で使うつもりのはずです。

資料 4-4（事前送付）

学生が担当する法律相談の際の SC としての反応とフィードバックについて

1　次回の養成講座で行われる模擬法律相談は、前回講座で各自演じていただいたシナリオ毎に3つのグループに分かれて行ないます。各グループでは、それぞれのシナリオを題材に、弁護士役学生（卒業生を含む）2人一組と SC 役1名（受講者から希望者または指名）がロールプレイをし、他の受講者は観察者としてフィードバックに備えます。
　ロールプレイは、概ね以下のような構成になります。
(1)　学生2人1組による聞き取り（15分）
(2)　（学生による約5分の打ち合わせを経て）
　　学生による法的な説明・アドバイス（10分）
(3)　全体を通じたフィードバック（15分）

2　SC の役割と留意点
　SC になっていただく場合には、第1回講座の際にも説明しましたように、主に以下の2つの重要な役割があります。
(1)　学生による聞き取りと説明・アドバイスの場面では、ケースでの人物役を演じ、その中で学生の言動に応じた反応をしていただく役割です。
　ここでは、以下の2点に留意してください。
① 聞き取りの場面では、学生の質問に合った答えをしていただくことです。シナリオを全部はき出すのではなく、学生がうまく話を引き出す質問をしてくれた場合はそれに乗っていき、逆に学生が些末なことやずれたことを質問してきた場合でも、その場ではそれに合わせた答えをしていただく必要があります。そして、学生のどのような言動や質問を受けて皆さんの気持ちや思考がどう動いたのかを、後のフィードバックで指摘していただく、という順序になります。消化不良のような気持ちになることもあると思いますが、そこは役割に徹していただきたいのです。
② 後半の説明・アドバイスの場面では、例えばわかりやすい説明であれば納得し、わかりにくい説明であれば疑問点を問いただす、という自然体でよいのですが、自分の考えではこうなるはずだ、というような意見を過度に表明することは避けて下さい。ここでも、学生のどのような言動によって皆さんの気持ちや思考がどう動いたのかを、後のフィードバックで指摘していただく、というのが基本です。
(2)　フィードバックの場面では、ケースでの人物役を抜け出して、振り返っての指摘をしていただくという役割です。
　ここでは、以下の3点に留意して下さい。
① 良かった点を先に、その後改善点の順に、ポイントをしぼって指摘する。
　まだ実務に慣れない学生に自信をもって次に進んでいってもらうことが肝要ですので、必ず良かったところを先に指摘してやって下さい。また、改善点の指摘はとても大切ですが、あまり多くのことを言われると学生は消化不良になりがちです。現実にはなかなか難しいことですが、ポイントをしぼって指摘してやって下さい。
② 事実に沿って具体的にフィードバックする。
　良かった点にしても、改善点にしても、漠然とした印象を指摘するのではなく、学生のどの言動についてご自分がどのように感じたかを具体的に指摘していただきたいのです。これも難しいことですが、とても大事な点です。学生にとって次のステップへの指針とするには、具体性が必要なのです。
③ 評価しない。
　上記のことと関連しますが、フィードバックは具体的な場面の具体的な指摘でとどめていただき、それ以上の学生のアドバイス内容についての全般的評価や法律家としての評価は、抑えていただきたいという点です。社会経験の豊富な皆さんから見ると未熟な学生に対してお感じになることもいろいろあるかと思いますが、「社会経験は、にじみ出てくる」というイメージで十分です。また、そこに SC を皆さんにやっていただく味があるわけです。

資料4-5（当日配布）

第3回SC養成講座
タイムスケジュール

2006. 9. 7
13:30 ～ 15:30

- 13:30～　はじめに
- 13:35～　DVD上映
　　　　　感想
- 13:55～　フィードバックについて
　　　　　質疑応答
- 14:10～　移動
- 14:15～　シナリオごとに分かれて
　　　　　　学生とのロールプレイ（30分）
- 14:45～　フィードバック（15分）

シナリオ1	1号教室
シナリオ2	2号教室
シナリオ3	民事和解室

- 15:00～　移動
- 15:05～　全体で分かち合い・質疑応答
- 15:20～　今後のスケジュールについて
- 15:25～　感想記入
- 15:30　　終了

KWANSEI GAKUIN UNIVERSITY

資料 4-6（当日配布）

フィードバックする

目的
① ロールプレイの中での感情の変化が相手のどのような態度・行動からなのかを思い起こす。
② まず、良いところを伝え、次に「〜だったらもっと良かった」という改善点を伝える。
③ 伝えたい点を簡潔に伝える。

資料 4-7（当日配布）

SC として大切にしたいこと

□学生の良いところを引き出すきっかけになりたいと思っています。

□市民の代表ではないので一般論を伝えるのではなく、ロールプレイで感じたことだけをフィードバックします。

□フィードバックする時の方法としては、まず良いところを伝え、次に「〜だったらもっと良かった」という改善点を伝えます。

□フィードバックする時は、伝えたい点を１つか２つにしぼるようにします。「あれも言いたい、これも言いたい」を止めます。

□演じる時"心のつぶやき"を明確にしておきます。
　☆役になりきるために必要です。
　　　"心のつぶやき"の例　「絶対お金を取り戻したい！」
　　　　　　　　　　　　　「誰も私のことをわかってくれない」
　☆"心のつぶやき"が、学生のどのような言動によって言えたか、言えなかったかを思い起こして言葉にします。

◆フィードバックする時よく使う言葉
　☆相手を傷つけず、ポイントが伝わりやすい
　　・「特に印象に残ったのは…」
　　・「〜だとより良かった」
　　・「欲をいうと…」
◆使わない方が良い言葉
　☆相手を思いやっているようで、傷つけてしまう可能性がある。
　　・「失礼なことを言ったらごめんなさい」
　　・「言ってはいけないことかもしれないけど…」
　　・「良かれと思って言われたのかもしれませんが…」

岡山 SP 研究会
前田純子

資料 4-8（当日配布）

フィードバックシート

実施日：＿＿＿＿＿＿＿＿＿＿
弁護士役：＿＿＿＿＿＿＿＿＿
依頼者役：＿＿＿＿＿＿＿＿＿
観察者：＿＿＿＿＿＿＿＿＿＿

弁護士役の良かった点 （それは具体的にどのような行動からか）	依頼者役がどう感じているように見えたか？ （それは依頼者役のどのような行動、態度からか）
弁護士役のあまり良くなかった（改善すべき）点 （それは具体的にどのような行動からか）	依頼者役がどう感じているように見えたか？ （それは依頼者役のどのような行動、態度からか）

その他コメントがあれば

資料 4-9（当日配布）

2006年度 ローヤリング SCスケジュール

2006年度ローヤリングのスケジュールは以下の通りです。別紙にある参加条件をご確認の上、SCとして授業協力を希望する記号（A～J）を○で囲んで<u>2006年9月13日（水）（必着）</u>までにご提出ください。（来室の場合は午後4時まで）※本用紙は提出不要です。お控えとしてご利用ください。

授業回数	内容	亀井クラス		池田クラス	
			水Ⅱ・Ⅲ （11:10～15:00）		木Ⅳ・Ⅴ （15:10～18:20）
2	事例（シナリオ2）	10/4（水）	A（5）	10/12（木）	B（5）
3	事例（シナリオ2） 事例（シナリオ3）	10/11（水）	A（5） C（5）	10/19（木）	B（5） D（5）
5	事例A	10/25（水）	E（4）	10/28（土） ※14:50～18:00	F（4）
6	事例A	11/1（水）	G（4）	11/9（木）	H（4）
7	事例B（授業）	11/8（水）		11/16（木）	
8	事例B（法律相談）	11/15（水）		11/25（土） ※14:50～18:00	
9	事例B（方針説明）	11/22（水）	I 男性（2） 女性（2）	11/30（木）	J 男性（2） 女性（2）
10	事例B（第2回交渉）	11/29（水）		12/7（木）	
11	事例B（第1回調停）	12/6（水）		12/14（木）	
12	事例B（第2回調停）	12/13（水）		12/21（木）	
13	事例B（講評）	12/20（水）		1/11（木）	

● 各授業時間の前後30分間程度は打合せを行います。
● 原則として、2コマ連続での募集とします。1コマのみ参加希望の場合は、その旨ご記入ください。（但し、選抜に影響することがありますのでご了承ください。）
● SC採用については、このご応募を元に選抜を行います。特にⅠ・Jについては、長期連続授業のため、A～Hの結果を考慮して選抜することがあります。
● 必要に応じ、昨年度の経験SCを使用する予定です。

```
提出期限（2006年9月13日（水）必着）後の
ご応募は受け付けませんのでご注意ください。
```

資料 4-10（当日配布）

SC 希望調査票（提出用）

氏　名＿＿＿＿＿＿＿＿＿＿＿＿＿＿＿＿＿

◆参加条件に従い、協力を希望する記号（A～J）を○で囲んでください。
　全日程とも授業開始前・終了後に各30分程度の打ち合わせが加わります。

A　参加条件：2週連続参加。シナリオ2（シナリオ1の方もシナリオ2の予習をすれば応募可能）
　　　10月 4日（水）　11時10分～12時40分／13時30分～15時00分
　　　10月11日（水）　11時10分～12時40分／13時30分～15時00分

B　参加条件：2週連続参加。シナリオ2（シナリオ1の方もシナリオ2の予習をすれば応募可能）
　　　10月12日（木）　15時10分～16時40分／16時50分～18時20分
　　　10月19日（木）　15時10分～16時40分／16時50分～18時20分

C　参加条件：1週のみ。シナリオ3の方。
　　　10月11日（水）　11時10分～12時40分／13時30分～15時00分

D　参加条件：1週のみ。シナリオ3の方。
　　　10月19日（木）　15時10分～16時40分／16時50分～18時20分

E　参加条件：1週のみ。新シナリオ（授業用事例A-1）
　　　10月25日（水）　11時10分～12時40分／13時30分～15時00分

F　参加条件：1週のみ。新シナリオ（授業用事例A-1）
　　　10月28日（土）　14時50分～16時20分／16時30分～18時00分

《裏面につづく》

G　参加条件：1週のみ。新シナリオ（授業用事例A−2）
　　　11月　1日（水）　11時10分〜12時40分／13時30分〜15時00分

H　参加条件：1週のみ。新シナリオ（授業用事例A−2）
　　　11月　9日（木）　15時10分〜16時40分／16時50分〜18時20分

I　参加条件：5回連続。新シナリオ（授業用事例B）
　　　11月15日（水）　11時10分〜12時40分／13時30分〜15時00分
　　　11月22日（水）　11時10分〜12時40分／13時30分〜15時00分
　　　11月29日（水）　11時10分〜12時40分／13時30分〜15時00分
　　　12月　6日（水）　11時10分〜12時40分／13時30分〜15時00分
　　　12月13日（水）　11時10分〜12時40分／13時30分〜15時00分

J　参加条件：5回連続。新シナリオ（授業用事例B）

　　　11月25日（土）　14時50分〜16時20分／16時30分〜18時00分
　　　　　　　　　　　　　　　　　　　　　　　　　　　　　※日時変更
　　　11月30日（木）　15時10分〜16時40分／16時50分〜18時20分
　　　12月　7日（木）　15時10分〜16時40分／16時50分〜18時20分
　　　12月14日（木）　15時10分〜16時40分／16時50分〜18時20分
　　　12月21日（木）　15時10分〜16時40分／16時50分〜18時20分

通信欄：その他

ご希望があればご記入ください。例）1コマだけ参加したい。

資料 4-11 (当日配布)

本日の感想

氏名＿＿＿＿＿＿＿＿＿＿＿＿＿＿＿

感じた点：

改善点：

資料5

2006年度　ローヤリング　SC依頼状況

授業回数	内容	亀井クラス		池田クラス	
			水Ⅱ・Ⅲ (11:10～15:00)		木Ⅳ・Ⅴ (15:10～18:20)
1	授業	9/27 (水)		10/5 (木)	
2	事例（シナリオ2）	10/4 (水)	A (5)	10/12 (木)	B (6)
3	事例（シナリオ2） 事例（シナリオ3）	10/11 (水)	A (5) C (5)	10/19 (木)	B (6) D (5)
4	事例A（授業）	10/18 (水)		11/26 (木)	
5	事例A	10/25 (水)	E (4)	10/28 (土) ※14:50～18:00	F (4)
6	事例A	11/1 (水)	G (4)	11/9 (木)	H (4)
7	事例B（授業）	11/8 (水)		11/16 (木)	
8	事例B（初回相談）	11/15 (水)		11/25 (土) ※14:50～18:00	
9	事例B（第1回交渉）	11/22 (水)	I 男性 (3) 女性 (3)	11/30 (木)	J 男性 (2) 女性 (2)
10☆	事例B（第2回交渉）	11/29 (水)		12/7 (木)	
11	事例B（第1回調停）	12/6 (水)		12/14 (木)	
12	事例B（第2回調停）	12/13 (水)		12/21 (木)	
13	事例B（講評）	12/20 (水)		1/11 (木)	

☆　第10回は授業への出席に代えて、授業外で30分程度の打ち合わせを依頼。

論考 5

米国のバー・エグザムにおける パフォーマンス・テストの特質および役割
——州のテストから全国的テストへ

シルビア・G・ブラウン（関西学院大学大学院司法研究科教授）

　本書には、2005年7月のカルフォルニア州バー・エグザムの一部として実施されたパフォーマンス・テスト、ならびにカリフォルニア州・バー・エグザム実施委員会により発表された模範解答の翻訳が収められている。模範解答を読めば、合格者に求められている水準を把握できる。カリフォルニア州は米国では州独自のバー・エグザムを実施していることで知られており、本書では幸いにもカリフォルニア州のパフォーマンス・テストの導入のために戦い、作成にもかかわられたポール・バーグマン教授に寄稿していただくことができた。後掲の資料は2005年7月のパフォーマンス・テストである。このテストは、カリフォルニア州において法の専門家を志す人々が職務を全うするための様々な専門的能力を証明する必要を確保するための、バーグマン教授を始めとする多くの識者の努力の賜物である。カリフォルニア州のパフォーマンス・テストは、カリフォルニア州の弁護士開業資格を希望する人々のみが受験するものであるが、このテストは全米における弁護士資格の認可における劇的な変化という大きな観点から、そして恐らくは法律の専門家のトレーニングおよび資格認定における動的な変化という国際的な観点から理解されるべきものである。1993年以来、パフォーマンス・テストは米国50州の半数以上の州、ならびにコロンビア特別区、グアム島、および北マリアナ諸島など、米国の管轄区域での必須テストとなっている。

　マルチ・ステート統一試験（MBE[1]）、法曹倫理試験（MPRE[2]）、および州法に基づく従来の論文式の試験に加え、司法試験の一部としてパフォー

マンス・テストを要求する動きはマックレート報告[3]に起因する。このレポートは「基本的なローヤリング・スキルについての宣言」であり、ロースクールのカリキュラムおよびバー・エグザムが網羅する範囲の双方を改善する重要なガイドラインとなっているものである。レポートは、法律の専門家として必須の能力である6項目の基本的スキルおよびそれらスキルに従属する項目について述べている。カリフォルニア州能力検定テスト（California Competency Test）、および約半数の管轄区域で使用されるマルチ・ステート・パフォーマンス・テスト（MPT）[4]で試されるスキルは、受験者に明示されており、カリフォルニア州およびマルチ・ステート・パフォーマンス・テストでテストされるスキルの記述は、マックレート報告で必須とされるローヤリング・スキルの記述をほぼ逐語的に踏襲している。NCBEの必須スキルは以下の通りである。[5]

1. 問題解決：受験者は問題解決または目的達成のための戦略を作成し、評価する能力を明示しなければならない。問題解決には以下の能力が求められる。
   A. 問題の特定および分析
   B. 解決策および戦略の代替案の作成
   C. 行動計画の作成
   D. 行動計画の実行
   E. 新情報や新しい着想に対応する計画プロセスの柔軟性の維持
2. 法的分析および論証：受験者は、法的規則および原則を分析し適用する能力を明示しなければならない。法的分析および論証には以下の能力が求められる。
   A. 法的問題の特定および定式化
   B. 与えられた法的資料の範囲内の適切な法的規則の特定
   C. 適切な法的理論の定式化
   D. 法的理論の精緻化
   E. 法的理論の評価
   F. 法的議論の批判および総合

3. 事実分析：受験者は、事実を分析して活用する能力および事実調査を計画し指揮する能力を明示しなければならない。事実分析には以下の能力が求められる。
    A. 一定の事実資料内において適切な事実の特定
    B. 事実調査の必要性の判断
    C. 事実調査の計画
    D. 利用可能な形態での情報の組織化と文章化
    E. 事実収集のプロセスを終結するかどうかの判断
    F. 収集した情報の評価
4. コミュニケーション：受験者は、書面による効果的なコミュニケーションの能力を明示しなければならない。コミュニケーションには以下の能力が求められる。
    A. コミュニケーションの受け手側の観点の評価
    B. 綿密で明解、および論理的かつ簡潔な見解の組織化と表現
5. 法的な仕事の組織化と管理：受験者は、必要な法的仕事を組織化し管理する能力を明示しなければならない。法的実務の組織化と管理には以下の能力が求められる。
    A. 時間、労力、およびリソースの効率的な配分
    B. 制約時間内での仕事の実行および完了
6. 倫理的ジレンマの認識および解決：受験者は、適用可能な倫理基準に沿ってクライアントの代理を務める能力を明示しなければならない。倫理基準に沿った代理には以下の能力が求められる。
    A. 倫理基準の特質およびそれらの情報源の知識
    B. 倫理基準が施行される手段についての知識
    C. 倫理的なジレンマを認識し解決する能力

問題を扱う底の深さと幅の広さのトレード・オフに帰着する余り重要ではない違いはあるものの、パフォーマンス・テストでこれらのスキルをテストする際に、カリフォルニア州のバー・エグザム実施委員会とNCBEは基本的に同じ形式を採用している。双方いずれものテストでは、受験者

に指示と共に「ファイル」および「ライブラリ」という資料が与えられる。双方の指示には些細な違いがあり、カリフォルニア州のテストでは、受験者は1つの問題のみのテストの解答に3時間与えられる。他方MPTでは、2つの問題に対してそれぞれ90分が与えられる。各管轄区域は、MPTの問題のうち1つをテストするか両方をテストするかを選択する。MPTの制限時間はカリフォルニア州のパフォーマンス・テストよりもはるかに短いため、受験者に期待され得る分析の深さおよび洗練された説得力のある解答の水準は、カリフォルニア州のテストよりも低い。ただし、管轄区域がMPTの2つの問題の両方をテストする場合、受験者はカリフォルニア州の受験者が1つの長時間の課題に費やす時間と同じ制限時間内に2つの大きく異なる課題に取り組むことになる。

　ファイルは、いわば先輩弁護士が新人弁護士の机の上にぞんざいに置いてゆくものである。その中で最も重要なものは、何らかの書類作成を要求する先輩弁護士からの覚書である。作成する書類は、クライアントへの書状、説得力のある覚書、準備書面、事実の説明、契約規定、遺言状、カウンセリングの計画書、和解の提案書、証拠開示手続きの計画書、証人尋問の計画書、または最終弁論などがある。ファイルには、インタビュー、デポジション、審理、または公判の記録、訴答書面、書簡、クライアントの書類、契約書、新聞記事、医療ファイル、警察の調書、または弁護士の覚書なども含まれる。要求される実務は、ファイルの内容を把握し、要求された書類を作成するといういかにも単純な作業に映るかもしれないが、パフォーマンス・テストには落とし穴が用意されている。ファイルには関連事実が記載されていると同時に、無関係な事実も含まれている。事実はときに曖昧であったり、不完全であったり、また矛盾していたりする。受験者の作業を設定する先輩弁護士の覚書は、不完全な事例、または不適切な事例を含む場合もある。受験者はこうした事情を認識して、他の必要な事実の潜在的な情報源を特定しなければならない。

　こうしたパフォーマンス・テストは、現行法の理解よりもスキルの明示化に重点を置いているため、課せられる事例は架空の管轄区域に設定される。ライブラリは、制定法、判例法、またはその他の法的資料などである。

本書に掲載されているカリフォルニア州のパフォーマンス・テストの手引きでは受験者に慎重に注意を促しており、ファイル内の法律は、「現実のもの、脚色されたもの、または本パフォーマンス・テストのためにだけ創作されたもの」が含まれていると説明している。パフォーマンス・テストでは受験者を意図的にこれまで勉強してきた既知の法律から引き離し、初めて接する法律をいち早く吸収して適用することを受験者に要求している。課された作業を処理するために必要なあらゆる法的資料はライブラリに含まれており、すべての受験者は全く同じ情報を基にテストに臨む。よって、受験者のローヤリング・スキルのみが受験者の成績を左右することになる。

　パフォーマンス・テストで使用されるシナリオは様々である。本書に掲載されている2005年7月のカリフォルニア州のパフォーマンス・テストでは、受験者は、相手方弁護士とそのクライアントである、55歳以上の人のための住宅地の住宅所有者組合に対して、年齢要件を満たし、かつその宅地内の住宅を購入すると共に23歳の重度障害者の息子との同居を希望する夫婦への年齢規制を免除しない決定を撤回するよう説得するために、相手方弁護士宛の書簡を作成することを要求している。この事例では、息子に対する年齢制限の免除を住宅所有者組合が拒否することが、管轄区域の公正住宅法（Fair Housing Act）に違反するか否かが焦点となる。受験者は、当該法規を解釈して法的要件が満たされていることを主張し、同時に2つの判例を分析して違いを見極める必要がある。重要なポイントは、表面的には平等な制限約款（住民は55歳以上でなければならないという年齢に関する要件）が、法の下での差別にあたるかどうかである。受験者自身の見解について説得力のある主張を展開することに加え、受験者はファイル内の資料にある相手方弁護士による主張を理解して反論しなければならない。戦略的な問題としては、受験者はクライアントが交渉による解決を希望していること、ならびに住宅所有者組合がクライアントの障害のある息子への免除拒否を撤回しない場合、裁判に持ち込む覚悟があることの両方を効果的に伝える書簡の構成をどうするかを決めなければならない。

カリフォルニア州のパフォーマンス・テストとMPTの過去の試験に目を通すと、それらの試験が広範囲の実務を扱っていることがわかる。その代表的な例を以下に挙げる。

州　対　ミラーの事例（2004年2月MPT-1）。州側の弁護士として受験者は、家庭内暴力に関する加重暴行の刑事訴追において過去の家庭内暴力の証拠（いわゆる「他の行為（other acts）」の証拠）の採用に異議を唱える被告側弁護士に対する申立書を作成しなければならない。

グラハムリアリティ社　対　ブレンダ・チャップリンの事例（2004年7月MPT-2）。法律扶助弁護士として受験者は、アパートを修理してほしいというクライアントの要求を不動産会社が拒否したため、クライアントが家賃の支払いを留保した、立ち退きの事例においてクライアントの要求、反対要求、被告側答弁、または救済策を特定して評価する、事例に関する計画についての取り扱いメモの草案を作成しなければならない。

ローズ・キングスレーの事例（2005年2月MPT-1）。受験者が所属する法律事務所は、若手弁護士（シーツ）を雇って、報酬分割契約を結び、厄介な有毒物不法行為の事例（モレノ事件）に取り組んだ弁護士（キングスレー）の代理人を務める。シーツは訴訟の準備中に本件から手を引いたが、現在勝訴した場合の全面成功報酬の「彼女の取り分」を求めている。受験者は、架空の管轄区域の職業倫理の下で、シーツはキングスレーのパートナーまたはアソシエイトのいずれであったか、ならびにキングスレーのモレノとの書簡は報酬分割契約の開示要件を満たすものかどうかを分析して、先輩弁護士に対して覚書の草稿を作成しなければならない。

フランクリン州　対　バトラーの事例（2006年2月MPT-2）。重罪である化学廃棄物の不法投棄で、フランクリン州のステート・アターニー事務所は、被告を含む調停の過程で承認された事実に関して、調停人に召喚状を発行した。この事実承認のもう1人の唯一の証人は調停における相手方当事者であり、既に死亡している。調停人は刑事事件での宣誓証言は、管轄区域の調停法の調停特権により保護されると主張している。しかし、調停法には調停特権に対する例外が幾つか規定されている。受験者は、ステート・アターニーとして召喚状の棄却の申し立てに反論する準備書面を

作成しなければならない。

　要するに、パフォーマンス・テストは、複雑な法的問題の渦中に受験者を投げ込み、課された作業に取り組むために必要な情報を（厄介で気の抜けないものではあるが）提供し、これまで修得してきた法律の知識を何ら優位を与えないものに変えてしまう。受験者は、素早く考えて必要な法的仕事の組織化、事実、および初めて対処する法律の分析、問題の解決、ならびに結果の効率的な伝達を行う必要がある。しかもその間、潜在している倫理的な問題とジレンマにも注意を払わなければならない。バー・エグザムの受験者はこうしたテストをひどく嫌がると考える人もいるであろう。確かにバー・エグザムの一部としてのパフォーマンス・テストは、受験者にとっては大きな悩みの種である。しかし面白いことにNCBEは、「パフォーマンス・テストは弁護士として活動する能力のモノサシとしてMBEまたは論文試験のいずれよりも優れており、バー・エグザムにパフォーマンス・テストが含まれる方が好ましいと受験者が信じている」と報告している。[6]

　日本では、大学を基盤としたロースクールが、こうしたスキルを学生が取得し始める手助けをどの程度行うべきなのか、また司法修習所の入学試験、および学生が修習所修了時に受験する「バー・エグザム」の双方において、このようなスキルがどの程度テストされるべきかが問題になるだろう。バーグマン教授が論考で明快にされている通り、ローヤリング・スキルの習得は、長くて複雑な過程である。実際、ローヤリング・スキルの習得はどこから始まるべきであり、いつ習得できたことが確証されるべきだろうか？

【注】

1 MBEは試験時間6時間、設問数200、多肢選択式試験で、契約、不法行為、憲法、刑法、証拠および不動産関係の事例を網羅。NCBE(National Conference of Bar Examiners)が作成し、参加する管轄区域(ワシントン州、ルイジアナ州およびプエルトリコを除くすべての管轄区域)により1年に2回実施。合格基準は各管轄区域が決定。
2 MPREは設問数60、試験時間2時間5分、多肢選択式試験で、1年に3回実施。ワシントン州、ウィスコンシン州、およびプエルトリコを除くすべての管轄区域で必須。合格基準は各管轄区域が決定。
3 以前は「Report of the Task Force on Law Schools and the Profession」。1992年7月米国弁護士協会(ABA)
4 MBEおよびMPREと同様にMPTはNCBEが作成。1年に2回実施。NCBEが採点のガイドラインを発行しているが、各管轄区域が独自にスコアを採点し、各管轄区域のその他のテストとのバランスで相対的重みを決定。
5 「The Multistate Performance Test 2007 Information Booklet」(2007年2月27日、2007年7月24日)2-3ページを参照のこと。NCBEから印刷版をhttp://www.ncbex.org/multistate-tests/mpt/から電子版を入手できる。
6 Kunce および Arbet著『The Bar Examiner』1995年5月、44-47ページを参照。

〈原題〉
The Nature and Role of Performance Tests in the Licensing Lawyers in the United States: from State Tests to a Nationwide System

> # 資 料
>
> 以下は California Bar Examination Performance Test A, July 2005
> の部分訳

パフォーマンス・テスト A
インストラクション及びファイル

ウィンストン家の事例
説　明

1. 本セッションの制限時間は3時間です。このパフォーマンス・テストは、あるクライアントが巻き込まれた実際の問題において、法解釈能力、事案分析能力を評価するものです。
2. この問題は、アメリカ合衆国の2つの架空の州、コロンビア州とフランクリン州における問題です。
3. 資料としてファイルとライブラリの2種類の資料が用意されています。
4. ファイルには事案に関する事実資料が含まれています。最初の書類は覚書で、受験者が行う課題についての説明が記されています。
5. ライブラリには、課題に取り組む上で必要な条文が含まれています。事案には、現実のもの、脚色されたもの、または本パフォーマンス・テスト用に創作されたものがあります。事案に見覚えがある場合でも、以前に読んだものと全く同一であると考えず、初めて目にするものとして各資料を精読してください。事案は、資料に示された管轄および日時に裁決されたものとします。ライブラリから引用する場合には略語の使用、引用ページ番号の省略が認められています。
6. 解答は必ず解答用紙に記入してください。用意された資料に集中すると同時に、法律に関する一般知識を駆使する必要があります。問題を分析する際、ロースクールなどで学習したことを基礎知識とし、ファイルおよびライブラリを具体的な資料としてください。
7. 時間配分に規定はありませんが、通常、資料の読解および分析に最低90分が必要です。
8. 受験者の解答は、説明・指示に準拠しているか否か、ならびに内容、完成度、および構成について評価されます。

コロンビア州障害者法センター
コロンビア州の保護および支援システム
645 Walther Way, Suite 208
Santa Claritan, Columbia 55515

覚　書

宛先：　　受験者
差出人：　ジニー・クロスターマン
日付　　　2005年7月26日
件名：　　ラルフ、マーガレット、およびクリント・ウィンストンの件

ウィンストン家は、ピナクル・キャニオン・エステーツの「55歳以上」向け居住地区での住宅購入にあたり、我々に代理人を務めることを依頼している。ラルフとマーガレットのウィンストン夫妻には、23歳の発達障害者の息子クリントがおり、夫妻と共に暮らしている。ラルフとマーガレットの夫妻は、ピナクル・キャニオン・エステーツに住宅を購入しようとした際、この居住地区には最低年齢35歳という年齢制限があるため、クリントはピナクル・キャニオンには住めないと通告されている。我々は、ピナクル・キャニオン・エステーツの住宅所有者組合の弁護士から組合の見解を改めて表明・説明する書簡を受け取っている。

ピナクル・キャニオン・エステーツの住宅所有者組合がクリントに対する年齢制限を免除することが法的に求められることを主張する返信を、説得力をもって書いてください。積極的差別撤廃の見地に基づく当方の見解を主張することに加え、ピナクル・キャニオン・エステーツの住宅所有者組合の弁護士からの書簡における相手方の主張を検討し、それに必ず反論してください。

資料　California Bar Examination Performance Test A, July 2005 の部分訳

ラルフおよびマーガレット・ウィンストンへのインタビューの記録

ジニー・クロスターマン（ジニー）：ウィンストン夫妻、インタビューをテープに録音してもかまわないでしょうか？　話されたことを覚えておくのに役立ちますので。もしお嫌でしたら、録音しません。

マーガレット・ウィンストン（マーガレット）：いいえ、録音して頂いて結構です。

ジニー：ありがとうございます。それでは、あなた方の姓名、年齢、ご相談の用件をお話しください。

ウィンストン氏（ラルフ）：私の名前はラルフ・ウィンストン、年齢は59歳です。妻はマーガレット・ウィンストンです。年齢は57歳……だったかな？

マーガレット：違うわよ、あなた。私はまだ56歳です（笑）。こちらに伺ったのは、家を購入しようとしたのですが、それを拒否されたからです。私達には一緒に住んでいる発達障害の息子がおります。その息子が原因で私達に住んでほしくないのだと考えています。

ジニー：拒否されたとはどういうことですか？

マーガレット：その居住地区の住宅所有者組合から、居住者には55歳以上という年齢制限があり、私達の息子は55歳よりもはるかに若いので、その家には同居できないと言われました。息子は私達と一緒に住む必要があります。息子は、重度の発達障害者であり、私達と一緒に住めなければ、どこかの施設に住むことになります。そんなことは不可能です。

ジニー：息子さんのお名前は？

ラルフ：クリントです。

ジニー：息子さんについて話して頂けますか？

マーガレット：すばらしい愛すべき息子です。私達は彼のことをとても誇りに思っています。息子は生まれつきの重度の障害者です。大体のことはできるのですが、やはり1人にはできませんので、私達なしでは生活できません。23歳になりますが、生活能力は実年齢よりもかなり下です。学習能力や記憶能力にかなり問題があるうえに、意思の疎通を図ることにもいささかの問題があります。

ジニー：わかりました。その居住地区の名称は何ですか？

ラルフ：ピナクル・キャニオン・エステーツです。

ジニー：その中の特定の住宅をお考えですか？

マーガレット：はい。オーナー販売の家のチラシを見つけ、実際に家を見に行き、とても気に入りました。ラルフも私も少し年を取ってきていますし、他の子供たちもすでに

独立しましたから、私達3人に今の広い家は必要ありません。売主はとても良い人で、家の価格も妥当なものでした。

ジニー：売主の名前は？

マーガレット：彼女の名前はここにメモしてあります。パメラ・ガルシアです。パメラはご主人を亡くされ、トゥーソンに移りたいので家を売りたいとのことでした。ですからお互いに都合が良かったのです。部屋のレイアウトも良くて、片側にクリントにぴったりの寝室がありました。とてもすてきな地区で、ラルフや私ぐらいの年齢の方が大勢いらっしゃいます。

ジニー：あなた方が家を買うことを、その居住地区が望んでいないとわかったのはいつですか？

ラルフ：手はずをすべて整えて、契約が完了する数日前でした。ピナクル・キャニオン・エステーツの住宅所有者組合の代表でフィリス・リムさんという方が、この地区の居住者には55歳以上という年齢制限があり、息子さんは55歳以上ではないので、その家には住めないと通告してきました。彼女自身はとても感じのよい方でした。彼女は、組合はとても申し訳なく思っており、これはクリントが発達障害者であることとは全く関係がなく、実際、近所には障害者の方が大勢暮らしていらっしゃると言われました。彼女は法に従い、55歳以上を対象とする居住地区の住宅供給という現状を維持する必要があるというようなことを言いました。「CCおよびRs」とかいうものによって、35歳未満の人の居住が許可できないとのことでした。私にはそれがどういう意味かわかりませんでしたし、それが問題だとは思えませんでした。ただ所有者組合が障害者のいる家庭を自分たちの地区に住まわせたくないのだと思いました。

ジニー：わかりました。複雑ですね。「CC」および「Rs」は、「covenants（約款）、conditions（約定）および、restrictions（制限）」の略語です。ある地域の不動産に対する一般的な居住要件のことで、多くの決め事からなります。年配の人たちだけを住民にしたいためにCC&Rsに年齢制限を盛り込む地域もあります。

ラルフ：ああ、そうなんですか。それは合法的なことなのですか？

ジニー：一概には言えません。55歳以上の居住地区というのは、年齢による差別化を事実上認めるということでもあります。しかし、地域が障害者を住みたい家に住みづらくするのは、許されることではありません。彼女に先ほどのことを告げられたとき、あなた方はどうしましたか？

ラルフ：売主のパメラ・ガルシアはとても怒って、それは話にならない、そんな規則は馬鹿げている、それじゃクリントはどこに住めというのだと言ってくれました。しかし、私達は契約をキャンセルしました。彼女は、もしクリントが一緒に住めるように居住地区を同意させることができたら、喜んで家を売りますと言ってくれました。また彼女は、

資料 California Bar Examination Performance Test A, July 2005 の部分訳

居住地区を訴えるか、もしくは何か他に手を打つべきだと考えて、私達に弁護士に会うよう提案しました。彼女は私達のことを応援してくれています。もちろん、売買を成立させたいからというのもあるでしょうが、彼女にとって家の売値はそれほど重要なことではないように思えます。そういうわけですが、なにか打てる手立てはありますか？
ジニー：現時点でのあなた方の目的はなんですか？　どこか別の住宅を見つけることですか？
ラルフ：できれば、あの家に入居したいと思います。今すぐにではありませんが、いずれは引っ越さなければなりません。しかし、私がいささか懸念しているのは、私達は自分たちと同じ世代が住む地区で暮らしたいと思っていますが、もし他でも今回と同じようなことになるのなら、クリントを施設に預けない限り、引越は無理だということです。私達はクリントを施設に預けたくありませんし、経済的にも不可能です。
ジニー：クリントさんが自活できない理由をもう少し詳しく話してください。
マーガレット：食事の用意ができません。やれば、コンロで火傷をしてしまうでしょう。基本的な家事と衛生管理において介助が必要です。請求書の支払いや当座預金の管理などの家計管理もできません。金銭面で他人が彼につけこむことは簡単なことです。
ジニー：仕事をしていますか？
ラルフ：障害者を雇う授産施設で働いています。しかし、公共交通機関を安全に利用することができないので、私達のどちらかが車で送り迎えをしています。
ジニー：彼が近隣住民に問題を引き起こすと思いますか？
マーガレット：とんでもありません。クリントはおとなしくて恥ずかしがりやです。優しくて、とても穏やかです。知らない人には全く近づきませんし、私達のどちらかが付いていなければ外出もしません。
ジニー：以前に住んでいたところで問題はありましたか？
マーガレット：クリントのことでですか？　いいえ、一度もありません。
ジニー：わかりました。私は本件のような事例は今まで経験したことがないので、最初にとるべき手順は、私自身がもう少しこの件に関して調査することだと思います。ですが、もし、私が考えているようなケースであれば、ピナクル・キャニオン・エステーツの住宅所有者組合に電話して、55歳以上という年齢制限を免除するよう要求することができます。障害に関連した様々なクライアントのために以前にも同じような要求をしたことがあります。非常に柔軟に対応してくれる住宅所有者組合もありますし、そうでない組合もあります。ですから、本件の住宅所有者組合も同意する可能性はあります。もし同意しない場合は訴訟を提起し、免除の拒否は、コロンビア州の公正住宅法に違反するという判決を求めることもできます。裁判というのは、思われているほど特別なことではありません。しかし、まずは電話一本で解決できればと思っています。この進め

方で良いと思われますか？
マーガレット：はい、そうして頂きたいと思います。そう思わない、ラルフ？
ラルフ：そうだね。僕もそう思うよ。電話で解決できればと思うけれど、もし解決できなければ、パメラ・ガルシアの言うとおり、組合を訴えよう。僕達があそこに住めるかどうかやってみる価値はあるよ。
ジニー：わかりました。それでは、私は調査を始めます。それから、組合に電話します。
ラルフ：お時間をとって頂き、ありがとうございました。

インタビュー終了

資料　California Bar Examination Performance Test A, July 2005 の部分訳

コロンビア州障害者法センター
コロンビア州の保護および支援システム
645 Walther Way, Suite 208
Santa Claritan, Columbia 55515

覚　書

宛先：　ファイル
差出人：　ジニー・クロスターマン
日付：　2005 年　7 月 5 日
件名：　クリント・ウィンストンへの正当な住宅提供を求めるピナクル・キャニオン・エステーツへの電話

　2005 年 7 月 5 日、私は、ピナクル・キャニオン・エステーツの住宅所有者組合（以下「住宅所有者組合」という）のフィリス・リム（以下「リム氏」）氏に電話で連絡を取った。リム氏は住宅所有者組合の統括マネージャーであり、不動産弁護士であった。ウィンストン夫妻の代理人として電話している旨を告げたあと、ウィンストン夫妻がパメラ・ガルシアから住宅を購入することを希望した際の一連の出来事を説明し、それが事実であるかを確認した。リム氏は、説明は事実であり、ピナクル・キャニオン・エステーツは 55 歳以上の居住地区で、CC&Rs に 35 歳以上の年齢制限を設けていると言った。次に私は、住宅所有者組合が、全居住者を 35 歳以上であるとする CC&Rs をクリント・ウィンストンに対して免除することを要求した。ウィンストン夫妻は、ラルフもマーガレットも共に 55 歳を過ぎていること、彼らの息子は発達障害者であるため夫妻と共に暮らす必要があること、夫妻は同年代の人々が暮らす地域での生活を望んでいること、さらに息子を施設に入れることは望んでいないことを説明した。また私は、コロンビア州の公正住宅法（以下「CFHA」という）は障害者への差別を禁じていること、我々が望んでいるのは、ただ年齢制限の免除だけであることも説明した。私は、年齢制限の免除が、この状況では適正な処置でもあることを提言した。年齢制限免除の要請を却下してもそ

れで終らないことを彼女にわからせるために、ウィンストン夫妻はこの件をさらに追求する用意があること、売主であるパメラ・ガルシアが夫妻を支持していることをほのめかした。

リム氏は、ウィンストン夫妻の気持ちを理解しており、住宅所有者組合に対し、検討を依頼すると言った。しかし、彼女は、住宅所有者組合がおそらく要求を拒否すると見込んでいるようだった。彼女は、住宅供給組合は決定を文書にして態度を徹底させてくるだろうと話した。

資料　California Bar Examination Performance Test A, July 2005 の部分訳

ロメット、フェアブロックス、フロームキン、&ズコーニ LLP
法律事務所
1332 Via Estrada
Fairview, Columbia, 55521
電話：(555) 547-4700
ファックス：(555) 547-4705

2005年7月22日

コロンビア州障害者法センター
645 Walther Way, Suite 208
Santa Claritan, Columbia 55515
ジニー・クロスターマン様

件名：ラルフおよびマーガレット・ウィンストンならびにパメラ・ガルシアによるピナクル・キャニオン・エステーツに対する年齢制限免除要求の件

クロスターマン様

ピナクル・キャニオン・エステーツ住宅所有者組合（以下「住宅所有者組合」という）の統括マネージャー、フィリス・リム氏より、住宅所有者組合の年齢制限の免除をウィンストン夫妻の代理人として貴殿が要求されているとの連絡を受けました。ウィンストン夫妻は、パメラ・ガルシアの住宅の購入を希望しており、同エステーツに入居後は、夫妻の障害者であるご子息クリント氏と同居する意向であると聞いています。

ご承知のとおり、ピナクル・キャニオン・エステーツ（以下「PCE」という）には、高齢者、すなわち55歳以上の方々のみに居住を制限する一般要件があります。PCEで居住するには、この要件が厳密に守られることが不可欠となります。この要件がゆえに人々はPCEを選ばれます。50代後半であられるウィンストン夫妻も、まさしくこの要件が

あるからこそ、ガルシアさんの住宅購入を希望されたはずです。

私は、クリント・ウィンストン氏が23歳で発達障害者であることは承知しております。彼は常に成人による監督保護を必要とし、これまでずっと両親と暮らしてきました。私達は、クリント氏が当該障害者法の意図する範囲内における障害者であるということに異議を唱えるつもりはありませんし、ウィンストン夫妻の苦衷は十分にお察し致します。しかし、私がここでご説明する理由により、住宅所有者組合は年齢制限の免除を与えることはできかねます。

貴殿は、クリント氏が若年で、障害者であるという理由で免除の要求を拒絶することは、クリント氏に対する不法な差別であると主張されていますが、その解釈について反論いたします。

先ず第一に、クリント・ウィンストン氏の障害は、彼のPCEでの居住を認めないという住宅所有者組合の決定とは何ら関係はありません。この決定は、一重に彼の年齢そのものが理由です。PCEでクリント氏が両親と共に暮らすのを認めることは、PCEの約款、約定、制限（CC&Rs）に反します。ご承知の通り、本質的に契約保証されたCC&Rsにより、35歳未満の者は、世帯主が55歳以上であっても、何人たりともPCEには居住できません。クリント氏が少なくとも35歳であれば、我々はこうした反論はいたしません。

第二に、高齢者向けの住宅であるPCEは、年齢差別に関する法の適用から完全に除外されます。我々は、コロンビア州の公正住宅法（C.R.S. 第41条参照）の下に、我々の定める年齢基準に満たない人たちを排する権利を法的に有しています。それどころか、我々は適用除外の資格を維持するために、年齢による区別の明確化を「要求」されているのです。現在、我々はC.R.S. 第42条に定められた基準を満たしており、それを維持することを強く望んでおります。これがウィンストン夫妻の免除要求を拒否する第一の理由です。

我々の適用除外の資格を維持するためには、居住地区において55歳以上の住民が最低80％を占めることも求められます。現時点で、我々はちょうどこの80％という状況にあります。我々の大きな懸念事項の1つは、年齢に関する要件免除が常習化すれば、この80％という下限を下回り、その結果、年齢制限の適用除外の資格を失うということです。

資料　California Bar Examination Performance Test A, July 2005 の部分訳　253

第三は、55歳以上の高齢者居住地区の性質に関するCC&Rsにおいて、我々が住宅所有者より負っている義務に関係するものです。つまり、地区内に若年層の居住を認めることにより、住宅所有者が契約上の権利として求める秩序と静けさが損なわれる危険性があるということです。実際、現在の居住者から平均ひと月に2件は、10代や青年層のお子さんの入居を認めてほしいという年齢制限免除の申請があります。しかし、それを認めれば、遅かれ早かれ、多くの10代や騒々しい青年層の子供たちにより交通汚染や騒音が増え、延いては高齢の住民に深刻な被害がもたらされることになるでしょう。そればかりか、同時に、PCEの限定性による不動産価値が下落することも懸念されます。

さらに、このような免除を認めれば、PCEの特質が全く異なったものになってしまいます。我々がそのような事態に至る危険を冒すことは、年齢あるいは障害者に関する法律のもとでも求められてはおりません。住宅所有者組合は、当地区の性質を維持できるという制定法により付与された権利を放棄する必要はありません。そういうことを住宅所有者組合に要求するのは妥当ではありません。地区の性質を存続させるために、我々は今後も、55歳以上というPCEの特質を維持する意向を表明していく必要があります。

第四に、当地区では住宅所有者が老衰や病気により死亡することは、珍しいことではありませんが、仮にウィンストン夫妻がそうなった場合、クリント氏はどうなるのでしょうか？　誰が彼の面倒を看る事になるのでしょうか？　これは、常につきまとう懸念事項であり、住宅所有者組合がそれを双肩に担うようなことがあってはなりません。そうなった場合、並々ならぬ管理上の問題が発生します。例えば、差し当たりのクリント氏の面倒を看つつ、彼の親族を探さなければならないといった問題です。住宅所有者組合は社会福祉機関ではありませんから、こうした手配を引き受ける用意がありません。障害者法を解釈する判例法に基づいても、こうした管理上の負担が生じる場合、住宅所有者組合のような団体は制定基準以下の年齢の人々に便宜を図る必要はないのです。

度重なる免除を認めることにより生じうる管理上の負担、地区の性質の変化、及び不動産価値の低下があいまって、PCEに対して本来耐える必要のない不当な苦難がもたらされます。

先に申し上げた通り、我々は、クリント氏に障害があることを懸念しているのではありません。当地区には障害を持つ住民が大勢おられ、高齢者の居住地区であることを考えると、この状況は不思議ではありません。（我々には積極的に差別を解消する「義務」

はありませんが）仮に我々がウィンストン夫妻の希望を受け入れた場合、年齢を基準とした完全に中立的な対応姿勢に反し、ウィンストン夫妻とクリント氏を「特別優遇」するという、筋の通らない理不尽な立場に陥らいらざるをえないことになります。つまり、我々の中立的な方針を正当に適用するのではなく、住民としての資格を満たさない障害者を「特別優遇」する逆差別の形をとることになってしまいます。

近隣州であるフランクリン州の裁判所の決定をご確認して頂きたいと存じます。ノーブル対ヴェントーサ・リッジ・エステーツの判例では、コロンビア州法令と同じ法令が適用されており、フランクリン州の裁判所は完全に我々の見解を支持しています。

コロンビア州では、同争点の判例はありません。コロンビア州の控訴裁判所におけるタウンレー対ロッキング・J・レジデンシャル・コミュニティの判例が本件に最も類似していると思われますが、ここでも我々の見解が支持されています。つまり、我々の中立的な基準に照らして入居資格を有する「住宅所有者または住民」に関しては、障害者に便宜を供与する義務がある「場合がある」が、住民としての入居資格を満たさないクリント氏のような人々に関しては、そのような便宜の義務を負う必要はないという見解です。

実際、私どもでは入居資格を満たす住民を受け入れなかったことはこれまで一度もありません。長年にわたり、当地区のメンバーは、バリアフリーやその他の障害者用の改造に多額の費用を投じてきました。例えれば、地区の共用スペースにおける車椅子用のスロープや大きめのエレベーター、トイレの手すりなどが挙げられます。

最後になりますが、この数年間、我々が暮らすこの大都市圏では住宅が供給過剰になっていることは言うまでもありません。55 歳以上という年齢制限のない地域にも数多くの上質な物件が出回っています。ウィンストン夫妻は、ご子息と共に暮らせる PCE 以外の住居を難なく見つけられることでしょう。

敬具

Emma Zucconi
エマ・ズコーニ

資料 California Bar Examination Performance Test A, July 2005 の部分訳

パフォーマンス・テストA
ライブラリ

ウィンストン家の件

ライブラリ

- コロンビア州公正住宅法の規定抜粋

- ノーブル 対 ヴェントーサ・リッジ・エステーツ（フランクリン州控訴裁判所、2004年）（内容略）

- プロジェクト・ホーム 対 カタリナ市（コロンビア州控訴裁判所、1998年）（内容略）

- タウンレー 対 ロッキング・J・レジデンシャル・コミュニティ（コロンビア州控訴裁判所、2003年）（内容略）

コロンビア州公正住宅法の条文抜粋

第41条　定義
本条項では別途要請のない限り、以下の定義を使用する。
1. 「障害」とは、少なくとも1つの主要な生活活動を著しく制限する、精神的または肉体的な機能障害、係る障害の記録があること、または係る障害を有していると見なされることを意味する。
2. 「住居」とは、1世帯以上の家族による住宅として使用される、または使用されるために設計された、または使用を意図したあらゆる建築物、建造物、または建築物もしくは建造物の一部を意味する。
3. 「家族」とは、18歳未満で、且つ、親または親以外の未成年者の親権を有する者と暮らす、1名以上の個人の状態を指す。
4. 「人」とは、1名以上の個人、法人、組合、協会、法的代理人、相互会社、被信託人、受託会社、破産管財人および受託者を意味する。

第42条　適用除外される高齢者への住宅供給；規則、定義
A. 本条項の家族に関する規定は、高齢者の住宅供給には適用されない。
B. 以下の場合は、高齢者向住宅としての適性があるものとする。
1. 最低80％の世帯で、一世帯につき少なくとも1人の55歳以上の人が住む場合。
2. 住宅地区が、55歳以上の人へ住宅を提供する意思が所有者または管理者にあることを、方針および手続きとして公表し、明示する場合。

第43条　販売または賃貸における差別
人は、人種、肌の色、宗教、性別、家族関係、もしくは国籍を理由に、善意の申し込みが行われた後の販売または賃貸を拒否したり、販売または賃貸の交渉を拒否もしくは不可能にしたり、居住を禁じたりすることはできない。人は、人種、肌の色、宗教、性別、家族関係、もしくは国籍を理由に、住居の販売もしくは賃貸の条件もしくは権利において、または販売や賃貸に関するサービスもしくは設備の提供において、いかなる人に対しても差別をしてはならない。

第44条　障害による差別；定義

・　　　・　　　・

資料　California Bar Examination Performance Test A, July 2005 の部分訳

B．人は、以下の者の障害を理由に、住居の販売もしくは賃貸の条件もしくは権利において、または居住に関するサービスもしくは設備の提供において、いかなる人に対しても差別をしてはならない。
    1. 本人。
    2. 住宅の販売もしくは賃貸の後、または利用可能になった後でその住宅に居住する人、または居住を意図している人。
    3. 本人に関係する人。

C．本項では「差別」とは以下を含む。
    1. 障害者が土地・建物を充分に享受できるようにするために改修が必要な場合に、当該障害者が居住している、または居住予定である既存の土地・建物を障害者本人の費用負担で合理的に改修することを許可しないこと。
    2. 住宅を使用し、享受する平等な機会を当該人に与えるために合理的な便宜を供与する必要がある場合に、規則、方針、慣例、もしくはサービスにおいて、かかる便宜の供与を拒否すること。

258　第二部　論考　シンポジウム「よき法曹を育てる」に寄せて

パフォーマンス・テストA
参考答案

宛先：　ピナクル・キャニオン・エステーツの住宅所有者組合の弁護士、エマ・ズコーニ
差出人：　受験者、コロンビア州障害者法センター
日付：　2005年7月26日

件名：　ラルフ、マーガレットおよびクリント・ウィンストンの件

ズコーニ様

ラルフ、マーガレット、およびクリント・ウィンストンに対するピナクル・キャニオン・エステーツ（以下「PCE」）の約款、約定、および制限（以下「CC&R」という）を免除することを拒否する2005年7月22日付けの貴殿の書簡に返答致します。PCEの住宅所有者組合が、35歳未満の人にPCEでの居住を禁止するCC&Rの規定の免除をウィンストン家に対して認めなかったことを、大変残念に思います。ここに本書簡をお送りしましたのは、PCE住宅所有者組合には、障害による差別を禁止するコロンビア州公正住宅法（以下「CFHA」）の第44条C項に準拠すべくクリント氏に年齢制限を免除する法的な義務があることを指摘し、かかる免除をあらためて要求するためです。

<u>CFHAに基づきPCEには、「住宅を使用し享受する平等な機会を当該人に与えるために合理的な便宜を供与する必要がある場合に、規則、方針、慣例、もしくはサービスにおいて、かかる便宜」を供与することが要求されます。</u>

ラルフおよびマーガレット夫妻の23歳のご子息クリント・ウィンストン氏は、「少なくとも1つの主要な生活活動を著しく制限する」精神的な障害を有しており、CFHAの定義に基づく障害者であります（第41条参照）。クリント氏の生活能力は、実年齢である23歳の水準よりもかなり下回り、学習、記憶、および意思疎通に問題があります。また、自炊、家事、および金銭の管理ができませんので、主要な生活活動である、独力での生活が営めているとは言えません。さらに、彼は授産施設で働いていますが、通勤に公共交通機関を利用できませんので、ラルフおよびマーガレット夫妻の車での送迎に頼らざるを得ず、従って、雇用という、もうひとつの主要な生活活動も制限されています。

資料 California Bar Examination Performance Test A, July 2005 の部分訳　　259

クリント氏の両親は、彼を世話し、彼の家事を助け、彼を職場まで送迎しています。両親の援助なしではクリント氏は自活できずに施設に入らざるを得なくなり、これは彼の両親が断固拒否しています。PCE で購入しようとした家にクリント氏と共に住むことが、両親の希望です。CFHA の第 44 条 C 項では、障害者に対する差別の定義の中に、「住宅を使用し享受する平等な機会を」障害者に与えるために合理的な便宜を供与する必要がある場合に「規則における合理的な便宜の供与」を拒むことが含まれています。従って、PCE は、クリント氏が両親と共に「住宅を使用し享受する平等な機会」を享受できるよう、「合理的な便宜」を供与しなければなりません（第 44 条 C 項参照）。こうした理由から、制限免除の拒否は、貴殿がくだんの書簡で主張されたように、クリント氏の年齢ではなく、彼の障害に基づいて、クリント氏と彼の両親を差別していることにあたります。

住宅を使用し享受する平等な機会

コロンビア州の裁判所は、「住宅を使用し享受する平等の機会」の規定を、障害者に自ら選択した住居および地域に住む権利を与えることであると解釈しています（ロッキング・J の判例参照）。この規定は、「社会の本流から障害者を排除することを廃止する」ために設けられたものです（ロッキング・J の判例参照）。これにより、ウィンストン家を受け入れる住宅が他にも存在するという事実だけでは、彼らに PCE を享受する平等な機会を与えるべく合理的な便宜を供与する必要はないという主張の論拠にはなり得ません。さらに、CFHA の第 44 条 B 項は、本人の障害だけではなく、住宅の販売後に「その住宅に居住する人、または居住を意向する人」および「本人に関係する人」の有する障害によるいかなる人への差別を禁止しています。従って、合理的な便宜供与の拒否も差別にあたる以上、ラルフおよびマーガレット夫妻も、彼らの子息と同様に合理的な便宜を供与される権利を有するものであり、クリント氏と共に PCE で暮らすことが夫妻の意向であります。

第 44 条 C 項は、通則である規則の免除について定めています。

障害者の受け入れのために、規則に合理的な便宜を働かせることを拒否することは、その規則が他の状況では通則であろうとも、第 44 条 C 項に違反します。コロンビア州の控訴裁判所は、求められる合理的な便宜と入居見込み者の障害との間に「因果関係」は必要ないと判断しています（プロジェクト・ホームの判例参照）。プロジェクト・ホー

ムの件で裁判所は、第44条C項に「差別」の独立した定義が述べられており、これは「障害を理由にした」差別という第44条B項の要件に影響されないと指摘しています。同様に、コロンビア州の控訴裁判所はロッキング・Jの裁判において、障害者の差別に関するCFHAの規定には、他の種類の差別（人種や性別による差別など）に適用されるCFHAの規定と同じ「平等な取り扱い」という解釈が適用されないことを指摘しています。同裁判所は、第44条C項は「障害者および非障害者を分け隔てなく平等に扱う以上のことを住宅供給業者に」要求するものだと指摘しているのです（ロッキング・Jの判例参照）。従って、クリント氏の障害とCC&Rの年齢制限は何ら関係がないとする貴殿の主張は、PCEにはクリント氏に制限免除の形で合理的な便宜を供与する法的義務を有するという事実を揺るがすものではありません。

たしかにフランクリン州の控訴裁判所は、ノーブル裁判において、同じような55歳以上の居住地区の年齢制限を、障害者への便宜のために撤廃する必要はないという判決を下しましたが、その際同裁判所が採用した判断理由は、コロンビア州の控訴裁判所では明確に否定されています。フランクリン州およびコロンビア州の公正住宅法は同一かもしれませんが、2つの裁判所が示した解釈には相違する点があります。フランクリン州の裁判所におけるノーブル裁判では、年齢に関する要件は、「障害による」差別ではないという主張がなされ、撤廃の要求とノーブルの障害には「因果関係がない」という判断が示されました。一方、コロンビア州の裁判所は、前述しました通りプロジェクト・ホームズの件において、因果関係の必要性を否定しています。同様に、フランクリン州の裁判所は、ノーブルが便宜を求める権利を有するのは、障害者が他の人々と「平等に」住宅供給を享受するためにそれが必要である場合に限るとしましたが、コロンビア州の裁判所はロッキング・Jの裁判において、積極的な解釈をより明確に示しました。このようにフランクリン州の裁判所の判断理由は、コロンビア州の裁判所により否定されているのですから、クリント氏に制限免除を与えることを拒否するPCEの姿勢を正当化する根拠にはなりません。

PCEが障害を持つ他の住民に住宅を提供していることは、本件の差別の反証になるものではありません。

貴殿は、要件を満たす住民の受け入れを拒んだことはこれまで一度もないと主張されています。これは賞賛に値する行為であり、障害を持つ住民のニーズへの配慮という、クリント氏に対してもお示しいただきたい配慮が窺えます。しかし、他の住民に対して差別をしないからといって、クリント氏に合理的な便宜を供与する貴殿の法的責任が変わ

資料　California Bar Examination Performance Test A, July 2005 の部分訳

るわけではありません（ロッキング・Jの判例参照）。CFHAの目的の1つは、個々のニーズや状況に対処することにあります（プロジェクト・ホームの判例参照）。こうした合理的な便宜を供与する地域の義務は、それを必要とするひとりひとりの障害者に対して果たされるべきものです。

ロッキング・J判決の判断理由は、既に入居基準を満たしている個人に限定されるものではありません。

さらに、ロッキング・Jの判決が、中立的な基準に基づいて入居基準を満たす住宅所有者または住民に限定されるという貴殿の主張は、本件で問題としているいずれの法律からも支持されません。たしかにロッキング・Jの裁判では、55歳以上で障害を抱える男性が、年齢要件を満たさない彼の介護士に対する制限免除を要求しましたが、その判断理由は決してロッキング・Jのシナリオだけに限定されるものではなく、障害者に対する合理的な便宜としての年齢制限免除という問題全般に当てはまるものです。なお、前述した通り、第44条の保護は、障害者本人のみならず、障害者に関係する人、および住宅購入後に障害者が住居に住むことが予定される場合でも適用されます。従って、この保護は、ウィンストン家の事例にも適用されます。

本件で要求されている制限免除は、1）居住地区計画の性質を根本的に変化させるものではなく、2）被告に不当な財政的または行政上の負担を強いるものでもない「合理的な便宜供与」です。

コロンビア州の最高裁判所は、便宜の供与により、(1) 居住地区計画の性質が根本的に変化させられる場合、または (2) 被告に不当な財政的または行政上の負担が強いられる場合は、合理的な便宜とは言えないと判断しています（ロッキング・Jの判例参照）。ウィンストン家が求めているCC&Rの年齢制限の免除は、上記の基準のどちらにも当てはまるものではなく、よって、PCEが法律上供与しなければならない合理的な便宜ということになります。

居住地区計画の性質の根本的な変化

貴殿は先の書簡で、多くの理由を挙げて、今回の免除がPCEに根本的な変化をもたらすものだと述べておられましたが、それらの理由はすべて正確性に欠けるものです。

第一に、PCE は 55 歳以上の世帯が 80％以上であることを維持する必要があるので、今回の免除を認めれば、第 42 条に基づく適用除外資格を失うことになると主張されています。しかし、免除の規定は、55 歳以上の住民が最低 1 人いる世帯が 80％以上であることのみを要件としています。本件のラルフおよびマーガレットは共に 55 歳以上です。従って、クリント氏が両親と共に暮らしても暮らさなくても要件の 80％を下げる要因にはなりません（ロッキング・J の判例参照）。

第二に、PCE が家族状態の規定の適用除外資格を失うリスクを冒すことになる理由として、第 42 条により「55 歳以上の人に住宅を提供する意向が所有者または管理者にあること」を、方針および手続きを公表し、それに準拠することにより示す必要があるからだと主張されています。しかし、コロンビア州の控訴裁判所がロッキング・J 裁判で示した通り、「州法に準拠するために」障害者のニーズに合理的な便宜を図るべく制限を免除することは、高齢者へ住宅を提供する意向が変化したことを示すものではありません。

第三に、PCE が多数の制限免除の申請を受けた結果、地域が一変して、それが根本的な変化に結びつくことはありません。貴殿は制限免除の依頼をひと月に 2 件受け取ると言われました。しかし、法的な要求に応じてクリント氏に制限免除を与えても、非障害者に免除を与えなければならないことにはなりません。本件は、クリント氏の年齢ではなく障害に基づく免除ですから、今後いかなる免除も「事実集約的または事例特異的な」決定であることに変わりはありません（ロッキング・J）。従って、免除を頻繁に与えることで、高齢者住民の地域の適性が様変わりをして不動産価値が低下してしまうという貴殿の懸念は、あくまで根拠のないものです。なぜなら本件の免除は、貴殿に年齢制限を完全に取り除くことを要求するものではないからです。

<u>不当な財政的および行政上の負担</u>

貴殿は先の書簡で、今回の免除は不当な財政的および行政上の負担を PCE にもたらすものであることから、合理的な便宜供与ではないと主張されています。しかし、本件の免除は貴殿が述べるような負担を呈するものではありません。第一に PCE は、既に、障害を持つ他の住民のために、共有スペースに便宜を図っています。これは、PCE は住民に便宜を供与することが可能であり、かつ、賞賛すべきことにそれを厭わない地域であることを示しています。

第二に、貴殿は、ラルフとマーガレットがクリント氏より先に亡くなった場合、残され

資料 California Bar Examination Performance Test A, July 2005 の部分訳　263

たクリント氏の世話のために行政的な費用が生じる恐れがあると述べられています。これは、「(障害者による)賃貸が引き起こしうる問題への根拠のない不安」に関係する懸念です（プロジェクト・ホームの判例参照）。これこそが障害者への住宅提供における差別に繋がる懸念であり、それを防ぐために、障害者差別を禁じる CFHA の規定が施行されたのです。PCE には、障害を持つ住民が他にもおられますが、この種の行政上の負担が発生しているとは思われません。さらに、高齢者の居住地区である以上、PCE は、その様な場合は、幾度も差し当たっての手配を引き受け、亡くなった方の親族を探すことを余儀なくされていることと思われます。クリント氏の障害が行政上の負担になるという懸念は、住宅提供における障害者への差別を禁じたコロンビア州法の適用を避けるための充分かつ容認できる論理的根拠とはなりません。

最後に、ラルフおよびマーガレット夫妻は、まだ50代後半であり、この先長くクリント氏の世話ができると思われます。ウィンストン夫妻が亡くなった場合は、夫妻の他のお子さん方がクリント氏の世話ができると思われます。クリント氏の保護者として、また他のすべての親と同じように、ウィンストン夫妻は、現在も、また彼らの死後も、クリント氏に必要なものを手配する責任を負っています。住宅供給組合である PCE が、他の住居者に対して負っている以上の行政上の負担を、ウィンストン家に対して負うことにはなりません。

以上の理由から、我々は貴殿に、ウィンストン家に対して PCE の CC&Rs における年齢制限の免除を拒否する決定について再考を求めます。年齢制限が通則であるとしても、PCE には、クリント氏に合理的な便宜を供与するべくそれを免除する法的義務があるのです。さらに、この免除は、PCE の性質を根本的に変える危険性はなく、不当な財政的または行政上の負担を強いるものでもないため、合理的な便宜と言えます。クリント氏は、おとなしく温厚な性格で、彼が以前に暮らした場所で問題を起こしたことは一度もありません。また、ウィンストン夫妻は、必要であれば本件を裁判に持ち込む用意と意思があります。我々は、そのような事態に至らないよう願っております。

敬　具

受験者

第三部

関連資料

弁論、尋問および裁判官説示の陪審員および裁判員評議への影響に関する研究

丸田　隆　（関西学院大学大学院司法研究科教授）

はじめに

　本研究は、市民が参加する刑事法廷において、法廷での弁論、尋問（直接、反対尋問）および裁判官の説示が、市民の判断形成にどのような影響力を持つかについての研究*である。（*平成16年文部科学省採択の「法科大学院等専門職大学院形成支援プログラム」の関西学院大学ロースクール内部のパイロット研究および積極的貢献研究の一部である。）

　研究の素材としては、2004年12月に関西学院大学ロースクール模擬法廷で実施された関西学院大学法科大学院基礎演習II履修学生と関西学院大学法学部研究演習II履修生とのジョイント企画による刑事模擬裁判のケースを用いた。この模擬裁判では、12人の市民からなる「刑事陪審員」と8人の市民と一名の主宰裁判官による「裁判員」が構成され、同じ刑事公判を見た上で、おのおの別個に評議をおこなった。この分析では、その双方の「評議」を素材として用いた。

　本事件は、被告人は「殺人罪」で起訴されている。そのため検察は「殺意」の立証を行うことが求められている。これに対して、弁護人は、殺意がなく無罪であると主張し、仮に傷害の意思があったとしても傷害致死罪には該当せず、被害者のDVから胎内にいる子供と自分を守るための正当な防衛行為であったと主張している。

　そこで、本研究では、1. 効果ある証人尋問と評議への反映、2. 最終弁論の評議への反映、および3. 裁判官の説示の陪審評議への影響について

分析した。なお、資料として「模擬裁判の記録」およびそれぞれの「評議の記録」を添付した。

なお、本研究については、映像記録の文章化、構成、分析その他について関西学院大学大学院法学研究科博士課程院生の竹部晴美さんおよび同、藤田ともみさんに多くの作業をしていただいた。ここに記して感謝したい。

1 効果ある証人尋問と評議への反映

問題の所在：証人尋問は事実の証明である。事実は事実認定者に正確に伝えられなければならない。問題は、尋問者が意図した事実情報が正確に事実認定者に伝えられているかどうかである。今回の争点である被告人の「殺意」に関する立証は効果的になされたのであろうか。実践された直接尋問や反対尋問は、事実認定者である裁判員や陪審員にどのようなインパクトを与えたであろうか。以下それらを検証していく。検証する尋問事項は、(1) 使用された凶器について、(2) 被害者の受けた被害の部位、(3) 傷の程度、(4) ドメステック・バイオレンス (DV) および (5) 目撃証人の信用性である。((4) および (5) は枚数の関係上省略した。)

(1) 使用された凶器：長さ18cmの万能包丁について
（ア）法医学医師・桐山一郎教授
〈検察官主尋問〉

検察官： （スクリーンを示しながら）これらは、事件当日、現場の被告人宅から押収された万能包丁と果物ナイフ、菜切り包丁です。これらの包丁は、キッチンの同じ場所に保管されていました。**被疑者は、これら複数ある刃物の中から、**（スクリーンの万能包丁を示しながら）**この包丁を選び、本件に使用しています。**先生、もしこの万能包丁でなく、ほかの2つの包丁でしたら、今回の藤井さんのような傷は出来ていたでしょうか？（太字による強調は筆者。以下同じ）

弁護人： 異議あり、仮定的な質問を聞いています。

関西学院ロースクール基礎演習Ⅱおよび法学部研究演習Ⅱ
との共同模擬裁判（被告人尋問）

裁判官： 異議を却下します。
証人： 当然ですが、傷の程度も変わりますし、使用された刃物の場合とは全く異なった結果になるでしょう。一概には言えませんが、傷口も小さくなるでしょうし、**たとえ腹部に刺さっても今回のように腹部大動脈を切断するなどということは考えにくいでしょう。死亡する可能性は極めて低いと思われます。**
検察官： 先生、そうしますと、被告人が一番殺傷力の強い包丁を選んだということは、被疑者にはじめから殺意があったということになりませんか？
弁護人： 異議あり、専門的外の判断を求めています。
裁判官： 異議を認めます。質問を変えてください。

〈この証言に対する弁護側反対尋問はなし。〉

(イ) 被告人阿部弘子・弁護側主尋問

弁護人： その後、どうしたのですか？

被告： 正樹が怒って興奮していることがわかりましたので、このままでは危険だと思いました。そこで、**彼の暴力を止めさせ、話をちゃんと聞いてもらうことは出来ないかと考えました**。その時、近くの流し台に置いてあった包丁を見つけて、その包丁をとっさに手にしました。

弁護人： 包丁を持って、あなたは何をしようとしたのですか。

被告： その包丁で、まず自分の体を護ろうとしました。そして、今まで殴るばかりで、私の話を聞いてくれなかった正樹も、包丁を見たら、さすがにびっくりして暴力を止め、話を聞いてくれるだろうと思ったんです。それに、何よりも、**赤ちゃんのいるお腹を蹴られたら大変だと思いました**。

弁護人： ご自身とお子さんを守るため、そして、藤井さんに話を聞いてもらうために包丁を持ったのですね。それで、それからどうしたのですか？

被告： 正樹のほうを見ると、正樹はもうベッドの上で横になって、壁のほうを向いて寝ようとしていました。私は、また暴行を受けるんじゃないかと不安でしたが、子供の事をどうしても聞いてもらいたかったので、「お願いだから話を聞いてよ。何で話を聞いてくれないの!?」と言ったんです。そしたら正樹が上半身を起こして私のほうを見たんです。

弁護人： それから、何があったのですか。

被告： 正樹が急に立ち上がり、「何や、その包丁は!? 刺せるもんなら刺してみんかい！」などと**脅すように怒鳴りながら、私に向かってきました**。

弁護人： 藤井さんが怒鳴りながらあなたに向かってきたわけですね。それで、あなたはどうなさったのですか。

被告： 私は「こっちに来ないで！」と言って、手を突き出して彼と

の距離を取ろうとしました。けれど、それでも彼は迫ってきたので、このままじゃ本当に刺さってしまうと思い、私は後ずさりしながら両手を自分のほうに引いたんです。でも、正樹はとても怖い顔をして向かってきたんです！

〈被告人に対する検察反対尋問〉

検察官：　……あなたは先ほどもおっしゃいましたが、藤井さんとお話合うために、包丁を手にした、ということですよね？

被告：　はい。

検察官：　あなたは、冷静に話をしたいと思っている藤井さんに、包丁を向ければ、話を聞いてもらえる、そう思ったのですよね？

被告：　冷静に？　話をしたいと思っている？　……もう一度お願いします。

検察官：　話をしたいと思っている藤井さんに。そうです。話を聞いてもらえると思ったので、あなたは包丁を取り出したと。そういうことですよ。

被告：　**正樹が私に向かってタオルケットを投げてきたので、また、いつもみたいに暴力がふるわれると思いました。**正樹は、冷静に、話をしようとは、していたみたいには、私には思えませんでした。

検察官：　では、あなたが包丁を持ち出したのは、話をするためだと、いうことですよね？

被告：　はい。

検察官：　はい。その包丁を手にしたキッチンには、調理器具や食器など、包丁以外の物というのは全くなかったんでしょうか？

被告：　いえ。私は正樹のために料理をしたりもしましたので、その、調理器具はあったと思います。

検察官：　あったということですね。はい。しかも、あなたが包丁を手に取った時、藤井さんはベッドに寝ていたそうですね。

被告：　いえ。私が、正樹の受けた暴力から避けようとして、どうし

ようと思って、流し台の方を見たときに、包丁を見たんです。その、だから、その時に正樹が寝ていた、ベッドの上で寝ていたかどうかっていうのは、ちょっと分らないんですけど、私が後ろ向いた時には、もう正樹はベッドに横になってました。

検察官： 寝ていたんですよね？
被告： はい。
検察官： 分りました。あなたには包丁が危険なものであるという認識はありませんでしたか？
被告： **危険なものだと思いましたし、だからこそ、正樹もそれを見たら、こっちに向かって来ないで、私の話を聞いてくれるだろうと思いました。**
検察官： あなたは、包丁が危険なものであると、思っていた？
被告： はい。
検察官： また、包丁は1本ではなく、3本並んであったんですよね？
被告： 3本ありました。
検察官： はい。あなたは、あなた自身と、お腹の子供を守るため、鍋やフライパンなどを、その他にあった調理器具でも良かったはずです。それなのに、あなたはあなたの方を向いていない藤井さんに対して、包丁を選びました。しかも、3本あるうちで、1番殺傷能力の高い凶器となる万能包丁をあなたは意図的に選んだんですよね？
被告： 私は……。
弁護人： 異議あり。意図的に選んだとは、はっきりしていません。
裁判官： はい。質問を少し変えて下さい。

（ウ）陪審員評議

陪審長： 結論は？
60代女性： 結論は有罪です。私はですね。
40代女性： 今の話の中でね、殺意をもって包丁出してたんだって、で、

引いて出したんだって話、検察の主張がそうだったんですけど。殺意を持って3つあった包丁のうちから万能包丁を選んだんだって検察側は言ってる。本当に殺意があるんだったら、寝てる間に刺せばいい話、なのにそれしてないですよね。まず起きて話を聞いてくれって起こしてるわけですよね。明らかに検察の主張している殺意を持って万能包丁を選んだってことは立証できないと私は思う。

陪審長： 質問していいですか。今のご説明は、確定的殺意がなかったということについての大きな根拠として出されてるという風に……。

〔中略〕

30代女性： 言いたいことがまとまらなくて考えてたんですけど、客観的に考えて、阿部宏子さんが子供生んだからといって、藤井さんの性格が変わるとは思えないんですよ。となると、なぜ彼女はそこまで子供のことに執着していたかということを考えると、1番目の証人、スナックのマネージャーが証言してるように、阿部さんという方は、思い込みの程度が高いんじゃないのか、まぁ包丁を持っているのを見たら、びっくりして向かってこないのではないかということと、まぁ話を聞いてほしかったということ、子供と幸せに暮らしたかったということなんですけれども、これも、よく考えてみるとありえないとは思うんですよ。

陪審長： ありえない？

30代女性： 成立するかどうかと考えると成立できないのではないかと思うんです。そういうことが包丁を出したから話ができるかというとそうではないし、子供生んだからといって3人で幸せに暮らせるかというとそうではない、となると、もともとからして包丁を持ち出したこと自体が、おかしいのではないかと思うんです。

陪審長： 包丁を持ち出すことは、おかしい？

30代女性：　ここまでいっても、殺意という1点になると、殺意はなかったのではないかと思うんです。

(エ) 裁判員評議
30代男性：　下向きであること。
裁判長：　　はい、下向き。
40代女性：　あとはそれが万能包丁。
裁判長：　　万能包丁。はい。これは3つのうちの3つの……。
裁判員長：　万能包丁てのは、一番使うんで。
60代女性：　そうね。
裁判員長：　何か握りやすそうな気がするけど。
20代女性(パーマ)：柄が長かったから。
裁判員長：　うーん。
20代女性(パーマ)：難しいかなと思う。
裁判員長：　一番、使うやつよねー？　あれ？
裁判長：　　使用、使用頻度の高い。
裁判員長：　はい。
裁判長：　　使用、いつもいつも使用してる。だから何、どっちとも言えないと。

〔中略〕

裁判長：　　うーん、どうなんでしょう？
30代男性：　一応また良いですか？　殺意の前提として、えーと、被告人自身の証言で、包丁を取りに行った時に、包丁は危険なものであると認識してるって言う点で、えー、その部分で包丁が危険な物であると認識しているという。これが証言なんで、客観的事実と。
裁判長：　　はい、まーそれは争い無いですね。本人が言ってる。
30代男性：　で、3本ある中からあの包丁を選んだのも、一応客観的事実と。一応、これは被告人の証言ということになります。

〔中略〕

20代女性#5： その他の行為が容易にできたのかどうかという所で、何かその検察側が台所には他に鍋とかフライパンとか、それにましてやナイフだって他に2本あったじゃないですか。台所には多分恐らくあるから、それは事実として考えたら、他の行為は容易にできたはず。
裁判長： まずここは男は素手ですよね？
20代女性#5： はい。それからあと素手の所は。
裁判長： DVはまぁあったとしよ。
20代女性#5： はい。素手の男がその攻撃してきて侵害される利益は、身体だけど、包丁を持った相手が刺すことで侵害する利益は生命だから、均衡がとれていないていうか。

〔中略〕

20代女性#5： 刃、18cmの包丁。
裁判長： 包丁やね。
20代女性#5： はい。
裁判長： 刃、18cmの包丁と。だから、それと、他は容易にできた、いうこと。
20代女性#5： あと、え。
裁判長： あ、鍋とかあったとか色々ね。鍋、鍋で防衛するか、という気もするけど。
20代女性#5： フライパン？
60代女性： 流し台に出てなかったんじゃない？
20代女性#5： 流し台の上に出てたって言ってました。
20代女性#4： でもだからって包丁は持って行かないだろ？って思う。危ないじゃない、普通に。家族が包丁持って自分の方に歩いてたら……。
50代男性： いや、危ないから、良いんじゃない？
裁判長： 彼女が言う。
60代女性： でも。
裁判長： 彼女がね、まず包丁を取った時にこういう急迫不……。

分析：　検察の立証は、被告人の殺意を明らかにするために、「被告人が台所から 3 本ある包丁の中から殺傷能力のある万能包丁をあえて選んだ」こと、しかも「その包丁の殺傷能力が極めて高いものである」、つまり使用した包丁自体が凶器に該当することの証言を専門家証人から得ようとしている。これに対し、弁護側は、被告人は「被告人の話をちゃんと聞いてもらうため」また「自分と胎内にいる子どもを護るためのものであった」、そのためには他の包丁ではなく、万能包丁でなければならなかったことを被告人尋問によって明らかにしようとしている。

　陪審員の評議では、被告人の証言を受け入れ、万能包丁を選んだこと自体が殺意を構成するものではないことが議論されている。他方、裁判員評議では、3 本の中から被告人が万能包丁を選んだこと、刃先が 18cm もある包丁であったという点までは発言されているが、いずれも殺意の有無の認定に至るまで深まった議論がなされていない。

　これは、被告人尋問に対する検察の反対尋問で、使われた包丁がそれ自体いかに危険なものであり、それ自体凶器になりうるという点について被告人が認識していたことを証言を通じて確認できていれば殺意との関連でもう少し議論があったと思われる。検察が包丁を通じた殺意の立証につながらなかったという点で失敗した反対尋問の例である。

(2) 被害者の受けた傷の部位：みぞおち
　　（ア）法医学医師・桐山一郎教授
〈検察官主尋問〉
検察官：　　先生、本件の被害者藤井正樹さんの死亡原因について説明してください。

証人：　　　藤井さんの死因は（スクリーン・解剖記録を示しながら）、腹部刺創により生じた腹部大動脈損傷による失血死です。簡単にいうと、腹部に鋭利な刃物がささり、それが主要な血管を損傷したことで、多量の血液が失われ、死亡したということです。（スクリーン・人体図を示しながら）この図のように、被害者のみぞおち辺りに刺し傷があり、刺し傷は腹部大動脈まで達していました。

検察官：　　腹部大動脈とはどういうものですか？

証人：　　　（スクリーン・血管図を示しながら）腹部大動脈とは、背骨に沿ったこの赤い血管の、この辺りから、この辺りまでのことを言います。この血管は、心臓からきた血液を内臓や下半身へ送り出すもので、太さは成人で通常1.5～2.5cmあります。（図をさしながら）この血管の、この辺りに、縦に1.5cmの裂け目がありました。この裂け目からの大量出血による失血が、直接の死因です。

〈専門家証人に対する弁護側反対尋問〉
　弁護側の専門家証人に対する、みぞおちに関する反対尋問は無い。

　　（イ）被告人阿部宏子
〈被告人に対する検察側反対尋問〉
検察官：　　……それでは、あなたが藤井さんのみぞおちに、包丁を突き刺してから、藤井さんの「医者を呼べ」という言葉で我に返ったようですが、それまでの間藤井さんは何も話さなかったのでしょうか。

被告：わかりません。気が動転していたので。

（ウ）陪審員評議

60代女性： ……それで、……被害者の身長、170なんぼで被告が165cmですか、10cmくらい違うんですよね。こんな脇のところに持ったままで、被害者はみぞおちですから、胃のちょっと下。こう持ったままで、突き刺せたはずがないんです。だからマンションの向こう側から見ていた人の、一回こうしてひいた。これはもうやっぱし、本人は殺すっていう殺意はそのときはなかったかもわからないけれども、結果的にはそういうふうに、やっぱししたんではないかと思うんです。そのときには、私は殺意をこの人がもってるっていうことには、すごく、可哀想っていうか、いろんな人の聞いてきて、なかったとは思うんですけど、この瞬間にはやっぱし、刺したことによって被害者が死に至る可能性もあったっていうことは、常識的に判断できると思うんです。

〔中略〕

⑩の20代女性： 刺しキズがすごい気になってるんですけど、身長差が10cmくらいあって、こういってこう刺したって言ってるんですよね。身長差があって男性のみぞおちに刺せるかどうかが検察の話聞いててもいまいちピンとこなかったんですけど、どう思われますか。

陪審長： 目撃証言が信用できないということですね。

30代男性： 刺し傷が、確か下向きでしたよね？　ということはおっしゃるように、佐々木さんという方が見られたようにこうやって、こうしたっていうんであれば、刺し傷が、まっすぐ入る、もしくは上向きに入るはずやと思った。下向きに入るということは、可能性はあるんでしょうけども、ここは可能性とかそういうことではなくて、それが本当に立証できるかどうかって話になってくるので、そういうことの論点でみると、下向

60代女性： きに入ってるってことは、どうも佐々木さんが見られた事実とも相違する、と、違うという風に。
60代女性： でも包丁ってね、普通のこういうナイフじゃなくって、やっぱしこう、柄があって、上の方は平たいですよね。こう、まっすぐ行ったつもりでも、あのだいたい包丁って主婦だったらあれやけども、意外とこうなるんですよね。まっすぐいうてもそういうふうにまっすぐ見えたようにしても実質は、刺した瞬間はまっすぐじゃなくて、人間てどうしても、どうしてもこうなるんじゃないですかね。

(エ) 裁判員評議
20代女性#2： みぞおちってどのへんですか？
裁判員長： みぞおちてこのへんです。
20代女性#4： あぁ、見えますねぇ。
30代男性： そうだよねぇ。

〔中略〕

裁判長： もう一回解剖してはっきりしているわけだから。あぁ、ま、一致してるわけですね、はい。で、みぞおちを刺した。これも間違いないですよね、はい、はい。争いのない事実、他に争いのない事実てありますか？
20代女性#5： 包丁が7cmあって、下向きに。
裁判長： 下向き。
20代女性#5： はい。

〔中略〕

裁判長： その動きがある、あるって言うのが判断。で、こっちは、後ずさりして危ないので引いて、ここにこうやって。それとあと客観的な証拠。できるだけどっちが信用あるか、客観的な証拠ですね。7cmで下向きということと、みぞおちということと、下向きと言う、下向き。

> **分析：** 刑事裁判における殺意の認定に際して、傷の位置（攻撃を受けた部位）がどこかは重要なポイントとなる。判例においてもみぞおちに包丁を刺す（あるいは刺さった）場合にはかなりの高い割合で「殺意」が認定されている（多くの「殺人未遂事件」における殺意認定について）。本件でも傷の部位は殺意の認定上重要な位置を占めると思われる。検察は、しかしながら傷の深さの証明はするものの、傷を受けた部位には注意を払っていない。
>
> 他方、弁護側は弁護側の仮定するアクシデントによる傷であるとする主張に関連させて、なぜその傷が「みぞおち」であったのかの説明（反証）が十分でない。十分でない立証によって、裁判員らはみぞおちについて混乱した議論を行っている。陪審員は、被告人と被害者との身長差と生じた傷の部位にこだわっているが、これも与えられた情報に欠けていたため、突っ込んだ議論（殺意の有無）には至っていない。

(3) 傷の程度：深さ7cmの傷について
（ア）法医学医師・桐山一郎教授
〈検察官主尋問〉

検察官： 先生、被告人は、この包丁で藤井さんを刺したのではなく、被害者側から刃物に刺さってきたのだと主張しています。もし偶然に刺さったのであれば、先生が先ほど述べたような致命傷となるような傷がつくのでしょうか？

証人： そうですね、この幅の包丁が深さ7cmも人体に刺さる場合、何らかの勢いと力が加わらない限り難しいのではないかと思います。

〔中略〕

検察官： 先生再確認させてください。被告人は、被害者が近づいてきて、そのはずみで被害者から刺さってきたと主張しています。

しかし、先生、藤井さんの傷の情況から判断して、たんなる弾みで 7cm もみぞおちに包丁が刺さるものでしょうか？
証人： まずは、刺さらないと思います。それはかなり困難なことだと思います。自分から刃物に近づいていったとしても、刃物が自分の腹部に触れた時点で、痛みや恐怖心で後ろに下がるのが普通です。もし仮にバランスを崩して前に倒れ掛かってしまったとしても、相手側がしっかり刃物を支えていなければ、刺さることはありません。みぞおちは特に刺さりにくい場所ではありませんが、7センチもささったとすれば、相手側から近づいてきただけというよりは、何らかの力が働かないと無理でしょう。
検察官： 単に被害者が近づいてきて当たったというよりも、他の力が加わった可能性が高いのですね。
証人： はい。

〈専門家証人に対する弁護人反対尋問〉

弁護人： 例えば藤井さんが宏子さんに突進してきて、こう前かがみに倒れた場合、どうですか、下向きに刺さりますか。
証人： いや、まぁそら可能性はあります。ありますけれども、しかし、しっかりと刃物が固定されていない限り、7cm も刺さることはありません。
弁護人： しかし、可能性はあるんですね。
証人： はい。
弁護人： わかりました。それから、先ほど、証人は何らかの力が加わらないとそこまで深くは刺さらないだろう、と証言されましたね。
証人： はい。
弁護人： しかし、別に力を入れて刺さなくても、例えば壁とかに固定された包丁の上に倒れかかった場合、刃物が固定されていれば刃物が刺さってしまうということは考えられますね。

証人：　　　まぁ、理論的には。
弁護人：　　つまり、包丁が固定されていて、そこに藤井さんが勢い余って、あるいはバランスを崩して倒れた場合に、ささったというような場合です。可能性はどうですか。ありえますか。
証人：　　　まぁ、理論的には、可能だと思います。

〈専門家証人に対する検察再主尋〉
検察官：　　先生、先ほどの弁護側のお話では、被告人がこのように、腰骨の辺りに包丁を固定してしまって、そこに被害者がバランスを崩して倒れかかってきた、そういう場合だったらこういうキズになるんじゃないかってお話でしたね。しかし、バランスを崩すってことは前に倒れかかるってことですから、キズは今回のようになるんでしょうか。
証人：　　　そうですね。可能性はゼロじゃないかもしれませんけど、しかし7cmも刺さったってことは、相当力を入れないといけませんが、可能性は少ないんじゃないかと思います。
検察官：　　ありがとうございます。以上です。

〈この点に対する弁護側再反対尋問は無し〉

（イ）陪審員評議
20代男性：　じゃあまず、1つずつあげていって、それからみなさんの意見を聞くというかたちでとりあえず。僕はだいたい、弁護側の正当防衛っていうのも意見とか難しい。検察側の主張に関しては批判的なことを述べていく。まず、深さ7cmの傷は気が付かないのはおかしいと思う、というけども、……。
60代女性：　もっと大きい声で言って！
20代男性：　おかしいと検察は述べられていますけども、ああいう風に差し迫って極度の覚醒状態にあるときに、深く7cm差し込んだとかいって、そういうことは気がつかないってこともあり

えない。そこまで追い詰められていたのではないかということに対して疑問があります。被告が極度の覚醒状態にあるということを考慮したら、弁護側とか検察側とかどちらの行動における証言ていうのも妥当性や正確性に欠けると思います。

〔中略〕

50代女性： ……検察側は、状況証拠で立証しようとしてるんですよ。はっきりとした殺意じゃなくて、7cmも入ったんですよ、この7cmのキズは故意に刺す以外にありませんよ、とかね。佐々木さんが見ていたのが36分でこうしたとか、物証というか状況証拠で固めようとしているけれども、でも検察側の方に立っても合理的な殺意は出て来ないんですよね。

(ウ) 裁判員評議

裁判員長： 女性の力で、7cm入るていうのはその、何と言いますかね、体当たりぐらいしないと入らないような気がしますけどね。これ実はどうかわからないんですけども。
50代男性： 法医学の？
裁判員長： うん。
50代男性： 証人の先生がおっしゃってましたよね。
裁判員長： 言ってたよね。うん。
50代男性： じ、自分からこう行って。
裁判員長： 行って。
50代男性： 刺さるのは、まずないだろうって。
裁判員長： 言ってましたよね。
50代男性： うん。だから刺したと思うんだけど……。
裁判員長： 7cmでも深いね。7cm深いよ。
裁判長： 我々のだってお腹の……。
裁判員長： 女性よ、女性で7cmも深いと思うけど。
裁判長： ほとんど背骨に。こう近いから。

裁判員長： 結構、力いるよ。だからねぇ、ちょっと疑問に思ったんやけど7cm て。
裁判長： これやったら疑問に思うけど、7cm て客観的な証拠ですからね。包丁にも皆さんわかってるとおり、血はここまで7cm やから、まぁもうちょっと、だから血はもうちょっと付きますよね、10cm ぐらいは付いてるだろうから、包丁で。ま、これはも争いようがない。これは絶対徹底しないと。
裁判員長： 女性のね、普通の力で入ったかていうのに疑問を持ったんですよね。
20代女性#4： で結局下向きっていう位置の関係で、男の人側から近づいていった場合は、それじゃあ絶対ならないっていうふうには言えるんですか？
裁判長： もう一回、じゃあもう一回、もう一回もう一回、絶対かどうか、やっぱり大事だからそこは。これがありうるのかどうか。
20代女性#4： 男性がガツンとぶつかっていって……。
裁判員長： こうぶつかって行って。

〔中略〕

50代男性： 7cm ていうのは深いですよね？

〔中略〕

20代女性： 力が加わらないとね。
裁判長： 皆さん、あの女性であの包丁で、多分肉を刺したりすると思うんだけどどう、どうですかね？
〈笑い声〉
裁判長： 7cm、こうグサッと、こう。
60代女性： もういや、考えただけでホッホッホッ。
裁判員長： 難しい気がするんですけどねー。
裁判長： 柔らかいと思うよ。柔らかいとは思うけど、くくくーって入るからね。だから一応ある程度は。
60代女性： それはー。
裁判員長： 7cm ですからね。7cm だとよっぽどの力が入らないと。

60代女性： そうですね。
裁判員長： 体当たりくらいしないといけないよ。

〔中略〕

20代女性： でも切れ味が良かったら7cm行くんじゃないですか？　昔切腹とかあったくらいだし。
裁判長： まー、あの包丁もね、こ、こう、こう先はとがってたよね。こん、こんな感じ。18cmだから、ま、18cmてこれ、これぐらいか、もうちょっとある、刃渡りが刃渡りとここが刃渡りが、十、18cm。こん、こんな感じですよね。これぐらい。これの、これ、これぐらいまでぐーっと中に。まぁ普通ただ刃はここやから、ここの先はとんがってるけど、ここをこう刺す。どうなんやろね？　わからん、刺したことないから。でも力いるんでしょうね。
裁判員長： 僕も難しいと思うな。
裁判長： 力、力はいると、じゃぁ。力は。
裁判員長： 相当な力を。
裁判長： 相当な力を。相当な力が要るときに、さっきも言ったように、こうやったのか、向こうからこう逆に、あのーそういう形が、あったのかっていう部分は、そこでまぁちょっとありますけどね。

〔中略〕

50代男性： 僕は7cmの深さでね、えー教授の鑑定がどうしてもひっかかるんですよ。
　　　　　だから、不幸な衝突にしては、ちょっと深すぎるんじゃないかと。エイって言うてカッとなって、その一瞬に殺意があったんじゃないかなと、思いますけど。
裁判長： 一瞬のね。
50代男性： はい。
60代女性： 二人が重なったていう。
裁判員長： いや、でも、うん。それは7cm、僕は否定してるんですよ、うー

ん。7cm て言うのはカッとなって入る深さじゃないと思うんですよね。
裁判員#2： こう二人でぶつかってたから、もっと深くなるんですよね。
裁判員長： ぶつからないと。大きな力で、思い切った力じゃないと、7cm 入らないって言ってたでしょ。ってことは、体当たりでぶつかって行くか、それで、もう思いっきりね。
60代女性： だけど力が入らないとね。
裁判員長： うーん。じゃないと女性で私は。女性で 7cm 入れようと思ったら、やっぱ男性側から、行って、カウンターからでないとダメだ。
60代女性： ないとねー。
裁判長： うん。ただね、まぁ一応僕の方でその逆に言えばカッとなって本当にグッといったら、それは 7cm 行きますよ。さっき言われてた…カッとなったら女性でも。
20代女性#5： 女性でも力で 7cm いくか、男性の力が入らないと無理かってのは分らないっていうのがあるんじゃないですか。

分析： 深さ 7cm にわたる刺傷の評議は興味深い。7cm もの深さで包丁が被害者の体に突き刺さり、それが原因で死亡したのであるから、これは直接的に「殺意」との関連で明確に事実認定されるべき事柄であったはずである。この点、検察は、被告人が、力をこめて被害者を刺した結果だと主張し、弁護側は、弾みで、つまり被害者が被告人のほうに向かってきたために生じたという。陪審評議では、この点、検察の立証は成功していないように思われる。弁護側のいう偶然を排斥して殺意と結び付けられた議論が展開していないからである。他方、弁護側の、「被害者の体当たり」説は、裁判員の評議ではかなり重要な情報となっている。結局、裁判員においても 7cm の傷が殺意に結びつくところまでの突っ込んだ議論がなされていないことを見ると、弁護側の反証

がある程度効果を持ったものと考えられよう。

＊（4）および（5）は省略。

2　最終弁論のどの部分が評議に反映したか
（最終弁論の評議への影響）

(1)　正当防衛

　弁護人の最終弁論で最も重視されたのは、正当防衛である。それは以下のように示されるが、これは現実に陪審員や裁判員の評議にどのような影響を与えたであろうか。

〈弁護人最終弁論〉
「……しかし万が一、正樹さんが死んでもかまわないという気持ちが宏子さんにあったとしても、正当防衛によって無罪なのです。その理由は宏子さんは一度目のお子さんを流産し、日ごろからDVに苦しみ、事件当時二度目の妊娠をしていたこともあって、当日受けた正樹さんの暴力におびえ、自分自身とおなかの赤ちゃんを護るために取ったやむを得ない行為であったからです。いいでしょうか、宏子さんに殺意があったからといって有罪になるわけではありません。正当防衛ならば無罪なのです。
　そもそも皆さん『疑わしきは被告人の利益』という言葉を知っていますか。被告人を犯人だと決定するために検察は合理的な疑いを超えて被告人が有罪であるという立証をしなければなりません。たとえ1％であっても検察が有罪を証明できていなければ、被告人を有罪とすることなどできないのです。どうか状況証拠やそうかもしれないという推定だけで有罪としないでください。しかも正当防衛でないことを立証するのも検察の責任です。被告人には無罪推定が働くからです。
　それを踏まえたうえで、皆さんに検察側の話を思い出して、考えて頂きたいのです。果たして検察は、阿部宏子さんが有罪だと合理的な疑いがな

いほど証明できていたでしょうか？ できていなければ、無罪にしなくてはならないのです。そしてまた正当防衛ではないかと、合理的な疑いが一点でも生じたら、無罪としてください。」

　（イ）　陪審員評議

陪審長：　……それから正当防衛でどういう殺意についてかは意見が分かれていますが、どういう論拠にたって考えるかということが、比較的にそれぞれの中ではっきりされてると思うのですが、正当防衛についてはちょっとバラバラ、何を根拠に自分の主張をすればいいのかがわかってないっていうのが、グループの全体の感じだと思いますので、いい所みつけましたので、説示の2ページの下から2番目のパラグラフですね、そこをちょっと読んでみましょう。そこで、正当防衛という法の枠組みがどのようなものかが問題になります。「刑法には急迫不正の侵害に対して、自己、又は他人の権利を防衛するため、止むを得ずにした行為を罰しない、と規定されています。急迫不正の侵害とは、今まさにその人、ないしは別の人の身体に対する危険が差し迫っていることをいいます。本件では、阿部さんとその胎児の生命、身体に対して藤井さんがまさに危険をもたらす行為を行おうとしていたかどうかを判断してください。それから、あくまで起訴対象の今回の件だけについて有罪か無罪を決めるということ」、この点について、頭の隅でって言ってたんですけど、頭の全面に出していただいて、発言をフォーカスしていただければと思います。

②の20代の男性：阿部さんが殺した人の診断書には……。

⑩の20代の女性：顔に1週間の跡って書いてありました。

陪審長：　殺された方の診断書ですか？　阿部さんの？

②の20代の男性：事実があいまいだから、言い切ることはできないですけど、証言によると、お腹を蹴られたっていう暴力行為が、包丁持ち出す……。

陪審長： おっしゃってることが理解できなかったんです。
40代女性： これまでにお腹を蹴られたことがあったんじゃないかってことですよね。
②の20代の男性：話し合いで解決しようというふうにして、タオルとか投げつけて、その後で阿部さんの証言によると男の人がお腹蹴ったっていう事実がありましたか？
陪審長： 事実があったかどうかわかりませんが、証言ありました。
②の20代の男性：証言によりますと、正当防衛はやっぱりお腹蹴られるなんてことは致死に至ることもありえるんで、そういうことも考えると、危機が迫ってるとか、正当防衛ってのは、証言が正しいとすると、正当防衛っていうのは十分成り立つと思う。
陪審長： 成り立つ。では時間が……。

（ウ）裁判員評議

裁判長： ちょっと一回それ置いときましょうか。じゃあそこでいったん置いて、つぎ、正当防衛が1つ成立するかどうか。時間がもうあんまりないから。今の所はちょっと最後もう一回だけ戻るから。正当防衛はどうですかね、皆さん。正当防衛いうのはあの急迫、さっきも言った、殺意の次の部分は。
20代女性（長髪）：やむを得ずの部分が入るか。
裁判長： 急迫不正って言ってまず、差し迫った危険があって、それに対して止むを得ずでね。で、ここ。まずこれがどのぐらいの時間が彼女にあったかっていう。
20代女性#1： それは刺した瞬間の事なんですか？　その包丁を持った時点のこと、何？
裁判長： や、やっぱり基本的には刺した時点、ということですよね。裁判員長さん。ちょっとこれで、じゃあ、あの皆さん、時間がないから、どんどん言って。あのーこのへんでどっちでも疑問がある。今さっき止むを得ずって言った。
20代女性（長髪）：止むを得ずの所で。

裁判長：　　　うん。
20代女性(長髪)：その他の行為が容易にできたのかどうかという所で、何かその検察側が台所には他に鍋とかフライパンとか、それにましてやナイフだって他に2本あったじゃないですか。台所には多分恐らくあるから、それは事実として考えたら、他の行為は容易にできたはず。
裁判長：　　　まずここは男は素手ですよね？
20代女性(長髪)：はい。それからあと素手の所は。
裁判長：　　　DVはまぁあったとしよ。
20代女性(長髪)：はい。素手の男がその攻撃してきて侵害される利益は、身体だけど、包丁を持った相手が刺すことで侵害する利益は生命だから、均衡がとれていないていうか。

検討：　弁護人の最終弁論では、正当防衛の可能性が示唆され、これは陪審員には強く受け止められている。──事実、陪審員は「正当防衛」という言葉を85回も言及している。(しかし裁判員では12回だけ。)しかも陪審員評議では、これが検察の殺意立証の不成立とあわせて論じられている。最終弁論が陪審評議に影響を与えた例として興味深い。

---

(2) 検察の有罪立証責任（合理的な疑いを超えた有罪立証）

犯罪の立証責任は、検察にある。弁護側には無罪を立証する責任はない。そのために、検察の立証に合理的な疑いを残すようなことがあれば、無罪としなければならない。弁護人の最終弁論ではこの点が強調されている。それが、評議ではどのように受け止められたであろうか。

〈弁護人最終弁論〉
「……そもそも皆さん『疑わしきは被告人の利益』という言葉を知ってい

ますか。被告人を犯人だと決定するために検察は合理的な疑いを超えて被告人が有罪であるという立証をしなければなりません。たとえ1%であっても検察が有罪を証明できていなければ、被告人を有罪とすることなどできないのです。どうか状況証拠やそうかもしれないという推定だけで有罪としないでください。しかも正当防衛でないことを立証するのも検察の責任です。被告人には無罪推定が働くからです……。」

　（ア）陪審員評議

30代男性：　僕は、無罪。まずその殺意っていうのは積極的に奪おうとするっていうところですが、**検察の出した証拠、信憑性がどこまで問えるのか、というのがあるんで、これは採用しないということで、立証できてないってことで、殺意なかったと**。あと、未必の故意については、確かに死ぬかもしれない、誰でも一般的に思われるんですけども、それ以降の結果の容認ですね。死ぬかもしれないけども別にそうなってもかまへんわって、そこまで立証できてない。それがあるのでとりあえず、殺意についてはなかったという結論です。それから正当防衛、殺意が成り立たないってことですが、正当防衛ですが、普通であれば正当防衛成り立つという答えが出てくると思われるんですが、いわゆるここにまさに自分とか子供の生命に危険が差し迫ってると。そこまでいえるのかどうかという、そういった所も立証できてないのではないか。阿部さんは**蹴られた、蹴られたように思うと、覚えてないとおっしゃってますんで、本当に蹴られたかわからない。わからない状況のことをいてはるんでそれを立証できてないんではないかってことで、正当防衛も成り立ってない**。

陪審長：　確認したいんですけども、私達の判断の基準は、分かれるところは、検察が立証できたかバーサス常識で考えたらどうかっていうところなんですね。ですから、被告が自分の立場を立証できたか、できなかったかということは、最終的な判

定の中に入りこめないんです。どっちかに立っていくと、意見は違うということはあるんですけど、**検察は立証できてないから、防衛できたと検察も立証できてない**かもしれないけど、100％でなくてもいいと裁判官が言ったので常識的に考えたら成り立たないんだ、これは**過剰防衛**なんだ、とか、オプションがあったんじゃないかっていうのがこっちでとれるんです。ですからその論拠にたった場合に、正当防衛は成立するんでしょうか、しないんでしょうか？

30代男性： しないと判断しました

陪審長： 私ちょっとね、理解ができなかったんで教えてください。殺意がなかったら、それで殺人罪は成り立たないんですよね？　そこで自動的に無罪。

30代男性： 殺人罪については、無罪。

〈裁判員評議〉

　裁判員の評議では、「立証責任」という言葉は6回言及されるが、これらはすべて裁判官が言及している。

> **検討：** 陪審員の評議では40回も検察の「立証」責任ということ言葉がでてくる。それをもとに立証責任について議論している。これ自体、最終弁論での立証責任についてのメッセージが受け止められたものといえよう。

3　裁判官の説示の陪審評決への影響

　裁判官の説示で力説されるのは、刑事裁判の原則についてである。なかでも利益原則といわれる「無罪推定」（あるいは、疑わしきは被告人の利益に）や、検察の「合理的な疑いを超えた立証責任」は不可欠の説示事項

であり、これを欠いただけでも、アメリカの陪審裁判では控訴理由になる。

(1)「無罪推定」あるいは「疑わしきは被告人の利益に」
〈裁判官最終説示〉
「したがってあくまでも何％とかそういうことが少し先ほど弁護人の方から出ましたけれども、そういう数字っていうんではなくて、あくまでも常識と健全な常識によって、まぁ合理的な疑いを入れない程度の高い証明、そういう言葉になります。

　よろしいですね？　えぇ、したがって証拠に基づいて認定した事実と、法律に照らして殺意について合理的な疑いがある場合、あるいは正当防衛は成立しないとすることについて、普通の人であれば、まぁ、成立する余地があるんじゃないかと、合理的にそういう風に考える場合、『疑わしきは被告人の利益に』という原則に基づいて、殺人罪についてはいずれも無罪と、判断しなければならない。これが原則になります」。
（用語としての「無罪推定」は一度も言及されていない）。

> **検討：**　陪審員評議においても、裁判員評議においても「無罪推定」あるいは「疑わしきは被告人の利益に」と言う言葉は、一度も出てこない。これは、裁判官説示が事実認定者に全く伝わらなかった例である。

(2)「正当防衛」の立証（反証）責任について
　裁判官が一緒に評議する裁判員制度では直接的には出てこなくとも、裁判官がいない陪審員制度では、説示が正確に伝わらないことがある。たとえば、検察の立証責任については理解できても、正当防衛の立証責任については、与えられた説示について誤解が生じている。

〈裁判官の最終説示〉

「……皆さんは阿部さんと藤井さんとの間で何が起こったのかという事実を、まず認定した上で、阿部さんの行為が、今言った正当防衛という法が与えた枠組みにあてはまるかどうかを、一般人としての健全な良識に従って判断してください。良いですね？

　さて、続いて犯罪の事実の証明について説明致します。本件は刑事事件です。したがって先ほどから何度も説明がある通り、被告人の阿部さんの**犯罪を証明する責任は、すべて検察側にあります**。つまり冒頭でも申し上げた通り、一般的な健全さと常識を持った人であれば、まぁ皆さんがそうだと思いますが、当然に抱くであろうという疑問点は全て解消したと言い切れるほどの証明、つまり、合理的な疑いを入れない程度の高い証明というものが検察側によってなされる必要があります。

　よって検察側は、先ほど申し上げた殺意があることと、弁護側が主張している正当防衛は本件では成立しない、ということまで証明しないといけない、ということになります。

　ただ、ここでもう１つ皆さんに注意して頂きたいのは、私達は神様ではないわけです。ええ、私達は神様ではありませんから、科学的に100％証明できないと、全て無罪になる。そういう意味では科学的に100％、証明された真実まで要求されるわけではありません。したがってあくまでも何％とかそういうことが少し先ほど弁護人の方から出ましたけれども、そういう数字っていうんではなくて、あくまでも常識と健全な常識によって、まぁ合理的な疑いを入れない程度の高い証明、そういう言葉になります。よろしいですね？

　したがって証拠に基づいて認定した事実と、えー、法律に照らして殺意について合理的な疑いがある場合、あるいは正当防衛は成立しないとすることについて、普通の人であれば、まぁ、成立する余地があるんじゃないかと、合理的にそういう風に考える場合、『疑わしきは被告人の利益に』という原則に基づいて、殺人罪についてはいずれも無罪と、判断しなければならない。これが原則になります……。」

〈陪審員評議〉

②20代男性：その、人になります？　胎児？　なったら文句なしでその胎児を守るっていう正当防衛は成立すると思うので、結果的には罰することはないと思います。

陪審長：　　無罪。用意できてますけども、私先にしましょうか？　どうしましょうか？

50代男性：　はい、先に言ってください。

陪審長：　　私は迷った結果、無罪です。殺意はあると思います、理由はいろいろ言われてるので言いません。正当防衛については、迷ったんですが、もう少し検察が立証する、正当防衛なり立たないという立証するための努力をしていれば、たとえばオプションがあったかどうか、そういうことを考えて、常識というところを入れて、検察もここまでやったというところで違う判断もしたかな、と思うんですけど、検察は殺意があるかどうかということは非常に頑張ったと思うんですけど、正当防衛についてはほとんど完璧に手を抜いてたように思うんです。その1点で、常識でといっても、常識100％になってはいけないと、私は理解しているんですね。今日の裁判官の指導を感じると。そうすると、そしてみなさんの意見を聞いてても、やはり私だけが聞いていなかったというよりは、みなさんの意見も正当防衛を支持する人もしない人も、ご自身の解釈なんですね。検察はこうしてたんじゃないか、というようなところはどなたもおっしゃらなかったんです。そう思うと私は、検察官と常識をどっちをとるかというときに検察は、立証しなかった責任はあまりにも大きすぎるので、正当防衛は成り立たないという可能性があったにもかかわらず、やはりあまりにも怠慢だったので、正当防衛は成り立つということで、無罪と思いました。どうぞ。

50代男性：　有罪だと思います。1つ目は殺意、確定的な殺意はなかったとしても、**未必的な殺意はあったと思います。その立証は検**

　　　　　察側がやったと思います。十分な心証は得れたと思います。未必の殺意はあった。今度は正当防衛であったということの立証の責任は、弁護側がやらなあかんことなんですね。あったけれどもやむをえずやったことだ、と。弁護側はほとんど立証は成立してないと思います。先ほど申し上げましたように、急迫しかも不正の侵害に対して、自己じゃない胎児に対してやむをえずにとった行為かどうかについては、疑問があるということがありますので、正当防衛も成立しない。従って私は有罪と思います。

陪審長：　今のは非常に衝撃的なご発言だったですが、つまり、これまでのアサンプションを全部覆されて、裁判官の説明に不備があったと、正当防衛については実は検察側に責任があるのではなくて弁護側にあるんだと。

50代女性：　私もそう思います。正当防衛の立証は、弁護側がするべきです。

陪審長：　どうしますか？

50代女性：　常識的な判断っておっしゃってたでしょ。おかしいんですよ。あのね、あれを聞いたときに常識的な判断よりもまず、公判で提起された証拠とかだけを考えて、それを考慮して常識的な判断……。

60代女性：　考慮して常識的に判断してるんですよ。そらもちろん。初めから常識が、まかり通ってるん違いますよ。

50代女性：　犯罪っていうのは……構成要件と可罰性がなかったら、だめなんですよね。

60代女性：　全部聞いて常識的ですよ、それは。そりゃ一番に常識ありきじゃないですよ。

陪審長：　ここで、こういうことは現実にあるのだと思う。あの、自己紹介しないですけど、おそらくみなさんの中でどの人が無知でどの人が法的バックグラウンドを持った上でおっしゃるのか推測されたと思うんですけど、アサンプションが変われば

私なんて完全に立場は変わるわけです。ですけども、たぶんこういうことはあるかもしれないですね。専門家の間で例えば法律ということではなくても、専門家でみんなが意見一致するかというとしないわけですね。今回は、陪審員と裁判員にどういう指導を与えるかということに、その指導の与え方に個性が出てしまったので、説示自体が間違っているのじゃないかとまず思う陪審員の方がいらっしゃるということですね。それはもうそれとして受け止めないと仕方がないと思います。で、今の話聞いて、やっぱり裁判官の方が間違っていたから自分の意見変えようと思われても私はいいんだと思うんです。

30代男性： 説示っていうのは？

陪審長： 説示っていうのは、検察官の方にすべて立証責任があるということです。正当防衛が成立しない場合も、証明するのは検察であって、弁護士のほうが弁護をうまくしきれなかったからといって、正当防衛成り立たなかったというんではなくて、検察が正当防衛成り立たなかったんだよ、と説明する責任があると彼は言ったんだと思うんです。だけど、お二人はそれは違うんだとおっしゃってるわけですね。

50代女性： 正当防衛を弁護側が何を争点にするのか、もし未必の故意を認めて正当防衛でいくならば、**弁護側も正当防衛を強調せないけない、なら検察はその正当防衛ではないっていうことをくずすために立証せないかんと、私は思う**。だから有罪かどうかを証明するのは検察官、でも弁護側はなんとかしてその有罪ではなく無罪を立証したければ、どちらかの立場をとらなければならないと思ったんですけどね。じっと考えてもこっちは有罪という立証も殺意がはっきり見えてこないし、こっちは正当防衛でいくなら正当防衛でいけよと思うのに、正当防衛の立証あまりなかったでしょ……。

> **検討：** この陪審員の議論は衝撃的ですらある。裁判官の説示にもかかわらず、正当防衛の立証責任は弁護側にあり、弁護側はそれが十分に立証出来ていないから有罪と言うのである。この議論の方向は、陪審員長の、「そのような考えは、裁判官の説示にも反するし、新しい基準だ」と言う注意にもかかわらず、有罪の理由となっていっている。裁判官が、説示において、正当防衛の立証責任について繰り返し念を押した上でこの点に関する明確な注意を喚起しておかないと、このような刑事裁判の原則自体が変容されてしまうことになる例だと言うことが出来る。

(3) 未必の故意

　確定的な故意ではなく、自分の行為がそのような結果を招くであろうと言う結果認識がありながらあえておこなう行為も故意となるという「未必の故意」については、公判において両当事者は主張・立証していない。しかしこの点について、裁判官はあえて自らの説示で触れている。

＜裁判官の最終説示＞

「……しかし殺意にはもっと微妙な場合があるんです。それは**自分の行為により被害者が死亡するかもしれないが、それでも構わないと、ということをもってあえて行為をした**、という場合も含まれています。これを未必の故意、えー非常に言いにくいんですけれども、未来の未に必ずと、いうそういう字を書きますが、未必の故意と呼んでいます。この未必の故意については、2つのことが必要です。

　先ほど弁護人が言われましたが、**まず被害者が死亡するという結果を認識するということと、そのような結果が生じても構わないという**、まぁ結果に対する認容と言うことが必要だとされています。ただ注意して頂きたいのは、**被害者が死ぬかもしれないという認識は、きっと死ぬだろう、そ**

ういう確信でなくてなくても良いんですね。そういうことをしたら死ぬかもしれない、不確実な予見でもかまわない。

それから死んでも構わないという認容のことについても、そのような結果が生ずるかもしれないと予見しながら、まぁそうなったらそうなったで構わないと、え、そういった意思、だというふうに言われています。そういう場合も含まれる、え、非常に微妙です。そういう意味では非常に微妙です。」

（ア）陪審員評議
陪審員評議では、26回も「未必の故意」について言及されている。

⑩ 20代女性：確定の殺意、未必でなくて確定の、明確な殺意は全くなかったと思うんですけど、包丁取り出したら、あたったら死ぬかもしれん。私もよくわかるんですけど、殺意があって刃渡りの一番の大きいやつ選んだとは、思える。ちょっと、もしかしたら、安易な気持ち、威嚇するつもりで、窮鼠何とかを噛むじゃないですけど、これさえ持ってたら襲ってこないだろうなくらいの軽い気持ちで。未必のほうは目撃証言にありましたけれども、目撃証言と包丁の刺し場所、背がちっちゃいからわかるんですけど、ありえへんと思うから、未必のほうはとっさでどうなったかわからないですけど、とっさに殺したろうと思ってやったわけじゃない。わからない、もみあいの記憶がないですけど、**未必の殺意までも検察は立証できてなかったと思う。**

陪審長： 検察が立証できてない、というさっきの視点ですね。そこで殺意なしとほかの未必の故意あるとしてる人は、それでも、**その常識的な判断、客観的な証拠100%ではないという、そこに論拠して未必の故意ありとしてると思うんですね、そこ**が解釈の違いができてる。どちらに立つかっていうことですね、検察が立証してないことに立つか、いや、やっぱり常識

的にっていうところで殺意があったか、ないかっていうところどっちに立つか、っていうところがあるみたいですね。事実的にはわからないけど、自分の立ち所は、裁判官の言った判断の基準のとこではないかっていうところかなっと思いす……。

〔中略〕

30代女性： ここまで行っても、殺意という1点になると、殺意はなかったのではないかと思うんです。

陪審長： それだけこう、矛盾した思いをいっぺんに持つ人なので、殺意はなかったんだろうということですね。

②の20代男性： 非常に難しい問題だと思うんですけど、ちょっと、**最初に確認さして。僕がぼーっとしてたのかもしれないですけど、未必の故意は、殺意なんですよね、認められますね。その未必の故意であっても、正当防衛成り立つ。**

陪審長： はい。

②の20代男性： ですね。だったら僕はそうだと思うんですよ。まぁ、包丁持ち出したっていうのは、最初の時は、どうしても今日話を聞いて欲しかったという点で、取り乱したっていっても、理性はわずかに残ってたと思うんですよ。ま、その威嚇によって彼が話を聞いてくれるんじゃないかってことで包丁を出したっていうのは、異常か正常かといったら異常になるけど、その極限的な追い詰められてた状況が彼女にあると思われますので、そのことについてはありえるっていうか考えられると思うんです。そういった手段に訴えても、彼のほうはまだ立ち向かってきたってこと、いってましたね。ですから、その時点で、彼女が危害加えられて、自分とお腹の胎児に対しても危害加えられるってこと恐れて、その、向かってきた時に……。

〔中略〕

50代女性： 私は、ワイドショー的見地から見たら、**ほんとは、未必の故**

意があり、正当防衛が成立すると言いたいですが、今日の裁判で立証されたことから言えば、気持ち的には未必の故意が成立すると思うけれども、今日の検察の立証内容をみていたら動機付けがはっきりしてないから、殺意が見えなくて無罪。⑫（30代男性）の方がおっしゃられたように、正当防衛も成り立たない。今日の公判で、示された証拠だけでは成り立たない。こちらも無罪です。

陪審長：　はい、お願いします。

40代女性：　私も無罪。いろいろ考えてたら、中間的なところで感情が折り合うんやろうけど、どっちかっていわれたら、出てきた証拠だけでは、どれもこれも判断がつきかねる。**検察の出してきたものだけでは、有罪とも正当防衛成り立ってないともどっちの確信も得られないから、無罪です。**

②の20代男性：　結果的には、無罪だと思います。

陪審長：　結果的には、無罪。はい。

②の20代男性：　さっき申し上げたように、未必の殺意はあったと思うんです。しかし、なんで無罪になるかっていうと、正当防衛で、違法性が阻却されるということなんですけど、それはどういう根拠からそういう風に思うかっていうと、急迫不正の侵害に該当するんじゃないか、っていうことなんですよね。2回目の妊娠中だったんですよね、この男はそのときも子供おろせって言ったっていう風に、迫ってたっていう風に言ってたと思うんですけど、そんな風に考えてる男は彼女自身の命は奪わないほどの暴力にしても、子供を殺すていうかお腹を蹴ったりして子供をダメにするっていったらアレですけど、流産さすようなことをするんじゃないかと、彼女は思ったと思うんです。ですから、胎児を守るっていうのは適用されるんですよね？　他の人、別の人に。

陪審長：　はい。

②の20代男性：　その、人になります？　胎児？　なったら文句なしでその胎

　　　　　　　児を守るっていう正当防衛は成立すると思うので、結果的には罰することはないと思います。
陪審長：　無罪。用意できてますけども、私先にしましょうか？　どうしましょうか？
50代男性：　はい、先に言ってください。
陪審長：　私は迷った結果、無罪です。**殺意はあると思います**。理由はいろいろ言われてるので言いません。正当防衛については、迷ったんですが、もう少し検察が立証する、正当防衛がなり立たないという立証するための努力をしていれば、たとえばオプションがあったかどうか、そういうことを考えて、常識というところを入れて、検察もここまでやったというところで違う判断もしたかな、と思うんですけど、検察は殺意があるかどうかということは非常に頑張ったと思うんですけど、正当防衛についてはほとんど完璧に手を抜いてたように思うんです。その1点で、常識で、といっても、常識100％になってはいけないと、私は理解しているんですね。今日の裁判官の指導を感じると。そうすると、そしてみなさんの意見を聞いてても、やはり私だけが聞いていなかったというよりは、みなさんの意見も正当防衛を支持する人もしない人も、ご自身の解釈なんですね。検察はこうしてたんじゃないか、というようなところはどなたもおっしゃらなかったんです。そう思うと私は、検察官と常識のどっちをとるかというときに検察は、立証しなかった責任はあまりにも大きすぎるので、正当防衛は成り立たないという可能性があったにもかかわらず、やはりあまりにも怠慢だったので、正当防衛は成り立つということで、無罪と思いました。どうぞ。
50代男性：　有罪だと思います。1つ目は殺意、確定的な殺意はなかったとしても、**未必的な殺意はあった**と思います。その立証は検察側がやったと思います。十分な心証は得れたと思います。**未必の殺意はあった**。今度は正当防衛であったということの

立証の責任は、弁護側がやらなあかんことなんですね。あったけれどもやむをえずやったことだ、と。弁護側はほとんど立証は成立してないと思います。先ほど申し上げましたように、急迫しかも不正の侵害に対して、自己じゃない胎児に対してやむをえずにとった行為かどうかについては、疑問があるということがありますので、正当防衛も成立しない。従って私は有罪と思います。

〔中略〕

（イ）裁判員評議

ところが、裁判員の評議では、2回、「未必の故意」が言及されているが、これは説示を行なった裁判長が自分で触れているに過ぎず、他の市民裁判員は言及していない。

裁判長： うーんとここでね、あのちょっと私があの法廷で言いましたけど、殺意いうのはあの、その、前も言ったとおり、その殺意があるかないかという時に、法律が殺意を何、どんな場合を殺意というのか、っていうことがわからないと。あのそれがある意味で、その皆さんの常識判断ではあるんですけど、一方ではあの、殺意ていうのはあの確定的な、殺してやろうという確定的な。こういう確定的な。これもね、要するに計画的なものと、それと激情。咄嗟にカッとなった、カッとなった。それも、ま、確定的て言うのかは別だけど、カッとなったってのが。普通はま、計画的に殺しました、殺してやろうというのが計画的な、て言うやつですね。激情、そこまでじゃないけど咄嗟についついカッとなって、後先決めずに殺したろうってなっちゃった場合と、それと未必の故意ってのがある。こういう字で、未必の故意。これはね、あの全部やっぱり殺意なんですよ。どれも。どれも。で、これは前も言ったように、死ぬかもしれないと。死ぬ、かもしれない。そういう行為を

したら死ぬかもしれない。ま、それでも、まぁ。あるいはまぁ、そこまで深く考えてないで、「どうでもええ」いうのは「死ぬかもしれない」か、「構わない」に変わる。死ぬかもしれないと普通思ったら、やめるていうのが、それが人間。でも危ない行為をして死ぬかもしれない言うたらやめる。それをやめなかったから、で、やめなくて死んじゃったんだからそこには死んでも構わないという風な、こう気持ちとか、こう冷静かどうかは別としてあったんじゃないか、っていう、こういう風に考えるんですね。だから大体こう、2つ3つ。で、これは、本件はこれじゃないことははっきりしてますよね。計画的に、て言うのは。だからこれか、これかがどっちかに当てはまるのかどうかをこれを基に皆さんで判断をしないといけない。だから、これがあるから計画的ではないよね、っていうとこだけで、ハイ、殺意なしという風にはならないです。次には、ここにこれ、この、ここはどうですか？ ここはどうですか？ というとこまで一応、考えて、そこまで検察側があの立証できてるか、どれかに立証できてるかっていうこと。

40代女性： えっと妊娠3カ月ぐらいでしたらね、胎児がまだ安定してませんし、その彼女、母親、あの女性の方も安定していませんし、まぁやっぱしこう、普段そこまで、激情しないんですけども、その時に、ま、本人でないとわからないんですけども。ま、女性としての見方はね、心情が入るんですのよ。女性に。

裁判長： はいはいはい。

4 まとめ

いくつかの問題点を挙げて、まとめに代えておこう。

1. 証人尋問は、何を聞き出して、どのような事実を事実認定者に伝えたいのか明確に決めた上で実践しないと、事実認定者には何ら記憶

に留まらず、評議の話題にすらされないことが起こる。
2. 証人尋問では、立証すべきテーマを常に事実認定者に伝え、争点に対する事実認定者の知りたい事実とその根拠を伝えないと意味のない尋問になる。
3. 証人尋問では、その証人が何を証言しに来たのかを最初に、そして最後にも明らかにしておかなくては、情報の伝わり方に問題が生じ、誤解を生むこともある。
4. 反対尋問では、質問を通じてどういうメッセージを伝えたいのかを明らかにしないと、反対尋問で聞かれたことがほとんど重要な情報として事実認定者に伝わっていない。
5. 反対尋問では、主尋問で聞いたことを繰り返すと主尋問の内容の再確認がおこなわれてしまう。
6. 反対尋問では、証人の主尋問での証言内容の矛盾や思い込みを突くべきであって、証言内容と異なる仮定的事実について可能性のあることを聞いても事実認定者にはほとんど重要な情報として考慮されていない。
7. 最終弁論では、刑事裁判の原則を繰り返し述べること。とくに「検察の立証責任」や「合理的な疑いを超えた立証」、さらに「無罪推定」について幾度も強調しておくことは効果がある。
8. 最終弁論では、弁護側の事件事実についての考えとともに、事実認定者が評議で必ず考慮しなければならないようなテーマ（論点）とそれに対する解答とその理由を明確に述べておくことが重要である。
9. 最終弁論では、正当防衛の証明責任は弁護側にはないこと、むしろ正当防衛に当たらないことの立証責任は検察にあると言うことを必ず述べておく必要がある。
10. 裁判員の評議においても、陪審員の評議においても、裁判官の与える説示は市民の事実認定者に大きな影響力を持つ。陪審員に対する説示の影響力の重大さは、アメリカの研究においてつとに指摘されていることであるが、今回も模擬裁判でそれがきわめて明確になった。
11. 説示は内容が十分でなかったり、曖昧なものであった場合、事実

認定に対する誤った指針となってしまう。
12. 説示では、刑事裁判の基本原則を繰り返し、繰り返し強調する必要がある。市民の事実認定者は、職業法律家が思うほど刑事裁判の基本ルールを共有していない。

【参考文献】

岸　盛一、横川　敏雄『新版・事実審理──法廷に生かす証人尋問の技術』（有斐閣、1983）。
松波　淳一『ある反対尋問──科学者証人への反対尋問例』（日本評論社、1998）。
加藤　新太郎『新版・民事尋問技術』（ぎょうせい、1999）。
加藤　良夫『患者側弁護士のための実践医師尋問』（日本評論社、2006）。

Charles N Simkins, WINNING STRATEGIES FOR CROSS EXAMINATION: PREPARATION, TECHNIQUE & REAL CASE EXAMPLES (2000).
National Institute for Trial Advocacy (U. S.) and Deanne C. Siemer, EFFECTIVE USE OF COURTROOM TECHNOLOGY: A LAWYER'S GUIDE TO PRETRISAL & TRIAL (2002).
Peter L. Murray, BASIC TRIAL ADVOCACY (2003).
Steven Lubet, MODERN TRIAL ADVOCACY: ANALYSIS & PRACTICE (2004).

編 集 後 記

　文部科学省の法科大学院等専門職大学院形成支援プログラムに基づいて2004年度に開始した本学のプロジェクト、「模擬法律事務所による独創的教育方法の展開——仮想事件を通しての理論・実務の総合的教育プログラムと教材の開発」の事業は、今年度をもって一応完了することとなりました。本書は、3年間にわたるこの事業の最終年度に開催した第3回国際シンポジウム（2006年10月14日　於：大阪国際会議場［グランキューブ大阪］）、「よき法曹を育てる——法科大学院の理念とシミュレーション教育」での各報告に基づいた論稿と、当日のパネル・ディスカッションとQ＆Aセッションでの議論を中心にして、それらを報告書としてまとめたものです。

　この3年間、私たちは、「仮想事件」、すなわちシミュレーション事件（simulated cases）を通しての独創的で効果的な教育方法の開発を目指した活動を精力的に展開してきました。その中では、国内外での調査、研究会の開催、ローヤリングをはじめとする現在のカリキュラムの中でのシミュレーション教育の試行的実施、カリキュラム外での自主的なシミュレーション教育の取り組み、市民ボランティアの方々の協力を得ての模擬依頼者（シミュレイテッド・クライアント　SC）の募集・組織化・研修をはじめ、さまざまな活動を積み重ねてきました。また、これまで2回の国際シンポジウムと1回の国内シンポジウムを開催して、国の内外の第一線で活躍する専門家の方々から私たちの取り組みに対するご意見と助言をいただき、また、その場に全国から参加いただいた方々を交えての議論を通して、多くのものを得ることができました。そして、このような活動の中で得られた成果を、次年度以降のロースクールのカリキュラムに取り入れる努力を続けてきています。

　本書の中心となる今回の第3回国際シンポジウムは、これら成果を踏まえて、関西学院大学ロースクールがこのプロジェクトの中で試み積み上げ

てきた現在の到達点を報告し、内外の専門家からアドバイスをいただくとともに、参加者の方からご意見をいただいて、今後のロースクール教育の実施に反映させることを目的に開催したものです。

このような目的のため、このシンポジウムでは、関西学院ロースクールの教員から、総論的報告（豊川義明教授）、これまでの取り組み（松井幸夫）、そして、具体的な試行的教育実践の内容と成果（亀井尚也教授）、及び今後のカリキュラム改革の方向（池田直樹教授）について報告を行い、それらについてパネリストや参加者の方々からご意見をいただき議論するという形をとりました。その中で、私たちの取り組みと意欲に対する貴重なアドバイスと高い評価をいただきましたことに厚く御礼申しあげます。

本書の第一部は、シンポジウムでの報告者に当日の報告に基づいてまとめていただいた論稿と、当日の研究科長の挨拶及びパネルディスカッション・Q＆Aセッションでの議論を再生したものを内容としています。また、第二部では、「シンポジウム『よき法曹を育てる』によせて」と題して、本学教員からご寄稿いただいた論稿と、資料を収録し、第三部には今回シンポジウムに直接関係するものではありませんが、関連する取り組みについての記録を掲載しています。お忙しい中ご寄稿いただいた方々に感謝申しあげます。

私たちは新しい年度に向けて、本プロジェクトで得られた成果をもとにした新しいカリキュラムとその実践に乗り出そうとしています。このシンポジウムがこの新たな試みにとって有益かつ貴重な場となったことを確信するとともに、今後、さらにロースクール教育の一層の充実と発展を目指して努力を続けて行きたいと考えています。同時に、本書が、法曹養成教育の発展を願っておられる全国の関係者の方々にとっても役立つものであることを望んでいます。

そして、再度、本シンポジウムにパネリストとしてご参加いただきましたカリフォルニア大学ロサンゼルス校のポール・バーグマン名誉教授と、早稲田大学の宮川成雄教授に心より御礼申しあげます。また、本プロジェ

クトの最後となる本報告書を刊行するにあたり、これまでの2回の国際シンポジウム、及び国内シンポジウムにご協力いただきましたパネリストの先生方、そして参加者の方々に対して、改めて厚く御礼申しあげます。

　本書の編集にあたっては、今回も関西学院大学ロースクール形成支援プログラム推進室の研究補佐・藤井明子さんの全面的な協力を得ました。また、永田秀樹教授には、バーグマン教授の論稿の校正で協力をいただきました。さらに、関西学院大学出版会の田中直哉さん、戸坂美果さんにたいへんお世話になりました。記して謝意を申しあげます。

　最後に、3年間にわたる本プロジェクトを終えるにあたり、この事業を支えていただいた形成支援プログラム推進室の方々、細川歓子主任研究員（弁護士）と宇野綾子研究補佐、藤井明子研究補佐に御礼申しあげたいと思います。彼女たちの能力と尽力がなければ、このシンポジウムをはじめ本プロジェクトは、これを成功裏に遂行できなかったのではないかと思っています。

　また、市民ボランティアとして応募され協力いただいている模擬依頼者（SC）の方々をはじめ、ご協力いただきました多くの方々にも、この場を借りて御礼申しあげます。

2007年1月6日

　　　　　　　　　　　　編集責任者
　　　　　　　　　　　松 井 幸 夫
　　　　　　　　　　（司法研究科教授・形成支援プログラム実施責任者）

※本書の執筆者および発言者の役職位はすべてシンポジウム開催時のものです。

第3回国際シンポジウム報告書
よき法曹を育てる
法科大学院の理念とシミュレーション教育

2007年3月30日初版第一刷発行

編 者	関西学院大学法科大学院 形成支援プログラム推進委員会
発行者	山本栄一
発行所	関西学院大学出版会
所在地	〒662-0891 兵庫県西宮市上ケ原一番町1-155
電 話	0798-53-5233
印 刷	協和印刷株式会社

©2007 Kwansei Gakuin University Law School Support Program for Professional Graduate School Formation
Printed in Japan by Kwansei Gakuin University Press
ISBN 978-4-86283-004-1
乱丁・落丁本はお取り替えいたします。
本書の全部または一部を無断で複写・複製することを禁じます。
http://www.kwansei.ac.jp/press